DIEGO DE TORRES VILLARROEL

VIDA,
ASCENDENCIA, NACIMIENTO, CRIANZA Y AVENTURAS

Edición,
introducción y notas
de
GUY MERCADIER

QUINTA EDICIÓN

D0002135

Madrid

Copyright © Editorial Castalia, S. A., 1972
Zurbano, 39 - 28010 Madrid - Tel. 319 58 57

Cubierta de Víctor Sanz

Impreso en España - Printed in Spain
Unigraf, S. A. Móstoles (Madrid)

I.S.B.N.: 84-7039-041-4
Depósito Legal: M. 24.809-1990

SUMARIO

A la memoria de
DON ANTONIO RODRÍGUEZ-MOÑINO

INTRODUCCIÓN
BIOGRÁFICA Y CRÍTICA

QUE Torres mismo haya escrito su *Vida,* dificulta
notablemente la tarea a su biógrafo moderno:
no hay aquí ninguna paradoja, sino una observación
ahora de las más triviales. Ya pasó el tiempo en que,
sin proceder a detenido examen, elogiaban unos la sinceridad de don Diego, mientras otros le afeaban su
falsedad. Las reflexiones actuales sobre el hecho literario, y especialmente sobre las motivaciones autobiográficas, las perspectivas vertiginosas abiertas por el
psicoanálisis, precaven contra todo juicio apresurado a
quien intenta acercarse a la personalidad de un hombre
que, en realidad, no cesó nunca de "contarse".

El texto presentado en esta colección es uno de los
más conocidos de Torres Villarroel. El lector se acor-
dará de unas escenas célebres —tal o cual hazaña "picaresca", el episodio de los duendes en una casa madrileña, el triunfo universitario de un catedrático que
no vacila en convertir el docto compás de bronce en
arma arrojadiza—, imágenes discontinuas de una lin-
terna mágica. Una leyenda atractiva, eso sí, pero sospechosa. Esto no quiere decir que se deba tachar la
Vida de falsa: veremos que encierra su propia verdad.
Pero abarcar con la mayor objetividad posible la existencia de Torres supone cierto alejamiento con relación
a sus declaraciones, y requiere investigaciones comple-
mentarias en la totalidad de la obra literaria conocida

9

(1718-1767) —y no sólo en la autobiografía propiamente dicha, mera etapa de una trayectoria—, así como en documentos de archivo.

Aunque somero y rectificable en más de un punto, propongo a continuación un ensayo de cronología, en el cual pueden distinguirse períodos algo diferentes de los que el autor ofreció a sus lectores de 1743 a 1758.

Cinco "trozos" de una vida

1694-1720.   Fue bautizado Diego de Torres Villarroel en Salamanca, el 18 de junio de 1694.[1] La tinta desleída de los libros conservados en los archivos parroquiales permite reconstruir una genealogía coherente, y, sobre todo, imaginar el mundo en el cual nació Diego, cada vez que el cura no se olvida de apuntar en las partidas los oficios ejercidos por los padres o los padrinos: sastre, guitarrero, tapicero, boticario, bordador, platero, mercader de paños; también hay un médico, un notario, doctores o maestros de la Universidad; aparecen sobre todo dinastías de libreros, tanto por la parte del padre, Pedro de Torres, como por la de la madre, Manuela de Villarroel: un hermano de ésta, Nicolás de Villarroel, es el padre de Antonio de Villarroel y Torres, quien publicará gran parte de la producción de su primo Diego; otro hermano de Manuela es Josef de Villarroel, el *Zángano* de la *Academia del Buen Gusto.*[2] Algunos de ellos no se contentaban con la tarea mecánica de imprimir, encuadernar y vender libros: galanteaban a las musas y publicaban sus propias poesías.

Un acontecimiento histórico tiene graves repercusiones sobre los primeros años de Torres: la Guerra de Sucesión que, hacia 1703, se extiende a la parte oeste

[1] Publiqué este dato en *Insula* (n.º 197, abril 1963) con una fotocopia de la partida de bautismo.
[2] Cf. mi artículo: "Joseph de Villarroel et Diego de Torres...", mencionado en la bibliografía selecta.

de la península. Pedro de Torres abandona su librería para servir a Felipe V como Procurador del Común, con lo cual empeora la situación económica de su dilatada familia. En 1706, Diego recibe la primera tonsura y entra en el pupilaje de Juan González de Dios, maestro venerado y temido; en 1708, se le adjudica una beca de retórica en el Colegio de Trilingüe, donde se quedará hasta fines de 1713. En este período podrían situarse los episodios picarescos relatados en el *trozo II* de la *Vida*, y cuyo eco lejano se percibe en documentos de archivo. El más divertido y misterioso es la fundación de un colegio burlesco conocido bajo varias denominaciones (*Colegio del Cuerno, del Quendo, de la Quendada*, y hasta *de los Quendos de la Muerte*), en el cual doce jóvenes dedican su tiempo a la poesía y a la invención de *quendadas* nunca vistas. Diego era "juez conservador" de la cofradía y gozaba de cierto prestigio poético, ya que de vez en cuando "daba limosna de sonetos a los demás colegiales mendigos" faltos de inspiración... [3] Supongo que una *quendada* más fuerte y escandalosa que las otras provocó el primer viaje a Portugal, en la primavera de 1715: lo dice claramente un enemigo suyo [4] y lo deja entender el mismo Torres en un texto de 1726 que nunca volverá a reimprimir. [5] En septiembre de 1715, regresa a su casa y se ordena de subdiácono a petición de su padre. Tardará treinta años en solicitar el presbiterado, "entretallado entre la Epístola y el Evangelio" (la fórmula

---

3 Don Antonio Rodríguez-Moñino, con la gentileza proverbial que todos le conocimos, me regaló un microfilm de un manuscrito que poseía: *Relación de algunas obras que se han hallado divulgadas del Excmo Colegio Mor de la Quendada (Año 1718)*, y del cual saco estas noticias inéditas. En el blasón de la cofradía, debajo de una cornamenta impresionante, se leía esta divisa amenazadora:

"Aquestos que aquí miráis
no son porque los tenemos,
sino porque los ponemos".

Cf. *trozo III*, nota 115.

4 El P. Isla, en *Colección de papeles crítico-apologéticos...*, Madrid, por D. Antonio Espinosa, 1788, II, pp. 54-55.

5 En *El Ermitaño y Torres*; cf. *trozo II*, nota 68.

es suya), presentando así un blanco fácil a sus censores.

Por el momento no le atrae el estado sacerdotal, y prefiere entregarse a la lectura, a la poesía, al teatro, y organizar amenas diversiones para personas de calidad.[6] Explora varios dominios que le seducen a un tiempo: filosofía, derecho, medicina, alquimia, matemáticas. El 9 de mayo de 1717, se matricula en la Facultad de Sagrados Cánones,[7] y al día siguiente se le menciona en los *Libros de Claustro* con su primer título universitario: *consiliario de la nación de Campos.*[8] Interviene en la querella entre jesuitas y dominicos sobre la *alternativa de cátedras,* y es encarcelado por motivos todavía no aclarados; el Real Consejo reconoce su inocencia y le nombra vicerrector interino, cargo que desempeñará sólo por unos quince días, bastándole este efímero momento para granjearse la ojeriza de los catedráticos más elevados en la jerarquía universitaria. En septiembre de 1718, da el primer paso en el arte que ha de abrirle las puertas de la celebridad, y que, también, le tiene preparados no pocos disgustos: publica su primer almanaque, titulado *Ramillete de los Astros.*[9] En el verano de 1718 (año en que

---

6 "No faltaba a la atención y urbanidad debida a varias personas de honor, ni aun a la curiosidad de otras que le buscaban sólo para sus diversiones y pasatiempos. En éstos era Torres todo el regocijo y alegría. Torres era el que proponía la materia que había de servir de recreo" (C. Faylde, *Oración fúnebre...,* pp. 41-42).

7 *Matrícula del año 1716-17,* fol. 33r, AUS 421.

8 AUS 184, *Libro de Claustros,* fol. 93r. Cf. *trozo VI,* nota 289.

9 Cf. p. 111, nota 98. La celebridad a la cual aludo, debida sobre todo a la predicción de la muerte de Luis I (1724), encontrará mucho más tarde confirmación con el famoso vaticinio de la Revolución Francesa:

> "Cuando los mil contarás
> con los trescientos doblados,
> y cincuenta duplicados,
> con los nueve dieces más;
> entonces tú lo verás,
> mísera Francia, te espera
> tu calamidad postrera
> con tu Rey y tu Delfín,
> y tendrá entonces su fin
> tu mayor gloria primera".

realizó probablemente su primer viaje a Madrid), piensa en solicitar la sustitución de la cátedra de matemáticas, pero, según los Estatutos, debe primero graduarse de bachiller en artes. Santo Tomás de Ávila —una de aquellas numerosas universidades *silvestres,* como dijo C. Suárez de Figueroa— le da el grado exigido, que luego se incorpora a la universidad de Salamanca, quedando Torres en condiciones de conseguir su intento. En 1718-19 y 1719-20, lee astrología y matemáticas, y preside al final un acto de conclusiones. Pero debe interrumpir esta actividad docente, quizá porque sale otra vez a la superficie el molesto episodio del *Colegio del Cuerno,* y se marcha a Madrid.

1721-1726. No en el 1723, como se creía hasta ahora, sino en 1720 ó 21 debe situarse esta salida a la capital, según se infiere del almanaque *El Embaxador de Apolo y Bolante de Mercurio,* dedicado en agosto de 1721 a la condesa de los Arcos, en cuya casa madrileña se instala don Diego. Entonces se abre para él un período difícil al principio, en el cual encontrarán ancho campo de acción sus dotes personales. La condesa de los Arcos introduce a su protegido en algunas tertulias distinguidas. Como en Salamanca, don Diego sabe organizar diversiones de buen tono y hacerse imprescindible. La medicina le atrae un momento, traba breve amistad con Juan de Ariztia, el editor de la *Gazeta de Madrid,* en la cual se da noticia del primer almanaque madrileño del *Gran Piscator de Salamanca.* El éxito de esta publicación pronto perjudica al almanaque vendido por Ariztia en beneficio

---

No he visto el posible original de esta décima, mencionado por Palau (*Calamidades de Francia pronosticadas en el año 1756,* Cervera, J. Gasset, 1755, 4.º, 4 págs.), pero sí una glosa anónima impresa en la época de la Convención: *Calamidades de Francia pronosticadas por el Dr. Diego de Torres. Glosa de una décima en que este autor vaticina las actuales turbulencias que afligen a aquel infeliz reino, con la especificación del año en que tomaron pie: compuesto por P. F. Con licencia, Barcelona, por Manuel Texero, en la Rambla.,* in 4.º, 8 págs.

del Hospital de Madrid, y da lugar a un litigio que incita a Torres a redactar su primer texto autobiográfico importante. [10] Por la misma época empieza a cuajar su vocación de polígrafo vulgarizador, y publica varios folletos, entre los cuales *El Viaje fantástico* (1724), *El Correo del otro mundo* (1725), *La Cátedra de morir* (1726) y *El Ermitaño y Torres* (1726). Todo le atrae, en todo y con todos se mete: cada folleto levanta una polvareda de libelos, un intercambio incesante de sátiras, y el ardoroso don Diego se deleita en esta atmósfera de lucha permanente. Después de haber "pronosticado" nuestro Piscator la muerte de Luis Primero, se le considera como el abanderado de la astrología judiciaria, y la credulidad del vulgo preocupa cada día más a un Feijoo, a un Martín Martínez. Precisamente, en los escritos de estos dos amigos, don Diego cree advertir censuras directas y arremete contra el segundo. También interviene el Padre Isla en la controversia. A pesar de lo que afirma en 1743 el autor de la *Vida,* el crítico objetivo saca la impresión de que Torres sale vencido de un combate que le opone a adversarios de mayor talla: ya se dibuja una línea divisoria —que irá afirmándose— entre don Diego y los paladines de un espíritu nuevo que todavía no se llama *ilustrado.* [11]

Sea lo que fuere, después de peripecias que nos oculta, el astrólogo regresa a Salamanca en octubre de 1726 para opositar a la cátedra que había abandonado en 1720, y el 29 de noviembre, el Claustro Pleno —que no cuenta con ningún matemático especialista— le examina y le elige. El regocijo popular que Torres se complace en pintar será confirmado por el P. Cayetano Faylde.

1727-1737. El decenio que empieza ahora se caracteriza por una existencia llevada simultáneamente en

10 Publicado por J. de Entrambasaguas (Cf. Bibl. selecta).
11 Buen ejemplo de una actitud algo despreciativa, bastante generalizada, se encuentra en las *Cartas marruecas* (ed. Dupuis y Glendinning. London, Támesis, 1966, pp. 170 y 175).

dos planos: el universitario y el mundano, en Salamanca y en Madrid o sus alrededores. El joven Torres, que no es titular de su cátedra, ya que vive todavía el catedrático jubilado, no tiene obligación de acudir a los claustros, y se ausenta más de una vez cada año. En Madrid publicará su primera obra importante: *Visiones y visitas de Torres con Don Francisco de Quevedo por la Corte* (1727) que, como se podía imaginar, provoca una nube de sátiras, siendo la más importante la de Salvador Josef Mañer. [12] La segunda parte de estas *Visiones* (ag. 1728), dedicada esencialmente a rebatir acusaciones anónimas, y la tercera (oct. 1728), completan un panorama madrileño que rebasa los límites de un costumbrismo meramente descriptivo. En casa de Juan de Salazar, quizá el único amigo verdadero que tuvo, en Salamanca o Medinaceli, reside durante el paréntesis veraniego y redacta en un ambiente de calurosa simpatía diferentes obras, entre las cuales la *Vida natural y católica* (mayo de 1730), la *Barca de Aqueronte* (julio de 1731), y, naturalmente, el almanaque tan esperado, cuya celebridad le entusiasma. [13]

En enero de 1732, muere Fr. Antonio Navarro, el catedrático jubilado, y Torres vuelve con toda prisa a Salamanca para graduarse de licenciado y de maestro en artes, en febrero de 1732. De muy corta duración será este nuevo período: comprometido con su amigo

---

[12] *Repaso general de todos los escritos del Bachiller Don Diego de Torres*, Madrid, 1728.

[13] "Desean ver mi figura las gentes de buena condición y gusto, y creen que soy hombre de otra casta que los demás racionales, o que tengo una cabeza o un par de brazos más que los otros. Las mujeres hablan de Torres en sus estrados con alegría y buena voluntad (y esto es lo que tú no puedes sufrir), y suenan en sus bocas las seguidillas de mis *Pronósticos* y los juicios de mis *Calendarios*. Tengo en Madrid treinta o cuarenta ollas honradas todos los días, y sus dueños me esperan y reciben con deleite en sus mesas. Por los lugares donde paso o me detengo, me buscan para su huésped regalado todos los curas, barberos, sacristanes y los demás senadores de campiña. En la Corte me enseñan a los forasteros como si fuera animal del África, cuerpo santo, Escurial o sala de embajadores. Soy convidado a todas las fiestas, músicas, danzas y comilonas de las más vastas ciudades del reino. Y en todas partes soy conocido y requebrado" (*Visiones*, pp. 105-106).

Juan de Salazar en un suceso inesperado, huye a Francia, donde permanece poco tiempo, y es desterrado a Portugal por real decreto de 29 de mayo de 1732, notificado sólo en octubre. Vivirá un poco más de dos años en el reino vecino, hasta noviembre de 1734, vagando de un pueblo a otro en espera de que se le haga justicia. No deja de escribir sus pronósticos, dos de los cuales dedica al Marqués de la Paz y a Patiño, suplicándoles que aboguen en favor suyo. Él mismo dirige al rey un memorial en el cual clama su inocencia y se ofrece a redactar sobre su vida todos los informes que parezcan conducentes para sacar la verdad en limpio. [14] Una vez restituido a su cátedra, reanuda sus tareas universitarias y toma nuevamente con delicia el camino de Madrid y de Medinaceli. Termina la última parte del tríptico fantástico iniciado con las *Visiones* y la *Barca de Aqueronte*: *Los Desahuciados del mundo y de la gloria* (1736-37). En el verano de 1737, realiza una peregrinación a Santiago de Compostela, cruzando las tierras lusitanas en las cuales había hecho voto de ir a visitar el sepulcro del Apóstol. Redacta entonces *La Vida ejemplar de la Madre Gregoria Francisca de Santa Teresa, carmelita descalza.*

[14] Este texto inédito, cuya noticia debo a mi colega Jean Lemartinel, se encuentra en el Fondo Tiran (Archives Nationales de Paris, Sig.: AB-XIX-595); lo reproduzco a continuación de la ponencia que presenté en el IV Congreso de la A.I.H., Salamanca, sept. 1971 (véase Bibl. selecta). Pudo haber sido redactado en nov. de 1732, después de la carta transcrita p. 158, nota 159. En el mismo fondo parisiense (Sig. AB-XIX-563) se conserva un memorial de Juan de Salazar, redactado en Bayona (cf. p. 154, nota 155). El memorial de Torres, que, como el lector lo verá más lejos, de una clave entre muchas para entender el génesis de la *Vida*, empieza así:

"Pobre, solo, sin honrra, sin patria, sin hacienda, sin nombre y sin el Rey a quien juraba adoraciones mi respeto, me tiene recojido la humidíssima Rivera de el río Acaya, en vna breve situación suia en donde soy la lástima de sus moradores, el horrible recuerdo de las gentes y la detestable alegría de mis enemigos, que ya hallaron en el estudio de su aborrecimiento las últimas ideas de mi perdición" (fol. 1r).

Que yo sepa, este lugar situado a orillas del río Caia (o Acaya), cuyo cauce sirve en parte de frontera entre Portugal y España, no lejos de Badajoz, es el más próximo a Lisboa en que Torres haya residido durante su segunda estancia en Portugal.

1738-1751. Los años 38-39 señalan una etapa importante en el quehacer literario de nuestro autor. Exasperado tanto por los plagiarios que no cesan de robarle sus escritos, como por los que usurpan su firma para que se despachen mejor folletos a veces peligrosos, Torres decide recoger sus obras sueltas para reunirlas en una colección de siete u ocho tomos. Bajo el nuevo título de *Anatomía de todo lo visible e invisible,* el primer tomo incluye una versión refundida y ampliada del *Viaje fantástico* de 1724, y lo encabezan dos prólogos generales (uno del impresor Antonio de Villarroel, otro del autor) y un ditirambo de Josef de Villarroel. Todo ocurre como si Torres se alejara un poco de su obra, como si quisiera hacer un balance.[15] No estoy seguro, sin embargo, de que esta empresa familiar no fuera llevada a cabo con otras miras más ambiciosas que las de construir, como tantos lo hacen, el panteón "ántumo" de las *Obras completas*... Puede ser que Diego y su tío hayan abrigado la esperanza de ingresar en la Real Academia, a cuyo presidente, D. Andrés Fernández Pacheco, dedican en 1740 y 1741 dos opúsculos.[16] Si bien no llegó a ser académico, se encontraba don Diego "en la cumbre de toda buena fortuna" cuando redactó en mayo de 1743 el *trozo IV* de su autobiografía, destinada quizá a dar a su obra un remate provisional.

Unos meses después, un acaecimiento imprevisto viene a aguarle esta felicidad: la Inquisición manda

15 Se ve que Torres no ha esperado el 52 para, según sus propias palabras, "recoger las necedades que andaban en jigote por este mundo, y reducirlas a las albóndigas de siete u ocho tomos". En 1738-39, los primeros tomos que integran la serie son: *Anatomía de todo lo visible e invisible, Juguetes de Thalía, Extracto de los Pronósticos* (de 1725 a 1738), *El Ermitaño y Torres* con varios opúsculos, y los *Sueños morales* publicados en 1743, pero que un censor llama *tomo quinto* en una aprobación de 1739 (Cf. *Barca,* p. 444).
16 Un satírico contemporáneo no se anda con rodeos para afirmarlo (Cf. G. Mercadier, *Joseph de Villarroel et Diego de Torres...*); en 1744, Diego publicará las *Obras Póstumas* de Gabriel Álvarez de Toledo, uno de los fundadores de la Real Academia.

recoger y expurgar la *Vida natural y católica,* publicada en 1730 con todas las licencias necesarias. El golpe es muy duro, y el autor cumple con sumo rendimiento la orden del Santo Oficio. No descarto la posibilidad de que esta expurgación muy tardía —no única en la historia— fuera debida a una venganza personal. [17] El análisis de los fragmentos borrados, que son a veces de poca monta, permite suponer que se le reprochaba a Torres su poco respeto a los que se creen detentores de la Verdad (teológica, política, filosófica o médica), y una confianza exagerada en el libre albedrío.

En febrero de 1745, es ordenado de presbítero, y en este mismo año cae enfermo de gravedad (contará en el *trozo V* de su *Vida* los pormenores de esta larga dolencia). Recobrada la salud, desempeña varias comisiones en nombre del Claustro, y reside de vez en cuando en Madrid, incluso durante el curso; una de sus misiones más delicadas fue lograr que el Marqués de la Ensenada renunciara a su proyecto de alojar tropas en Salamanca. En sus diferentes gestiones, Torres sabe valerse de sus amistades madrileñas, como por ejemplo la de Francisco Santos Bullón, gobernador del Real Consejo, ex catedrático de la universidad salmantina. Le queda tiempo para escribir tal o cual opúsculo científico, una hagiografía, y para replicar a sátiras más numerosas que nunca.

Nueva mirada hacia atrás en junio de 1750: el *trozo V* de la *Vida* sale a luz, poco más o menos cuando el autor piensa en la mejor manera de conseguir su jubilación. Varios motivos pueden explicar esta decisión: una salud quebrantada, el deseo de preparar con tranquilidad la edición de las *Obras completas,* que publicará al año siguiente, y también el de transmitir su cátedra a su sobrino Isidoro Francisco Ortiz Gallardo. [18] Pero, en rigor, por sus ausencias repetidas, Torres no había "ganado jubilación" con arreglo a los Esta-

---

17 Cf. *infra,* nota 210.
18 Este nieto de Francisco de Villarroel, uno de sus tíos maternos, fue verdaderamente su hijo espiritual.

tutos, aunque empezara la carrera 24 años antes.[19] El Real Consejo pide un informe sobre el asunto. Los catedráticos encargados de redactarlo dan rienda suelta a sus aficiones pleitistas y a tenaces resentimientos. Sin embargo, el Real Consejo concede la jubilación el 22 de mayo de 1751.

1752-1770. Con todas las prerrogativas de su nuevo estado, Torres puede dedicarse a edificar el monumento que ha de consagrar su gloria: la edición en 14 tomos de sus obras por suscripción pública, lo cual se realizaba en España por la primera vez.[20] La lista de los suscriptores, encabezada por el rey Fernando VI, da testimonio de la celebridad del autor entre las personalidades más encumbradas del reino; quien repase la lista de las bibliotecas mencionadas notará que la única en no haberse suscrito fue la de la universidad de Salamanca...[21] En el último tomo, antes de añadir una lista complementaria, Diego inserta un apéndice al *trozo V* para dar su versión acerca de la controvertida jubilación. A pesar de esas desavenencias, la universidad no vacila en confiar a su hijo díscolo misiones a veces delicadas, cuyo relato constituye lo esencial del *trozo VI.* Entre 1758 y 1762, el encono del claustro contra Torres y su sobrino Isidoro Ortiz encontrará una nueva ocasión de manifestarse. En efecto, a principios de 1758, los dos profesores forman el proyecto de crear una academia de matemáticas y traducen *De l'usage des globes* de Robert de Vaugondy, cartógrafo

19 Según la *Constitutio Eugeniana,* promulgada por Eugenio IV en 1431, se ganaba jubilación después de haber cumplido 20 años de enseñanza efectiva, es decir que las ausencias debían ser compensadas o justificadas (Cf. *Constituciones apostólicas y Estatutos de la muy insigne universidad de Salamanca,* Diego Cusio, 1625, página 73, y también *Barca,* p. 150, nota 105).

20 El sistema fue preconizado por Sarmiento en 1743 (Cf. M. Dubuis, "Fr. Martín Sarmiento, Torres Villarroel et quelques autres: rencontres ou influences?" en *Les langues néo-latines,* n.° 183-184, janvier-mars 1968, p. 74).

21 En 1754, Torres regalará una colección de sus obras al Colegio de Trilingüe, lo cual deja suponer que no conservaba un mal recuerdo de los años pasados en sus aulas. Cf. *infra,* nota 286.

francés. Al margen del curso tradicional previsto por los Estatutos, intentaban así dar nuevo atractivo al estudio de una ciencia desdeñada. Justo es precisar que se trataba más bien de un tipo de enseñanza que hoy llamaríamos laboral, en castellano y no en latín, a partir de los elementos reunidos en el *Uso de los globos* y del manejo de las esferas realizadas por el mismo Vaugondy, y recién adquiridas, a petición de Torres, por la librería de la universidad. El claustro aprueba primero la iniciativa, pero pronto surgen reparos. Desarróllase una ofensiva capitaneada por el teólogo Rivera y el Dr. Ovando, catedrático de medicina. En julio de 1762, el Consejo Real pone punto a una larga y penosa controversia disponiendo que los dos matemáticos organicen por fin la enseñanza planeada cuatro años antes. La universidad no le guarda rencor a Torres, ya que en noviembre de 1764 es elegido primicerio. Sigue consagrándose a obras caritativas, sobre todo en el Hospital de Nuestra Señora del Amparo, en Salamanca.

La muerte repentina de Isidoro Ortiz, en noviembre de 1767, enluta los últimos años de don Diego. El hermano de Isidoro, Judas Tadeo Ortiz Gallardo, le sustituye en la cátedra. [22] Torres otorga testamento en mayo de 1768. Una grave enfermedad le impide dedicarse a sus tareas acostumbradas, y aparece por última vez en el claustro pleno el 18 de marzo de 1769.

En el palacio de Monterrey —era administrador de los estados del Duque de Alba— muere el 19 de junio de 1770, a los 76 de su edad. En este mismo día, José Iglesias de la Casa escribe:

---

[22] El 29 de marzo de 1768, D. Antonio Tavira y Fr. Bernardo Zamora denuncian en una carta a Campomanes la incompetencia escandalosa de este pretendiente a la cátedra (Cf. Francisco Aguilar Piñal, *Los comienzos de la crisis universitaria en España. Antología de textos del siglo XVIII*, Madrid, N. y C., 1967, pp. 212-213). Jovellanos se entrevistó varias veces con él en 1791 (Cf. *Diarios*, ed. Julio Somoza, Oviedo, 1953, tomo I, pp. 227, 229, 235 y 236).

Hoy tuvo ocaso en su Oriente
el gran Torres salmantino,
por sus obras aclamado
el Quevedo de este siglo.

"Y POR VIDA MÍA, QUE SE HA DE SABER QUIÉN SOY"

(Vida, pág. 57)

Acabando de reunir unos elementos desgajados de una existencia abolida, no pretendo haber redactado, una biografía. Aunque se diera este título a las líneas precedentes, queda por realizar la tarea más delicada y azarosa: "Escribir la vida de un hombre no es contar su vida y hechos, sino inventar su alma", dice Joseph Delteil. Aquí no propongo el alma resucitada de Torres, sino unos apuntes muy provisionales sobre un aspecto preciso de su actividad literaria.

Se impone una advertencia preliminar: Para Diego, más que para cualquier escritor, tomar la pluma es contemplarse en el espejo. En las obras más ajenas al género autobiográfico, como las hagiografías, los opúsculos de teología moral o de divulgación científica, abundan trozos a veces extensos que aportan informaciones de suma importancia. El almanaque, ya desde 1718, se vuelve cuaderno de bitácora; es una como cita que da el Gran Piscator a su lector en septiembre u octubre de cada año, como lo confirmará en 1765: "Acabóse el prólogo, y en él he cumplido con la costumbre de darte cuenta en esta cuartilla de papel (a lo que llamo prólogo solamente porque se me antoja) del estado de mi vida y mi fortuna. Esta máxima, bien sabes que la he seguido desde mozo, para burlarme de mis boberías y de tus presunciones, y desjarretar, con mis verdades retozonas, las malvadas mentiras de los noveleros que hacen gracia y estudio de entretener sus tertulias a costa de mi pellejo y mi reputación; y esta idea espero llevarla hasta morir con la misma porfía que

he llevado mi venturoso quaternión, a cuya observancia
debo mis mayores felicidades". [23] Una obrita fantástica,
el *Correo del otro mundo* (1725), que todavía no ha
sido estudiada como lo merece y en la cual se descubre
todo un ideario en cierne, ofrece también perspectivas
autobiográficas, menos preciosas por la relación anec-
dótica que por el intento conmovedor, casi desesperado,
de captar las motivaciones profundas de un yo experimentado como inasible. En las famosas *Visiones y visitas
de Torres con D. Francisco de Quevedo por la Corte*
(1727-28), varios fragmentos de confesión van entrete-
jidos en la crítica de un Madrid de costumbres relaja-
das, en que, a cada paso, topa uno con foliculários
malévolos.

No debe extrañarnos, pues, el que Diego haya querido, un poco más tarde, hacer de su propia existencia
el asunto único de un libro. Durante el destierro lu-
sitano, abandonado de todos, víctima de una inicua
persecución —por lo menos, es lo que afirma—, cree
en el posible valor justificativo de una confesión completa. Del memorial que dirigió entonces al soberano,
saco estas líneas reveladoras:

Es mi primera súpplica

Que pues ai en V.M. justicia para oir y en mí justicia
para suplicar, que me oiga en justicia y me mande presentar en la cárzel que fuese del agrado de V.M. y
que me mande parezer delante de los juezes, querellantes, acusadores y testigos, y que, en secreto o en público, sea yo examinado y argüido de los otros, que se
me hagan autos formales y jurídicos, y de ellos se me
den los traslados importantes para defender mi opinión
o que se me dé traslado de los autos o consulta hecha
a V.M. para satisfazer y responder a la culpa impuesta.

[23] *El santero de Majalahonda y el sopista perdulario*, pronóstico
para 1766.

Es mi segunda súpplica

Que V.M. me mande escribir mi vida en cuia narración trasladaré todos los pasos de ella, señalando con
legalidad y sencillez los lugares donde e vivido y tran-
sitado, las personas que he comunicado y un manifiesto
de mis obras impresas y manuscriptas para que assí
éstas como mis costumbres sean examinadas y para que
la historia de mi edad (que empezaré desde que Dios
me puso en el entendimiento la luz de la razón hasta
la ora presente) sirba de luz, guía y índice a los juezes
que V.M. determine por celadores de mi desgracia y
fortuna.

Unos años antes de que redactara la *Vida,* vemos
como empieza a plasmarse el proyecto de una autobiografía estrechamente vinculada con el deseo de "parecer delante de los jueces, querellantes, acusadores y
testigos".Ya cobra forma esta preocupación en los almanaques del destierro, y concretamente en *Los Sopo-
nes de Salamanca* (nov. 1733). En 1740-43, la confesión
constituirá el remate de una obra colectada a partir
de 1738, y dará el jactancioso testimonio de un ascenso
social lisonjero, eso sí, pero sin perder una de sus
finalidades esenciales: la de presentar una autodefensa
ante un Juez, quizá más temible que el del rey, el Juez
omnipresente y multiforme delegado por la sociedad,
sin hablar del que espera al cristiano en el más allá. El
trozo VI de la *Vida* será casi únicamente un legajo de
comprobantes con sus respectivos comentarios reducidos a la mínima expresión.

No olvidemos, por otra parte, los orígenes de Torres.
El hijo de un librero menesteroso crece en una sociedad
cuyos criterios de valoración son aristocráticos. Para
entender mejor el sentido de la genealogía plebeya que
ostenta en las primeras páginas de la *Vida,* y justipre-
ciar la "altivez más pícara y la vanagloria más taimada que se puede encontrar en todos los linajes de
la ambición y de la soberbia", [24] hay que tener en cuenta este fragmento escrito en 1725:

[24] *Vida,* p. 190.

Mi padre, Pedro de Torres, es un castellano de Salamanca, con cuatro dedos de enjundia de cristiano viejo sobre el corazón. Me parece que es hidalgo, porque he visto algunos rollos de papel sellado que pasta la polilla en sus navetas. ¿Noble? No lo dudo, porque lo tiene bien acreditado en sus operaciones. [25]

y este otro en 1728:

He espulgado varias veces a mi generación, y he cavado en mi abolorio hasta encontrar las pilas en donde con el baño sacramental limpió la piedad de la Iglesia las costras y borrones originales de once abuelos, cuya sanidad y pureza están gritando los cuadernos parroquiales de San Isidoro, San Martín y San Cristóbal de Salamanca; y no he reculado más, porque adelanto poco en saber si soy más bueno, y me asusta mucho lo posible de encontrarme más malo.
Vivo tan seguro de la bondad de mi alcurnia como de su pobreza, pues también me consta que no llovió Dios sobre cosa suya. Todos se dedicaron a ejercicios honestos y apreciables en aquel país, pues el más extraviado paró en mercader de libros, arte que sólo tiene de mecánica juntar los tomos para venderlos. (Así sucede al médico, letrado, teólogo y matemático; pues todos se rellenan de hojas y libros para comerciar y vender en varios traslados sus consultas, peticiones, pareceres y recetas.) En lo demás tiene calificada su hidalguía, porque la materia es la más preciosa, las gentes con quien tratan las más excelentes: papas, reyes, religiosos, doctores y todo racional de buena doctrina. Con estas cartas me apeé desde el vientre al mundo; y aun no me había cubierto un pelo, y ya peinaba canas de ochocientos años en la fe de Jesús, gloria a Dios. [26]

Se ve que Torres estuvo obsesionado por el problema que le planteaba "el sayo de [su] alcurnia". El que alardea en 1743 de "villanchón redondo" y de cristiano viejo es una mera confirmación de esta obsesión. [27] La

25 *Melodrama astrológica*, almanaque para 1726, S IX, pp. 25-26.
26 *Visiones*, p. 148.
27 Véase también cómo reacciona después de la condenación de *la Vida natural y católica* (*Vida*, p. 195).

genealogía inicial es sin duda una regla del género biográfico. Pero es mucho más en el caso de Torres: la piedra de toque de su éxito, como lo subrayó G. Di Stefano, [28] de igual modo que la lista de los suscriptores de sus *Obras completas*. Recibiendo el homenaje del rey y de los próceres más ilustres, el descendiente del "trujimán de pollos" se desquita y afirma el derecho del plebeyo a contarse.

Sin embargo, Diego se siente intranquilizado. Necesita confortarse a sí mismo, convencerse de que no sólo sus bufonerías le franquearon las puertas de los salones más encopetados. [29] En cuanto a su situación en la universidad, él se da perfecta cuenta de que vive en ella un poco como un cuerpo extraño, un "hijo pegadizo". [30] Humilde manteísta, no puede pretender sino una cátedra desprestigiada y de renta exigua. No se siente a sus anchas en la "nebulosa piara de los escolares", le enfada el empaque de sus colegas, y, cada vez que puede, se escapa. [31] La respetabilidad que le confiere su cátedra le será útil en varias ocasiones, pero constituye para él un motivo más de desequilibrio.

Desequilibrio y *contradicción* son las palabras más adecuadas para calificar la postura de Diego en busca de su índole profunda. Russell P. Sebold analizó finamente la doble vertiente mundana y ascética que revelan sus libros, y lo que llama su "hibridismo estilístico". [32] Adoptando las conclusiones a las cuales llega, quisiera yo subrayar la frecuencia, en la obra torresiana, de palabras como *desvarío, locura, inquietud, inconstancia*. Confiesa Diego que sus publicaciones son "hechuras de un hombre loco, absolutamente ignorante y relleno de desvaríos y extrañas inquietudes", [33] "escritas sin

[28] En *Mito e realtà nell'autobiografia di D. de T. V.* (Cf. Bibl. selecta), p. 187. La confesión "autolaudatoria" en la *Vida* ha sido analizada por E. Suárez Galbán (Cf. Bibl. selecta).
[29] *Vida*, p. 224.
[30] *Ibid.*, p. 231.
[31] *Ibid.*, p. 135.
[32] *Visiones*. Introducción, p. XXI.
[33] *Vida*, p. 72.

gusto, con poco asiento, con algún enfado y con precipitación desaliñada". [34] En la *Vida natural y católica,*
apunta observaciones parecidas: "Con piadosa curiosidad he frecuentado los hospitales de cualquiera pueblo
adonde me llevó mi inquieto destino" [...] "Siempre
vivo con tal pasión a lo que se llama inquietud y locura, que no me ha quedado violencia ni habilidad
en que no haya hecho algún ejercicio". [35] Inestabilidad,
vaivenes incesantes entre actitudes opuestas, turbulenta
coexistencia de sentimientos antitéticos, todo eso caracteriza el discurso autobiográfico de Torres.

¿Por qué hablaba de sí? ¿Por qué se metía en corro
y se exhibía tan fácilmente? ¿Para ganar dinero? Sin
duda. La afirmación rotunda de este motivo "mecánico" hizo que se le tachara de cínico, ya desde el *Correo
del otro mundo* en que aparece por la primera vez:

> Yo escribo porque no tengo dinero ni donde sacarlo
> para vestirme yo, y mantener a mis viejos padres para
> recuperarles en parte con estos leves alivios los días de
> la vida que les quité con mis inobedientes travesuras.
> Y por este indispensable cuidado, sufro conforme los
> dicterios del tonto, las melancolías del discreto, los mis-
> terios del vano, los reparos del crítico y las impertinen-
> cias de todos, que a estos golpes irreparables voy pronto
> cuando publico mis trabajos en la plaza del mundo. No
> puedo servir a Vmds., padres míos, con más amor, pues
> por consolar la porfiada fortuna y enferma vejez en
> que el cielo y los días han puesto a Vmds., me arrojo
> yo y vendo a mis hijos. [36]

En 1743, aunque Torres no es tan pobre como en
1725, la literatura sigue siendo para él una fuente de
ingresos muy apreciables. Pero hay que dejar atrás este
aspecto para llegar a motivaciones más profundas.

---

[34] *Ibid.,* p. 108.
[35] S IV, pp. 7b y 67a.
[36] Prólogo de la ed. prínc. (Salamanca, por E. García de Hono-
rato y S. Miguel); esta declaración será suprimida en las ediciones
posteriores (Cf. S. II, p. 243).

El *Prólogo al lector* y la *Introducción* de la *Vida* nos
muestran a un autor que se sitúa de entrada en postura
de agredido. Una manía persecutoria implacable se manifiesta en la serie de interrogantes que presta a un
supuesto lector. No escribe su *Vida* para ir en busca
del tiempo perdido, o en una perspectiva "peniten-
cial",[37] sino para "desvanecer, con [sus] confesiones y
verdades, los enredos y las mentiras que [le] han abultado los críticos y los embusteros".[38] Pero en seguida
se contradice —aparentemente, al menos— ("No me
mueve a confesar en el público mis verdaderas liviandades el deseo de sosegar los chismes y las parlerías
con que anda alborotado mi nombre y forajida mi
opinión"), y se escapa en dos piruetas, aludiendo a los
ochavos que quiere ganar antes que otro y al predicador de sus honras fúnebres... Buen ejemplo de las vol-
teretas entre las cuales suele escurrirse.

En 1739, con motivo de la controversia sobre la nobleza de Santo Domingo de Guzmán, se confiaba a
una Justicia simbólica:

> Yo, Señora, soy un hombre tan mal conocido que ape-
> nas hay veinte personas en el reino que hablen con
> verdad y con experiencia de mis costumbres. General-
> mente estoy tenido por alegre, despejado y volunta-
> rioso; y es tan al contrario, que puedo aseguraros que
> apenas sufre la tierra hombre más triste, más cobarde,
> ni más esclavo. Piensan las más gentes, ignorantes de
> mi espíritu, que tengo gusto, prontitud e inclinación a
> escribir, y juro por vuestra bondad que siempre he to-
> mado la pluma con horror, con sobresalto y con enojo,
> y que no he dado borrón al papel que no haya sido
> con el fin de acallar mis necesidades, de defender mi
> estimación, o asegurar mi sencillez y mi inocencia. Cuan-
> do escucho estos terremotos de la pluma y este nublado
> de papelones, y veo a los ingenios rabiosos, hinchados,
> que se disparan unos a otros rayos de indignación, pa-
> dezco mortales sustos, no sé dónde esconderme, y qui-

---

[37] La palabra es de Juan Marichal (artículo citado en la bibl.
selecta).
[38] *Vida*, p. 56.

siera no ser nacido. Las dolorosas experiencias que han
pasado por mí me tienen tan acobardado y encogido
que no me dejan respirar. [...] Otros escribientes ingeniosos tendrán medios o medianeros para escaparse de
sus mismos desaciertos y disparates; pero yo, a cualquiera lugar donde vuelva los ojos, no encuentro sino
es quien me maldiga, me empuje y me ultraje. [39]

Víctima de la incomprensión de los otros, Diego se
dirige a ellos para informarlos, rectificar su error, di-
sipar los mitos que él mismo contribuyó a forjar. [39 bis]
Empresa sumamente ambigua, la de quien "se palpa
las interioridades" en público. Aunque los otros refle-
jan de él un eco desfigurado, le ofrecen un auditorio
imprescindible. Con esta íntima necesidad de comunicar debe relacionarse la abundancia de los prólogos
(un centenar aproximadamente) que salpican la obra
torresiana, y que no pocas veces son más densos y
largos que el texto presentado. Diego no podría vivir
sin interlocutores y sin espectadores: "... yo soy [...]
tan patente de sentimientos que, siempre que abro la
boca, deseo que todo el mundo me registre la tripa
del cagalar". [40] La fórmula, si bien carece de elegancia,
no puede ser más clara.

Y en el fondo, es hombre de teatro. Recordemos la
evocación de sus "picardigüelas" juveniles:

Disfrazábame treinta veces en una noche, ya de vieja,
de borracho, de amolador francés, de sastre, de sacristán, de sopón, y me revolvía en los primeros trapos que
encontraba que tuviesen alguna similitud a estas figuras.
Representaba varios versos que yo componía a este propósito, y arremedaba con propriedad ridículamente ex-

[39] *Soplo a la Justicia*, S X, pp. 284-285.
[39 bis] "Yo añadí fealdad a mi figura, trasladándome al papel más
abominable que festivo; yo malquisté a mi alma, rebajándole el
valor de sus potencias; y yo hablé de mí mismo con tal obstina-
ción, que sólo les dejé a los satíricos mucho que trasladar y nada
que decir, de tal modo que mi nombre, mi familia, mi persona y
mi estimación vivirán eternamente quejosas de mi pluma" (*Visiones*,
pp. 150-151).
[40] *Vida*, p. 231.

traordinaria los modos, locuciones y movimientos de
estas y otras risibles y extravagantes piezas. [41]

Él mismo sale al escenario para actuar en sus pro-
pios sainetes. [42] Fascinado por infinitas virtualidades de
metamorfosis y de libertad, el andariego Torres no se
contenta con la fuga física: inventa personajes nuevos,
adopta seudónimos, y hasta se desdobla y pretende conocer al famoso Torres, como cuando huye a Francia
o cuando reside en Coimbra. [43] Los almanaques son
otra muestra de esta afición a mistificar, así como los
pastiches quevedescos. [44] Examinado en la misma perspectiva, el "picarismo" de Torres podría, en varias ocasiones, reducirse a un traje simbólico, sacado de lo que
el tiempo había convertido en mera guardarropía literaria. [45] Además, con un ilusionismo de muchas facetas,

---

[41] *Ibíd.*, p. 84.

[42] Cf. *trozo IV*, nota 144. Conocía perfectamente y por de dentro
el mundo del teatro y las exigencias de un oficio despreciado por
los fariseos. En la defensa de las comediantas que presenta ante
un Quevedo pasmado (*Visiones*, I, 11), hay reflexiones modernísimas
sobre la afanosa existencia de las actrices y su presunta liviandad,
que se anticipan a las de A. Camus (Compare el curioso la pág. 88
de las *Visiones* con una declaración televisada de Camus: *Pourquoi
je fais du théâtre?* (1959), recogida en *Théâtre, récits, nouvelles*,
Paris, Gallimard, Bibl. de la Pléiade, 1962, p. 1720).

[43] *Vida*, p. 94, nota 71, y p. 151 y 160.

[44] Cf. *trozo III*, nota 99. Observando en la biblioteca de su
amigo el ermitaño las obras de Quevedo, confiesa: "Poca fe tengo
con las obras póstumas, pues hoy corren por España más de dos
tomos que se intitulan póstumos, y los más de sus pliegos son míos,
y en esto no me puedo engañar, pues lo hice yo" (*El Ermitaño y
Torres*, S. VI, p. 20b).

[45] A José María de Cossío le da pie una observación análoga
para confirmar el carácter convencional del género picaresco (en su
reseña del libro de García Boiza, *ABC*, 3 dic. 1949). No creo posible, en los límites de esta introducción, examinar esta opinión, ni
me propongo abordar el problema complejísimo de las relaciones
entre la novela picaresca y la autobiografía, concretamente en su
modalidad torresiana. Para estudiarlo en las mejores condiciones,
habrá que tener en cuenta las valiosas reflexiones de Russell P. Sebold
y los enfoques modernos sobre la problemática picaresca (me refiero
sobre todo a las investigaciones de Marcel Bataillon, Edmond Cros,
Fernando Lázaro Carreter, Maurice Molho y Francisco Rico). Parece
en todo caso muy atrevido seguir afirmando sin salvedades —como lo
hicieron Juan Valera y A. Valbuena Prat—, y sin aclaración previa
de los conceptos utilizados, que la *Vida* es la última resurgencia de
la novela picaresca. Señalo de paso que, en un estudio reciente sobre

con una ironía incesante, se compagina muy bien cierta manera de vivir con el corazón en la mano, en el modo de la confesión reiterada, a veces más eficaz que la máscara. Entonces, engañando con la verdad, Torres se "arrebuja" (una de sus palabras predilectas) todavía más en el misterio...

Este panorama movedizo hace delicadísimo, cuando no ilusorio, el examen del grado de "veracidad" o de "sinceridad" en los escritos de Diego. [46] Una pesquisa de tipo policíaco puede revelar tal o cual divergencia entre un hecho objetivamente comprobable y su reflejo deformado por una memoria que falla, o entre dos versiones de una misma aventura, como la primera escapatoria a Portugal, [47] pero sin conducir a descubrimientos de mucho alcance. Huelga insistir sobre la imposibilidad, para uno, de evocar la totalidad de los acontecimientos objetivos de su propia vida ("¿Qué ojo puede verse a sí mismo?", pregunta Stendhal), la labor más o menos consciente del escritor que elige, esquematiza, interpreta, y, en una palabra, con evidente y sospechosa complacencia, construye su propio ser: "Autobiografía no significa biografía de una persona escrita por ella misma, sino biografía de un ser imaginario compuesta con elementos vivos sacados de la

---

el estilo de la autobiografía, Jean Starobinski alude a la 'tonalidad picaresca' de las *Confesiones* de J. J. Rousseau (*La relation critique*, Paris, Gallimard, 1970, pp. 96-98).

[46] Prescindiendo de opiniones tajantes o superficiales sobre la sinceridad de Torres, vale la pena reproducir la de Jorge Luis Borges, para quien la *Vida* es un "documento insatisfactorio, ajeno de franqueza espiritual, y que, como todos sus libros, tiene mucho de naipe de tahur y casi nada de intimidad de corazón. Sin embargo hay en ella dos excelencias: su aparente soltura y el ahinco del escritor en declararse igual a cuantos lo leen, contradiciendo el desarreglo de la agitada vida que narra y la jactancia que quiere persuadirnos de únicos. Quiso examinar Villarroel la traza de su espíritu y confesó haberlo juzgado semejante al de todos, sin eminencias privativas ni especial fortaleza en lacras o cualidades: desengaño que no alcanzaron ni Strindberg, ni Rousseau, ni el propio Montaigne. Esa abarcadora y confesa vulgaridad de un alma, es cosa que conforta" (en la revista *Proa*, Buenos Aires, I, 1924, p. 52).

[47] Cf. *trozo II*, nota 68.

naturaleza y de la experiencia del autor". [48] Según este concepto, no radicará lo esencial en la fidelidad más o menos exacta a una serie de hechos, sino en lo que Jean-Jacques Rousseau llama "la cadena de los sentimientos". [49] Y precisamente las modalidades de la confesión rusoniana inspiran a Jean Starobinski luminosas reflexiones que hubiera podido sugerir igualmente el caso de Torres:

> Lo que importa más que todo no es la verdad histórica, sino la emoción de una conciencia que deja al pasado emerger y representarse en ella. Si la imagen es falsa, al menos la emoción actual no lo es. La verdad que Rousseau quiere comunicarnos no es la exacta localización de los hechos biográficos, sino la relación que él mantiene con su pasado. Se retratará doblemente, ya que, en vez de reconstituir simplemente su historia, se cuenta a sí mismo tal como revive su historia escribiéndola. Poco importa entonces que la imaginación supla los fallos de la memoria: ¿la calidad de nuestros sueños no expresa nuestra naturaleza? No importa la poca semejanza "anecdótica" del autorretrato, ya que el alma del pintor se manifestó por el estilo de sus pinceladas. Deformando su imagen, revela una realidad más esencial, que es la mirada que dirige a sí mismo, la imposibilidad suya de captarse sin deformarse. Ya no pretende dominar su objeto (que es él mismo) con el modo imparcial y frío que sería el del historiador, poseedor de una verdad *ne varietur*. Se expone en su búsqueda y su error, en unión con el objeto incierto que cree captar. Este conjunto constituye una verdad más completa, pero que escapa a las normas corrientes de la verificación. Ya no estamos en el terreno de la *verdad* (de la *historia* verídica), estamos en el de la *autenticidad* (del *discurso* auténtico). [...]
>
> El autorretrato no será, pues, la copia más o menos fiel de un yo-objeto, sino la huella viva de este acto

---

48 Ramón Fernández, *Messages*, Paris, 1926, p. 93.
49 "Je n'ai qu'un guide fidèle sur lequel je puisse compter, c'est la chaîne des sentiments qui ont marqué la succession de mon être, et par eux celle des événements qui en ont été la cause ou l'effet" (*Les Confessions*, VII, en *Oeuvres complètes*, tomo I, Paris, Gallimard, Bibl. de la Pléiade, 1959, p. 278).

que es la busca de sí mismo. *Soy* mi propia búsqueda.
La ley de la autenticidad no exige que la palabra *repro-
duzca* una realidad previa, sino que *produzca* su verdad
en un discurso libre y no interrumpido. [...] Entonces
la sinceridad no implica ya una reflexión sobre sí mismo, no se vuelve sobre un yo preexistente que se tra-
taría de expresar completamente con una fidelidad des-
criptiva que mantendría la distancia necesaria para el
juicio. Esta sinceridad reflexiva, que divide el ser y con-
dena la conciencia a una irreductible separación, es su-
plantada por una sinceridad irreflexiva.[50]

Torres tenía conciencia aguda de la coincidencia del
ser profundo y de la palabra cuando escribía: "Son los
libros unas copias de las almas de sus autores, unas
imágenes de sus sentimientos, unos originales de sus
fantasías, y unas vivísimas representaciones de sus vicios,
virtudes, capacidades y sentencias".[51] De importancia
capital, y casi premonitoria, es otra declaración que se
lee en la *Vida*:

El genio, el natural o este duende invisible (llámese
como quisieren), por cuyas burlas, acciones y movimientos rastreamos algún poco de las almas, anda copiado con
más verdad en mis papeles, ya porque cuidadosamente
he declarado mis defectos, ya porque *a hurtadillas de
mi vigilancia* se han salido, *arrebujados* entre las expresiones, las bachillerías y las incontinencias, muchos pen-

[50] *Jean-Jacques Rousseau: La transparence et l'obstacle*, Paris,
Gallimard, 1971, p. 236-237. Del mismo autor, véase también "J. J.
Rousseau et le péril de la réflexion" y "Etendhal, pseudonyme", en
L'œil vivant, Paris, Gallimard, 1961; el tomo II de *L'œil vivant*,
La relation critique, citado *supra*, n. 45; y en un artículo recién
publicado en España, el parágrafo titulado "Problemas del análisis
psicológico" ("Consideraciones sobre el estado actual de la crítica
literaria", en *Revista de Occidente*, n.º 88, julio 1970, p. 9). No
menos apasionantes y sugerentes son las advertencias de Boris de
Schloezer sobre el yo creación del artista (*L'œuvre, l'auteur et
l'homme*, comunicación presentada en el Centre Culturel International
de Cerisy-la-Salle, 2-12 sept. 1966, y publicada en *Les chemins
actuels de la critique*, Paris, Coll. 10-18, 1968).
[51] Primera frase del *Prólogo general* de *Extracto de los pronósticos* (S IX).

samientos y palabras que han descubierto las manías
de mi propensión y los delirios de mi voluntad. [52]

La confesión literaria ofrece así una verdad de doble
vertiente: las palabras traducen un propósito consciente, y también dejan transparentarse motivaciones escondidas. El mismo Torres, con una sonrisa burlona y
enigmática parecida a la que se dibuja en varios retratos
suyos, nos invita a desentrañar el misterio de un discurso autobiográfico que se desarrolla simultáneamente
en un doble plano. Pero, por encima de todo, con la
misma convicción que Rousseau, afirma el carácter
único, insustituible de una empresa que él solo puede
llevar a cabo:

> Escribiré con la sencillez que acostumbro, y asegúrese
> V. S. que persona alguna le ha de informar con más
> conocimiento, con más verdad, ni con menos pasión de
> mí que yo mismo, porque yo me trato muchos años
> ha, y me trato peor que lo que me tratan mis enemi-
> gos; y estoy más cerca de mi corazón que todos los
> que, desde la distancia de su vanidad, quieren persua-
> dir que han palpado mis interioridades. [53]

Valiéndose de un vocabulario de la distancia y de
la separación, reconoce implícitamente el desdoblamien-
to entre el yo-sujeto y el yo-objeto; pero al mismo
tiempo, de manera conmovedora, pide el asentimien-
to del interlocutor sobre la verdad esencial de su obra,
sobre lo que el crítico ginebrino llamaría la *autenticidad* de su experiencia personal. En este instante de
máxima "sinceridad", ¿no podríamos tener la impresión fugaz de que acaba de caer una de las numerosas
máscaras bajo las cuales se disimula —y se manifiesta—
el inasible Diego? [54]

GUY MERCADIER

[52] *Vida*, p. 100; el subrayado es mío.
[53] En la dedicatoria a D. Fermín García de Almarza, Rector de
la Univ. de Salamanca, de *Los traperos de Madrid*, almanaque
para 1760.
[54] Estas reflexiones deshilvanadas no pretenden dar la 'clave' de
la autobiografía torresiana, ni tampoco pretendo revelarla un día;

222

222222

222

22

son tan sólo unos sondeos en unas vías que sigo explorando para un estudio en curso de redacción. Mi única intención, por ahora, es ofrecer al lector un texto fidedigno, con las aclaraciones que me han parecido útiles.

NOTICIA BIBLIOGRÁFICA

Q U E yo sepa, no existe manuscrito de la *Vida*. Sería inútil y fastidioso dar aquí la lista completa de todas las ediciones de esta obra, que fue la más publicada y difundida de Torres. En cuanto a la príncipe, no cabe hablar de una, sino de cuatro, en la medida en que la *Vida* fue en realidad dada a la imprenta en cuatro entregas distintas: 1743, 1750, 1752 y 1758. La primera edición completa es de 1799.

1743 ———— 1)

VIDA, / ASCENDENCIA, NACIMIENTO, / CRIAN-ZA, Y AVENTURAS / DE EL DOCTOR DON DIE-GO DE TORRES / VILLARROEL, / CATHEDRA-TICO DE PRIMA / de Mathemáticas en la Universidad / de Salamanca / DEDICADA / A LA EXCELENTIS-SIMA SEÑORA DOÑA MARÍA / Theresa Alvarez de Toledo, Haro, Silva, Guzmán, Henríquez de Ri- / vera &c. Duquesa de Alva, Marquesa de el Carpio, Duquesa de / Huescar, Condesa de Olivares, Duquesa de Galisteo / y de Montoro &c. / ESCRITA / *POR EL MISMO DON DIEGO DE TORRES* / *Villarroèl*. / CON LI-CENCIA. / EN MADRID: En la Imprenta del Convento de la Merced. / Año de 1743.

in-4.º, XII + 79 págs. [Dedicatoria: 12 mayo 1743; licencia del ordinario: 14 mayo 1743; aprobaciones: 24 y 26 abril 1743; licencia del Consejo: 29 abril 1743; fe de erratas y suma de la tasa: 16 mayo 1743].

[B. N. Madrid, sig. U/10410]

Es la edición príncipe de los cuatro primeros *trozos*.

Tal fue el éxito de esta obra, que, como lo dice el
autor en el *trozo V* (p. 188), salen en el mismo año
dos ediciones con su permiso (n.º 2 y 3), y dos fraudu-
lentas (n.º 4 y 5):

——— 2)

Sevilla: En la Imp. Real de Diego López de Haro.

——— 3)

Valencia: En la Imp. de Gerónimo Conejos / enfrente
S. Martín, año 1743 / Se hallará en casa de Vicente
Navarro, Mercader de Libros, enfrente la Diputación.
in-8.º, XVI + 160 págs.

[B. N. Madrid, sig. 2/68066]

——— 4)

Zaragoza: ¿?

——— 5)

Pamplona: Ezquerro, in-4.º, IV + 80 págs.

1750

+ / QUINTO TROZO / DE LA VIDA, / ASCENDEN-
CIA, NACIMIENTO, CRIANZA, / Y AVENTURAS /
DE EL D.ᵒᶜᵗ D. DIEGO DE TORRES, / CATHEDRA-
TICO DE MATHEMATICAS / en la Universidad de
Salamanca. / DEDICADO / A LA Exc.ma SEÑORA
/ Dña MARIA TERESA / ALBAREZ DE TOLEDO,
HARO, SILVA, / Guzmán, Enriquez de Ribera, Etc. /
DUQUESA DE ALBA, MARQUESA DE EL / Carpio,
Condesa de Olivares, Duquesa de Ga- / listeo, y de
Montoro, Etc. / ESCRITO / POR EL MISMO DON
DIEGO DE TORRES. /
En Salamanca: Por Pedro Ortiz Gómez, año de 1750.

in-4.º, VI + 42 págs. [Dedicatoria: 12 junio 1750; aprobaciones: 6 mayo y 6 junio 1750; lic. del ordinario:
9 junio 1750; lic. del Consejo: 22 mayo 1750].

Conozco dos ejemplares de esta príncipe del *trozo V*:
uno en la Bibl. del Escorial (sig. 105-IV-5, n.º 13), y
otro en la Bibl. de Palacio, Madrid (sig. IX/8317).

¿Poco después de 1750?

Valencia: La Imp. de G. Conejos reedita la *Vida* de
1743 con la añadidura del *trozo V,* que empieza en la
pág. 161 ("Ahora empieza el Trozo Quinto de la Vida,

que ahun está rompiendo por permissión de Dios el Doctor Don Diego de Torres").

in-8.º, XVI + 224 págs. [B. N. Madrid, sig. 3/27036]

Sobre esta curiosidad bibliográfica, cf. mi artículo *A propos du 'Quinto trozo'*...

1752

+ / TOMO XIV. / VIDA, / ASCENDENCIA, NACI-MIENTO, / CRIANZA, Y AVENTURAS / DE EL DOCTOR / DON DIEGO DE TORRES / VILLA-RROEL / ... / CON LICENCIA / EN SALAMANCA: En la Imprenta de Pedro Ortiz Gómez, / Año de 1752.

in 4.º, 173 págs. + Lista segunda de suscriptores + Indice.

Es el XIV y último tomo de la colección titulada *Libros en que están reatados diferentes quadernos phýsicos, médicos, astrológicos, poéticos, morales y mýsticos, que años passados dio al público en producciones pequeñas el Dr. D. de T. V.*

Tiene este tomo valor de príncipe en lo que se refiere al episodio de la jubilación (págs. 164 b - 173 b). Cf. *infra,* nota 270.

[1758]

+ / SEXTO TROZO / DE LA VIDA, / Y AVENTU-RAS / DE EL DOCTOR D. DIEGO DE TORRES / VILLARROEL, / DEL GREMIO, Y CLAUSTRO DE LA UNIVERSIDAD / de Salamanca, y su Cathedrático de Mathemáticas / Jubilado por su Magestad. / DEDI-CADO / AL REI N. SEÑOR / DON CARLOS TER-CERO. / ESCRITO / POR EL MISMO DON DIEGO DE TORRES. / CON LICENCIA: En Salamanca, por Antonio Villargordo.

in 4.º, VIII + 63 págs. [Dedicatoria sin fecha; lic. del Sr. Provisor: 29 nov. 1758; lic. del Consejo: 29 ag. 1757; tasa: 14 abril 1758; fe de erratas: 31 marzo 1758].

[B. N. Madrid, sig. U/10956]

1789

VIDA... (4 *trozos*), Madrid, por B. Cano, in-4.º, IV + 115 págs., a veces encuadernado con *El Ermitaño y Torres, Aventura curiosa en que se trata de la piedra filosofal,* 131 págs.

1792

VIDA... (4 *trozos*), Madrid, Imp. de González, in-8.º, 262 págs.

1799

VIDA..., Madrid, En la Imprenta de la Viuda de Ibarra, in-8.º, VIII + 316 págs.
Tomo XV y último de la col. de las *Obras* publicadas en Madrid (1794-1799). Primera ed. completa de los seis *trozos*.

Entre las ediciones modernas, la única digna de mencionarse es naturalmente la de Federico de Onís, preparada para la col. *La Lectura* (Madrid, Espasa-Calpe, *Clás. Cast.,* n.º 7; primera ed. en 1912, reimpresa en 1941 y 1954), con prólogo y notas. El aparato crítico, al cual remito más de una vez, sigue siendo muy apreciable, pero desgraciadamente el texto adolece de numerosas erratas, y hasta de dislates increíbles. F. de Onís no pudo acudir a la ed. príncipe del *trozo V,* entonces desconocida, y reprodujo el *trozo VI* como apéndice, y no como parte integrante de la *Vida.*

Varias editoriales publicaron la *Vida* después de 1912, adoptando sin modificarla la versión de los *Clásicos Castellanos.*

BIBLIOGRAFÍA SELECTA

Di Pinto, Mario. "Scienza e superstizione (Torres Villa-rroel)", en *Cultura spagnola nel settecento*, Napoli, Edizioni Scientifiche Italiane (Coll. L'Acropoli, n.º 10), 1964, pp. 77-120.

Di Stefano, Giuseppe. "Mito e realtà nell'autobiografia di D. de T. V.," en *Miscellanea di Studi Ispanici*, Istituto di letteratura spagnola e ispano-americana dell'Università di Pisa, n.º 10, 1965, pp. 175-202.

Entrambasaguas, Joaquín de. "Un memorial autobiográfico de D. D. de T. y V.", en *B. R. A. E.*, XVIII (Feb. de 1931), pp. 391-417.

Faylde, Cayetano. *Oración fúnebre a las solemnes honras que a la tierna memoria del Doct. D. D. T. V.* [...] *consagró en su capilla de San Gerónymo el día 12 de febrero de 1774*, Salamanca, por Nicolás Villargordo, 1774, 84 pp.

García Boiza, Antonio. *D. D. de T. V., Ensayo biográfico*, Salamanca, Imp. Calatrava, 1911, 202 pp.

———. *Nuevos datos sobre T. V. La fortuna de D. D. de T. D. de T., Primicerio de la Universidad de Salamanca*, Salamanca, Calatrava, 1918, 23 pp.

———. Reedición del *Ensayo biográfico* con los *Nuevos datos*, pero sin los apéndices de la ed. de 1911: Madrid, Editora Nacional, en *Breviarios de la vida española*, n.º 33, 1949, 297 pp.

Granjel, Luis S. "La medicina y los médicos en las obras de T. V.", Univ. de Salamanca, *Medicina,* Tomo I, n.º 6, 1952, 83 págs.; estudio incluido en *Humanismo y medicina,* Univ. de Salamanca, Seminario de Historia de la medicina española, 1968, pp. 245-313.

Lamano y Beneite, José de. "El ascetismo de D. D. de T. V.", en *La Ciencia Tomista,* marzo-abril 1972, pp. 22-47, y mayo-junio 1912, pp. 195-227.

Marichal, Juan. "T. V.: autobiografía burguesa al hispánico modo", en *Papeles de Son Armadans,* XXXVI (marzo 1965), pp. 297-306.

Mercadier, Guy. "A propos du *Quinto trozo* de la *Vida* de D. de T. V., Notes bibliographiques", en *Mélanges offerts à Marcel Bataillon par les hispanistes français,* B. Hi., LXIV bis (1962), pp. 551-558.

———. "¿Cuándo nació D. de T. V.?", en *Insula,* n.º 197 (abril 1963), p. 14.

———. "Joseph de Villarroel et D. de T. V.: Parenté littéraire et parenté naturelle", en *Mélanges à la mémoire de Jean Sarrailh,* Paris, Centre de recherches de l'Institut d'études hispaniques, 1966, tome II, pp. 147-159.

———. Cf. D. de T. V., *La Barca de Aqueronte (1731),* Edition critique d'un autographe inédit par G. M., Paris, Centre de recherches hispaniques, 1969, 465 pp.

———. "El destierro de D. de T. V. en Portugal: Dos memoriales inéditos", en *Actas del IV Congreso de la A. I. H.,* Salamanca (en prensa).

Onís, Federico de. Cf. ed. de la *Vida,* Madrid, Espasa-Calpe, Clás. Cast., n.º 7, 1954.

Pérez Goyena, A. "Estudios recientes sobre el Dr. D. de T. V.", en *Razón y Fe,* XXXV (1913), pp. 194-211.

Placer, P. Gumersindo. "Honras fúnebres de T. y V.", en *Estudios,* n.º 64 (enero-marzo 1964), pp. 91-98.

Sebold, Russell P. "T. V. y las vanidades del mundo", en *Archivum* (Oviedo), VII (1958), pp. 115-146.

———. "Mixtificación y estructura picaresca en la *Vida* de T. V.", en *Insula,* n.º 204 (nov. 1963), pp. 7 y 12.

Sebold, Russell P. Cf. Prólogo de las *Visiones y visitas de Torres con Don Francisco de Quevedo por la Corte*, Madrid, Espasa-Calpe, Clás. Cast., n.º 61, 1966.

Suárez Galbán, Eugenio. "La estructura autobiográfica de la *Vida* de T. V.", en *Hispanófila*, n.º 41 (enero 1971), pp. 23-53.

ABREVIATURAS

AUS   = Archivo Universitario de Salamanca.

Barca   = Ed. de *La Barca de Aqueronte*, por G:y Mercadier.

Ceremonial = *Zeremonial Sagrado y Político de la Universidad de Salamanca, compuesto y arreglado a sus Estatutos y loables costumbres con reformazión de algunos abusos, por el Doctor Don Bernardino Francos Valdés,* [...] *por comisión del Claustro de 26 de octubre de 1719.* [AUS, ms. 333]

Estatutos = *Constituciones apostólicas y Estatutos de la muy insigne Universidad de Salamanca, recopilados nuevamente por su Comisión.* En Salamanca, Imp. Diego Cusio, 1625.

Lamano = José de Lamano y Beneite, *El dialecto vulgar salmantino*, Salamanca, Tipografía Popular, 1915.

M   = *Vida*, tomo XV de la col. de *Obras* publicada en Madrid por Ibarra, 1799.

Onís   = *Vida*, Clás. Cast., 1954.

S   = *Vida*, tomo XIV de la col. de *Obras* publicada en Salamanca, 1752.

S I, S. II, etc. = *Obras* publicadas en Salamanca por A. Villargordo y P. Ortiz Gómez en 1751-52, XIV vols.

Visiones = *Visiones y visitas...,* Clás. Cast., 1966.

NOTA PREVIA

E L texto de esta edición de la *Vida* sigue escrupulosamente el de las 'príncipes' descritas en la noticia bibliográfica. Sólo una variante acompañada de la sigla S se encuentra en M. Si elijo una versión diferente del original, o si corrijo una errata, dejo constancia de mi intervención en las notas. Modernizo la puntuación y la ortografía, salvo en casos muy particulares que trato de justificar.

G. M.

VIDA,

ASCENDENCIA, NACIMIENTO,

CRIANZA, Y AVENTURAS

DE EL DOCTOR

DON DIEGO DE TORRES

VILLARROEL,

CATHEDRATICO DE PRIMA

de Mathematicas en la Universidad
de Salamanca.

DEDICADA

A LA EXCELENTISSIMA SEÑORA DOÑA MARIA
Thereſa Alvarez de Toledo , Haro , Silva , Guzmàn , Henriquez de Rivera &c. Duqueſa de Alva , Marqueſa de el Carpio , Duqueſa de
Hueſcar, Condeſa de Olivares , Duqueſa de Galiſtco.
y de Montoro &c.

ESCRITA

POR EL MISMO DON DIEGO DE TORRES
Villarroèl.

CON LICENCIA.

EN MADRID : En la Imprenta del Convento de la Merced.
Año de 1743.

A LA EXCMA. SEÑORA DOÑA MARÍA TERESA
ÁLVAREZ DE TOLEDO, HARO, SILVA, GUZMÁN, ETC.
DUQUESA DE ALBA,
MARQUESA DEL CARPIO, DUQUESA DE HUÉSCAR, ETC.

EXCMA. SEÑORA.

En el breve y humilde bulto de estas planas están
resumidos, excelentísima señora y única veneración de
mi respeto, los torpes pasos, las culpables quietudes y
las melancólicas desventuras de mi miserable vida. Refiero en ellas el ocio, los empleos, los afanes, los descuidos y las malicias que han pasado por mí, desde que
entré en el mundo hasta ahora que estoy bien cercano
a salir de él. Descubro, entre poquísimas felicidades,
las persecuciones con que me ha seguido la fortuna, las
miserias a que me condenó mi altanería, los precipicios
adonde me asomaron mis costumbres y los más de los
errores que dieron justamente a mi vida el renombre
de mala vida. Lo más que contiene este angustiado[1]
compendio son perversas locuras, sucesos viciosos y
tristísimas casualidades; y siendo tan escandaloso este
culto, ni me avergüenzo de sacrificarlo a los pies de
V. Exc., ni desespero de que su discretísima compasión
deje de admitir mis ansias reverentes; porque no los
dedico como dones de sacrificante presuntuoso, sino
como promesas de un infelice delincuente, que busca
en el delicioso sagrado de V. Exc. su patrocinio, su
honor y sus seguridades.

1 *angustiado*: 'apocado, miserable' (*Ac.*).

Tiene este humildísimo cortejo el semblante de mal-hechor; mas no le faltan venturosas desgracias, que le prometen toda la piedad de V. Exc. Es un resumen de culpas, infortunios, escándalos, castigos y desazones; pero yo no sacrifico a V. Exc. mis delitos, sino mis trabajos; no retiro a su sagrado mis locuras, sino mis aflicciones, y, finalmente, no pongo en el clementí-simo altar de V. Exc. lo que he pecado, sino lo que he padecido. Por estas razones, y la de haberse fabri-cado en casa de V. Exc. este voto, en aquellas horas en que (con sentimiento de mi veneración) me retiraba de sus pies, creo que no es indigno de las aceptaciones, y más cuando lo acompaña mi rendimiento, mi grati-tud y mi fidelísima servidumbre.

Suplico a V. Exc. rendidamente se digne de recibir la vida que gozo y la Vida que escribo, pues sobre una y otra han puesto las honras de V. Exc. un dominio apetecible y una esclavitud inexcusable; de modo que no le ha quedado a mi elección, a mi afecto, ni a mi codicia la libertad de pensar en otro dueño para pa-trono del desdichado culto de esta obrilla. V. Exc. lo es sólo de todas mis acciones, y en reconocimiento a sus graciosísimas piedades, ofrezco mi Vida, obras y tra-bajos, lo que he sido, lo que soy y lo que pueda valer y vivir.

Nuestro Señor guarde a V. Exc. muchos años, como se lo ruego y nos importa. De esta casa de V. Exc. Madrid y mayo 12 de 1743. [2]

EXCMA. SEÑORA,

B. L. P. de V. Exc. su rendidísimo siervo
EL DOCTOR DON DIEGO DE TORRES

---

[2] Esta dedicatoria a la duquesa de Alba fue escrita unos días antes que diera Torres el último toque al *trozo IV* de la *Vida* (20 de mayo). Como lo apunta al final de este *trozo* (p. 170), suele residir entonces en el palacio madrileño de la duquesa varias veces al año.

PRÓLOGO AL LECTOR

T ú dirás (como si lo oyera), luego que agarres en tu mano este papel, que en Torres no es virtud, humildad ni entretenimiento escribir su vida, sino desvergüenza pura, truhanada sólida y filosofía insolente de un picarón, que ha hecho negocio en burlarse de sí mismo, y gracia estar haciendo zumba y gresca de todas las gentes del mundo. Y yo diré que tienes razón, como soy cristiano. Prorrumpirás también, después de haberlo leído (si te coge de mal humor), en decir que no tiene doctrina deleitable, novedad sensible, ni locución graciosa, sino muchos disparates, locuras y extravagancias, revueltas entre las brutalidades de un idioma cerril, a ratos sucio, a veces basto y siempre desabrido y mazorral. Y yo te diré, con mucha cachaza, que no hay que hacer ascos, porque no es más limpio el que escucho salir de tu boca, y casi casi tan hediondo y pestilente el que, después de muy fregado y relamido, pone tu vanidad en las imprentas. Puede ser que digas (por meterte a doctor como acostumbras) que porque se me han acabado las ideas, los apodos y las sátiras, he querido pegar con mis huesos, con los de mis difuntos y con los de mi padre y madre, para que no quede, en este mundo ni en el otro, vivo ni muerto que no haya baboseado la grosera boca de mi pluma. Y yo te diré que eso es mentira, porque yo encuentro con las ideas, los apodos y los equívocos cuando los he

49

menester, sin más fatiga que menearme un poco los sesos; y si te parece que te engaño, arrímate a mí, que juro ponerte de manera que no te conozca la madre que te parió. Maliciarás acaso (yo lo creo) que esta inventiva es un solapado arbitrio para poner en el público mis vanidades, disimuladas con la confesión de cuatro pecadillos, queriendo vender por humildad rendida lo que es una soberbia refinada. Y no sospechas mal; y yo, si no hago bien, hago a lo menos lo que he visto hacer a los más devotos, contenidos y remilgados de conciencia; y pues yo trago tus hipocresías y sus fingimientos, embocaos vosotros (pese a vuestra alma) mis artificios, y anden los embustes de mano en mano, que lo demás es irremediable. Dirás, últimamente, que porque no se me olvide ganar dinero, he salido con la invención de venderme la vida. Y yo diré que me haga buen provecho; y si te parece mal que yo gane mi vida con mi Vida, ahórcate, que a mí se me da muy poco de la tuya. Mira, hombre, yo te digo la verdad; no te aporrees ni te mates por lo que no te importa, sosiégate, y reconoce que das con un bergante que desde ahora se empieza a reir de las alabanzas que le pones y de las tachas que le quitas; y ya que murmures, sea blandamente, de modo que no te haga mal al pecho ni a los livianos, que primero es tu salud que todo el mundo. Cuida de tu vida y deja que yo lleve y traiga la mía donde se me antojare, y vamos viviendo, sin añadir pesadumbres excusadas a una vida, que apenas puede con los petardos que sacó de la naturaleza. En las hojas inmediatas, que yo llamo Introducción, pongo los motivos que me dieron la gana y la paciencia de escribir mi Vida; léelos sin prevenir antes el enojo, y te parecerán, si no justos, decentes, y disimula lo demás, porque es lo de menos. Yo sé que cada día te bruman [3] otros escritores con estilos y voces, unas tan malas y otras tan malditas como las que yo

---

[3] *brumar* (o *brumir*): 'quebrantar, golpear' en el dialecto salmantino (*Lamano*).

te vendo, y te las engulles sin dar una arcada; conmigo solamente guardas una ojeriza irreconciliable, y juro por mi vida que no tienes razón. Seamos amigos, vida nueva, dejemos historias viejas, y aplícate a esta reciente de un pobretón, que ha dejado vivir a todo el mundo sin meterse en sus obras, pensamientos, ni palabras. En este prólogo no hay más que advertir. Quédate con Dios.

INTRODUCCIÓN

M I vida, ni en su vida ni en su muerte, merece más
honras ni más epitafios que el olvido y el silencio. A
mí sólo me toca morirme a escuras, ser un difunto escondido y un muerto de montón, hacinado entre los
demás que se desvanecen en los podrideros. A mis gusanos, mis zancarrones y mis cenizas deseo que no me
las alboroten, ya que en la vida no me han dejado
hueso sano. A la eternidad de mi pena ó de mi gloria
no la han de quitar ni poner trozo alguno los recuerdos de los que vivan; con que no rebajándome infierno
y añadiéndome bienaventuranza sus conmemoraciones,
para nada me importa que se sepa que yo he estado
en el mundo. No aspiro a más memorias que a los
piadosísimos sufragios que hace la Iglesia, mi madre,
por toda la comunidad de los finados de su gremio.
Cogeráme el torbellino de responsos del día dos de
noviembre, como a todo pobre, y me consolaré con
los que me reparta la piedad de Dios. Hablo con los
antojos de mi esperanza y la liberalidad de mi deseo.
Yo me imagino desde acá ánima del purgatorio, porque
es lo mejor que me puede suceder. La multitud horrible de mis culpas me confunde, me aterra y me em-
puja a lo más hondo del infierno; pero hasta ahora
no he caído en él, ni en la desesperación. Por la gracia
de Dios espero temporales los castigos; y confiado en
su misericordia, aún me hago las cuentas más ale-

52

gres. Su Majestad quiera que este último pronóstico me salga cierto, ya que ha permitido que mienta en cuantos tengo derramados por el mundo.

A los frailes y a los ahorcados (antes y después de calaveras) los escribe el uso, la devoción, o el entretenimiento de los vivientes, las vidas, los milagros y las temeridades. A otras castas de hombres, vigorosos en los vicios o en las virtudes, también les hacen la caridad de inmortalizarlos un poco con la relación de sus hazañas. A los muertos, ni los sube ni los baja, ni los abulta ni los estrecha la honra o la ignominia con que los sacan segunda vez a la plaza del mundo los que se entrometen a historiadores de sus aventuras; porque ya no están en estado de merecer, de medrar, ni de arruinarse. Los aplausos, las afrentas, las exaltaciones, los contentos y las pesadumbres, todas se acaban el día que se acaba. A los vivos les suele ser lastimosamente perjudicial el cacareo de sus costumbres; porque a los buenos los pone la lisonja disimulada en una entonación desvanecida y en un amor interesado, antojadizo y peligroso. Regodéanse con los chismes del aplauso y con las monerías[4] de la vanagloria, y dan con su alma en una soberbia intolerable. Los malos se irritan, se maldicen y tal vez se complacen con la abominación o las acusaciones de sus locuras. Un requiebro de un adulador desvanece al más humilde. Una advertencia de un bienintencionado encoloriza[5] al menos rebelde. En todo hay peligro; es ciencia dificultosa la de alabar y reprehender. Todos presumen que la saben, y ninguno la estudia; y es raro el que no la practica con satisfacción.

A los que leen, dicen que les puede servir, al escarmiento o la imitación, la noticia de las virtudes o las atrocidades de los que con ellas fueron famosos en la vida. No niego algún provecho; pero también descubro en su lectura muchos daños, cuando no lee sus

[4] S: *las memorias de la vanagloria*
[5] *encoloriza*: forma bastante común en la lengua clásica, por *encoleriza*.

acciones el ansia de imitar las unas y la buena intención de aborrecer las otras, sino el ocio impertinente
y la curiosidad mal empleada. Lo que yo sospecho es
que si este estilo produce algún interés, lo lleva sólo
el que escribe, porque el muerto y el lector pagan de
contado, el uno con los huesos que le desentierran, y
el otro con su dinero. Yo no me atreveré a culpar
absolutamente esta costumbre, que ha sido loable entre
las gentes, pero afirmo que es peligroso meterse en vidas ajenas, y que es difícil describirlas sin lastimarlas.
Son muchas las que están llenas de nimiedades, ficciones y mentiras. Rara vez las escribe el desengaño y la
sinceridad, si no es la adulación, el interés y la ignorancia. Lo más seguro es no despertar a quien duerme.
Descansen en paz los difuntos, los vivos vean cómo
viven, y viva cada uno para sí, pues para sí sólo muere
cuando muere.

Las relaciones de los sucesos gloriosos, infelices o
temerarios de infinitos vivientes y difuntos podrán ser
útiles, importantes y aun precisas. Sean enhorabuena
para todos; pero a mí, por lado ninguno me viene
bien, ni vivo ni muerto, la memoria de mi vida, ni a
los que la hayan de leer les conduce para nada el examen ni la ciencia de mis extravagancias y delirios. Ella
es tal, que ni por mala ni por buena, ni por justa ni
por ancha, puede servir a las imitaciones, los odios, los
cariños, ni las utilidades. Yo soy un mal hombre, pero
mis diabluras, o por comunes o por frecuentes, ni me
han hecho abominable ni exquisitamente reprehensible.
Peco, como muchos, emboscado y hundido, con miedo
y con vergüenza de los que me atisban. Mirando a mi
conciencia, soy facineroso; mirando a los testigos, soy
regular, pasadero y tolerable. Soy pecador solapado y
delincuente obscuro, de modo que se sospeche y no
se jure. Tal cual vez soy bueno; pero no por eso dejo
de ser malo. Muchos disparates de marca mayor y desconciertos plenarios tengo hechos en esta vida, pero no
tan únicos que no los hayan ejecutado otros infinitos
antes que yo. Ellos se confunden, se disimulan y pasan

entre los demás. El uso plebeyo los conoce, los hace y no los extraña, ni en mí, ni en otro, porque todos somos unos y, con corta diferencia, tan malos los unos como los otros.

A mi parecer soy medianamente loco, algo libre y un poco burlón, un mucho holgazán, un si es no es presumido y un perdulario incorregible, porque siempre he conservado un aborrecimiento espantoso a los intereses, honras, aplausos, pretensiones, puestos, ceremonias y zalamerías del mundo. La urgencia de mis necesidades, que han sido grandes y repetidas, jamás me pudo arrastrar a las antesalas de los poderosos; sus paredes siempre estuvieron quejosas de mi desvío, pero no de mi veneración. Nunca he presentado un memorial,[6] ni me he hallado bueno para corregidor, para alcalde, para cura, ni para otro oficio, por los que afanan otros tan indispuestos[7] como yo. A este dejamiento (que, en mi juicio, es mal humor o filosofía) han llamado soberbia y rusticidad mis enemigos; puede ser que lo sea; pero como soy cristiano, que yo no la distingo o la equivoco con otros desórdenes. Unas veces me parece genio, y otras altanería desvariada. Lo que aseguro es que cuando se me ofrece ser humilde, que es muchas veces al día, siempre encuentro con las sumisiones y con el menosprecio de mí mismo, sin el más leve reparo ni retiro de mi natural orgullo. Sujeto con facilidad y con alegría mis dictámenes y sentimientos a cualquiera parecer. Me escondo de las porfiadas conferencias, que son frecuentes en las conversaciones. Busco el asiento más obscuro y más distante de los que presiden en ellas. Hablo poco, persuadido a que mis expresiones ni pueden entretener ni enseñar. Finalmente, estoy en los concursos cobarde, callado, con miedo y sospecha de mis palabras y mis acciones. Si

---

6 Torres no quiere acordarse de los muchos memoriales que redactó antes de 1743...

7 *indispuestos*: 'incapaces' (*Aut.*, s. v. *indispuesto*: "Lo así puesto en estado de no poder tener, hacer o recibir alguna cosa").

esto es genio, política, negociación o soberbia, apúrelo el que va leyendo, que yo no sé más que confesarlo. [8]

Sobre ninguna de las necedades y delirios de mi libertad, pereza y presunción, se puede fundar ni una breve jácara de las que para el regodeo de los pícaros componen los poetas tontos, y cantan los ciegos en los cantones y corrillos. Yo estoy bien seguro que es una culpable majadería poner en corónica las sandeces de un sujeto tan vulgar, tan ruín y tan desgraciado, que por extremo alguno puede servir a la complacencia, al ejemplo, ni a la risa. El tiempo que se gaste en escribir y en leer, no se entretiene ni se aprovecha, que todo se malogra; y no obstante estas inutilidades y perdiciones, estoy determinado a escribir los desgraciados pasajes que han corrido por mí en todo lo que dejo atrás de mi vida. Por lo mismo que ha tardado mi muerte, ya no puede tardar; y quiero, antes de morirme, desvanecer, con mis confesiones y verdades, los enredos y las mentiras que me han abultado los críticos y los embusteros. La pobreza, la mocedad, lo desentonado de mi aprehensión, lo ridículo de mi estudio, mis almanaques, mis coplas y mis enemigos me han hecho hombre de novela, un estudiantón [9] extravagante y un escolar [10] entre brujo y astrólogo, con visos de diablo y perspectivas de hechicero. Los tontos que pican en eruditos me sacan y me meten en sus conversaciones, y en los estrados y las cocinas, detrás de un aforismo del kalandario, [11] me ingieren una ridícula quijotada y me pegan un par de aventuras des-

---

[8] Aquí se esboza un autorretrato sicológico que cobrará mayor amplitud en el *trozo III.*

[9] *estudiantón:* "Llámase comúnmente así al que es alto de cuerpo y anda vestido de estudiante con hábitos largos, raídos y muy estropajosos, que por otros apodos decimos *gorrón, sopista,* etc." (*Aut.*)

[10] *escolar:* Como lo recuerda Onís, aplicábase este nombre a todos los que convivían en la escuela, tanto catedráticos o doctores como estudiantes; pero el contexto permite suponer un juego sobre esta palabra, si se tiene en cuenta una curiosa definición de *Aut.*: "Se llama también el nigromántico y embustero que, vestido de hábitos largos, finge ser un pobre estudiante, y anda mendigando de lugar en lugar y haciendo daño si no le dan limosna".

[11] S: *kalendario*

comunales; y, por mi desgracia y por su gusto, ando entre las gentes hecho un mamarracho, cubierto con el sayo que se les antoja, y con los parches e hisopadas de sus negras noticias. Paso, entre los que me conocen y me ignoran, me abominan y me saludan, por un Guzmán de Alfarache, un Gregorio Guadaña[12] y un Lázaro de Tormes; y ni soy éste, ni aquél, ni el otro; y por vida mía, que se ha de saber quién soy. Yo quiero meterme en corro; y ya que cualquiera monigote presumido se toma de mi mormuración, mormuremos a medias, que yo lo puedo hacer con más verdad y con menos injusticia y escándalo que todos. Sígase la conversación, y crea después el mundo a quien quisiere.

No me mueve a confesar en el público mis verdaderas liviandades el deseo de sosegar los chismes y las parlerías con que anda alborotado mi nombre y forajida mi opinión, porque mi espíritu no se altera con el aire de las alabanzas, ni con el ruido de los vituperios. A todo el mundo le dejo garlar y decidir sobre lo que sabe o lo que ignora, sobre mí o sobre quien agarra al vuelo su voluntad, su rabia o su costumbre. Desde muy niño conocí que de las gentes no se puede pretender ni esperar más justicia ni más misericordia que la que no le haga falta a su amor propio. En los empeños de poca o mucha consideración, cada uno sigue su comodidad y sus ideas. Al que me alaba, no se lo agradezco, porque, si me alaba, es porque le conviene a su modestia o su hipocresía, y a ellas puede pedir las gracias que yo no debo darle. Al que me corrige, le oigo y lo dejo descabezar; ríome mucho de ver cómo presume de consejero muy repotente y gustoso con sus propias satisfacciones. Así me compongo con las gentes, y así he podido llegar con mi vida hasta hoy sin especial congoja de mi espíritu, y sin más trabajos que las indispensables corrupciones y lamentos que para el rey y el labrador, el pontífice y el sacristán,

12 Héroe de la novela de Antonio Enríquez Gómez, *El Siglo Pitagórico y Vida de Don Gregorio Guadaña* (Ruán, 1644).

tiene la naturaleza reposados en su misma fábrica y vitalidad.

Dos son los especiales motivos que me están instando a sacar mi vida a la vergüenza. El primero nace de un temor prudente, fundado en el hambre y el atrevimiento de los escritores agonizantes y desfarrapados [13] que se gastan por la permisión de Dios en este siglo. Escriben de cuanto entra, pasa y sale en este mundo y el otro, sin reservar asunto ni persona; y temo que, por la codicia de ganar cuatro ochavos, salga algún tonto, levantando nuevas maldiciones y embustes a mi sangre, a mi flema y a mi cólera. Quiero adelantarme a su agonía, y hacerme el mal que pueda, que por la propia mano son más tolerables los azotes. Y finalmente, si mi vida ha de valer dinero, más vale que lo tome yo que no otro; que mi vida hasta ahora es mía, y puedo hacer con ella los visajes y transformaciones que me hagan al gusto y a la comodidad; y ningún bergante me la ha de vender mientras yo viva; y para después de muerto, les queda el espantajo de esta historia, para que no lleguen sus mentiras y sus ficciones a picar en mis gusanos. Y estoy muy contento de presumir que bastará la diligencia de esta escritura, que hago en vida, para espantar y aburrir [14] de mi sepulcro los grajos, abejones y moscardas que sin duda llegarían a zumbarme la calavera y roerme los huesos.

El segundo motivo que me provoca a poner patentes los disparatorios de mi vida, es para que de ellos coja noticias ciertas y asunto verdadero el orador que haya de predicar mis honras a los doctores del reverente claustro de mi Universidad. [15] A mi opinión le

---

[13] *desfarrapados*: forma salmantina corriente en Torres, así como *farrapo* por *harapo*.

[14] *aburrir*: Torres suele usar este verbo con el sentido de 'abandonar, desechar, desahuciar' (Cf. *Barca*, pp. 116 y 274).

[15] Tarea harto delicada debió de ser la de predicar las honras de nuestro astrólogo... El P. Cayetano Faylde salió muy airoso de la empresa, aludiendo con tacto a tal o cual episodio escabroso (Cf. *infra*, nota 115), o aportando informaciones valiosas sobre los últimos años de la existencia de Torres (Cf. *infra*, nota 303).

tendrá cuenta que se arreglen las alabanzas a mis confesiones, y a la del predicador le convendrá no poco predicar verdades. Como he pasado lo más de mi vida sin pedir ni pretender honores, rentas ni otros intereses, también deseo que en la muerte ninguno me ponga ni me añada más de lo que yo dejare declarado que es mío. Materiales sobrados contiene este papel para fabricar veinte oraciones fúnebres, y no hará demasiada galantería el orador en partir con mi alma la propina, [16] porque le doy hecho lo más del trabajo. Acuérdese de la felicidad que se halla el que recoge junto, distinguido y verdadero el asunto de los funerales; que es una desdicha ver andar a la rastra (en muriendo uno de nosotros) al pobre predicador mendigando virtudes y estudiando ponderaciones, para sacar con algún lucimiento a su difunto. Preguntan a unos, examinan a otros, y, al cabo de uno, dos o más años, no rastrean otra cosa que ponderar del muerto, si no es la caridad; y ésta la deduce porque algún día lo vieron dar un ochavo de limosna. Empéñanse en canonizarlo y hacerle santo, aunque haya sido un Pedro Ponce, [17] y es preciso que sea en fuerza de fingimiento, ponderaciones y metafísicas. A mí no me puede hacer bueno ninguno, después de muerto, si yo no lo he sido en vida. Las bondades que me apliquen, tampoco me pueden hacer provecho. Lo que yo haga y lo que yo trabaje, es lo que me ha de servir, aunque no me lo cacareen. Ruego desde ahora al que me predique, que no pregunte por más ideas ni más asuntos que los que encuentre en este papel. Soy hombre claro y verdadero, y diré de mí lo que sepa con la

---

16 *propina*: "estipendio que recibían los claustrales por su asistencia a los diferentes actos que celebraba la Universidad. Se suponía que asistiendo a todos ellos un doctor de la Universidad de Salamanca venía a ganar unos seis reales diarios. Por tanto, en las honras fúnebres, no sólo cobraba el predicador su propina especial, sino todos los graduados que asistiesen" (*Onís*, p. 18 n.).

17 *Pedro Ponce*: personaje patibulario, real o legendario, citado tan a menudo por Torres que llega a ser, bajo su pluma, un mero estereotipo sinónimo de 'pícaro' o de 'bandido' (Cf. *infra*, p. 83; *Visiones*, p. 65 n.; *Barca*, p. 118).

ingenuidad que acostumbro. Agárrese de la misericordia de Dios, y diga que de su piedad presume mi salvación, y no se meta en el berenjenal de hacerme virtuoso, porque más ha de escandalizar que persuadir con su plática. Si mi Universidad puede suspender la costumbre de predicar nuestras honras, yo deseo que empiece por mí, y que me cambie a misas y responsos el sermón, el túmulo, las candelillas y los epitafios. Gaste con otros sujetos más dignos y más acreedores a las pompas, sus exageraciones y el bullaje de los sentimientos enjutos, que yo moriré muy agradecido, sin la esperanza de más honras, que las especiales que me tiene dadas en vida. Estos son los motivos que tengo para sacarla a luz, de entre tantas tinieblas; y antes de empezar conmigo, trasplantaré a la vista de todos el rancio alcornoque de mi alcurnia, para que se sepa de raíz cuál es mi tronco, mis ramos y mis frutos.

ASCENDENCIA
DE
DON DIEGO DE TORRES

SALIERON de la ciudad de Soria, no sé si arrojados de la pobreza o de alguna travesura de mancebos, Francisco y Roque de Torres, ambos hermanos de corta edad y de saña y apreciable estatura. Roque, que era el más bronco, más fornido y más adelantado en días, paró en Almeida de Sayago, en donde gastó sus fuerzas y su vida en los penosos afanes de la agricultura y en los cansados entretenimientos de la aldea. Mantúvose soltero y celibato; y el azadón, el arado y una templada dieta, especialmente en el vino, a que se sujetó desde mozo, le alargaron la vida hasta una larga, fuerte y apacible vejez. Con los repuestos de sus miserables salarios y alguna ayuda de los dueños de las tierras que cultivaba, compró cien gallinas y un borrico; y con este poderoso asiento y crecido negocio empezó la nueva carrera de su ancianidad. Siendo ya hombre de cincuenta y ocho años, metido en una chía [18] y revuelto en su gabán, se puso a harriero de huevos y trujimán [19] de pollos, acarreando esta mercaduría al

---

18 *chía*: "manto corto y negro, regularmente de bayeta, que se ponía sobre el capuz y cubría hasta las manos, usado en los lutos antiguos" (*Aut.*); aquí se trata evidentemente de un vestido modesto, que nada tiene que ver con el adorno del mismo nombre, "insignia de nobleza y autoridad" (*Aut.*).

19 *trujimán*: forma registrada por *Aut.* al lado de *trujamán*: "por extensión analógica, se llama el que, por experiencia que tiene de alguna cosa, advierte el modo de ejecutarla, especialmente en las compras, ventas o cambios"; pero no habían previsto los lexi-

Corrillo de Salamanca y a la Plaza de Zamora. Era en estos puestos la diversión y alegría de las gentes, y en especial de las mozas y los compradores. Fue muy conocido y estimado de los vecinos de estas dos ciudades, y todos se alegraban de ver entrar por sus puertas al sayagués, porque era un viejo desasquerado, [20] gracioso, sencillo, barato y de buena condición. Con la afabilidad de su trato y la tarea de este pobre comercio, desquitaba las resistencias del azadón y burló los ardides y tropelías de la ociosidad, la vejez y la miseria. Vivió noventa y dos años, y lo sacó de este mundo (según las señas que dieron los de Sayago) un cólico convulsivo. Dejó a su alma por heredera de su borrico, sus gallinas, sus zuecos y gabán, que eran todos sus muebles y raíces; y hasta hoy, que se me ha antojado a mí hacer esta memoria, nadie en el mundo se ha acordado de tal hombre.

Francisco, que era más mozo, más hábil y de humor más violento, llegó a Salamanca, y, después de haber rodado todas las porterías de los conventos, asentó en casa de un boticario; recibióle para sacar agua del pozo, lavar peroles, machacar raíces y arrullar a ratos un niño que tenía. Fuese instruyendo insensiblemente en la patarata de los rótulos, entrometióse en la golosina de los jarabes y las conservas, y, con este baño y algunas unturas que se daba en los ratos ociosos con los *Cánones* del Mesué, [21] salió en pocos días tan buen gramático y famoso farmacéutico como los más de este

cólogos de la Real Academia alianza tan curiosa como la de esta palabra con *pollos*...
20 *desasquerado*: 'sano, limpio' (*Lamano*).
21 *Mesué*: Dos médicos célebres llevaron este nombre: Mesué "el Viejo" (Abú-Zacarías Jaia Ben Masuiah, n. en Khuz hacia el año 737, y m. en 855 ó 857); hijo de un boticario que ejercía su profesión en Bagdad, llegó a ser primer médico de los califas Harún Al-Raschid y El Mateuekil, por orden del cual hizo traducir o tradujo él mismo gran número de obras griegas, siriacas y persas. El otro, llamado *Mesué "el Joven"*, murió en El Cairo en 1015. Las diferentes obras atribuidas a éste gozaron de mucha reputación en la Edad Media, especialmente las tituladas *Cánones universales divi Johannis Mesue (Encicl. Espasa-Calpe).*

ejercicio. Fue examinado y aprobado por el reverendo tribunal de la Medicina, y le dieron aquellos señores su cedulón, para que, sin incurrir en pena alguna, hiciese y despachase los ungüentos, los cerotes, [22] los julepes y las demás porquerías que encierran estos oficiales en sus cajas, botes y redomas. Murió su amo pocos meses después de su examen; y, antes de cumplir el año de muerto, se casó, como era regular, con la viuda; la que quedó moza, bien tratada y con tienda abierta; y, entre otros hijos, tuvieron a Jacinto de Torres, que, por la pinta, fue mi legítimo abuelo. Fue Francisco un buen hombre, muy asistente a su casa, retirado y limosnero; murió mozo, y creo piadosamente que goza de Dios.

Quedó mi abuelo Jacinto en poder de su madre, y crióse, como hijo de viuda, libre, regalado, impertinente y vicioso. La libertad de la crianza y la violencia de su genio lo echaron de su casa, y, después de muchas correrías y estaciones, paró en Flandes. Sirvió al Rey de poco, [23] porque a los dos años del asiento de su plaza, que fue de soldado raso, le envaró el movimiento de una pierna un carbunco que le salió en una corva. Cojo, inválido y sin sueldo se hallaba en Flandes; y, acosado de la necesidad, discurrió en elegir un oficio para ganar la vida. Aprendió el de tapicero, y salió en él primoroso y delicado como lo juran varias obras suyas, que se mantienen hoy en Salamanca y otras partes. Ya maestro y hombre de treinta y cuatro años, se volvió a su patria, asentó su rancho y puso sus telares, su tabla a la puerta, con las armas reales, y su rotulón: *Del rey nuestro señor tapicero.* Casó con María de Vargas, que fue mi abuela, y vivieron muchos años con envidiable serenidad y moderada conveniencia, porque su oficio, su economía y su paz les multiplicaban [23 bis] los bienes y el trabajo. De este matrimonio salió Pedro de Torres, mi buen padre, María de Torres

---

[22] *cerotes*: posible errata por *cerotos* o *ceratos*, o confusión intencional entre los oficios del zapatero y del boticario.
[23] *de poco*: 'poco tiempo'; usual hoy en la región de Salamanca.
[23 bis] Ed. prínc., S y M: *multiplicaba*

y Josef de Torres. Éste murió carmelita descalzo en
Indias, con opinión de escogido religioso, y mi padre
en Salamanca, habiendo vivido del modo que diré brevemente.

Mi padre, Pedro de Torres, estaba estudiando la Gramática latina cuando murieron mis abuelos. Entraba en
el estudio con desabrimiento, como todos los muchachos; y luego que se vio libre y sin obediencia, se des-
hizo de Antonio de Nebrija, aburrió a su patria y fue
a parar a la Extremadura. Sirvió en Alcántara a un
caballero, llamado Don Sancho de Arias y Paredes, de
quien hay larga generación, buena memoria y loables
noticias en aquel reino. Tres años estuvo en su casa,
sin otro cuidado que acompañar al estudio a dos hijos
de este caballero. Aficionóse, como niño, a hacer lo
que los otros; y, al mismo tiempo que sus amos, se
instruyó en los sistemas filosóficos de Aristóteles. Marchó a Madrid, no sé si voluntario o despedido; sólo
supe que sus amos sintieron tiernamente su ausencia,
porque le amaban como a hijo. Cansado de solicitar
conveniencias, ya para servir, ya para holgar, como
hacen todos los que se hallan sin medios en la corte,
se puso al oficio de librero. Aprendióle brevemente, y
volvió a Salamanca, en donde asentó su tienda, que en
aquel tiempo fue de las más surtidas y famosas. Casóse
con Manuela de Villarroel, y salimos de este matrimonio diez y ocho hermanos; y sólo estamos hoy en el
mundo mis dos hermanas, Manuela y Josefa Torres, y
yo, que todavía estoy medio vivo. El caudal y el trabajo de mis padres sostenía con templanza y con limpieza la numerosa porción de hijos que Dios les había
dado, hasta que, por los años de setecientos y tres, se
empezó a desmoronar la tienda, con las frecuentes faltas que mi padre hacía de su amostrador y sus andenes. Fue la causa haberle nombrado por procurador
del Común, y poner en su desvelo la ciudad de Salamanca la asistencia de los almacenes de pólvora, armas
y otros pertrechos, y dejar solo a su cuidado los aloja-
mientos de la tropa, que por aquellas cercanías tran-

sitaba a la guerra de Portugal. Acabóse de arruinar la
librería con la duración de los nuevos encargos a que
acudía mi honradísimo padre, y el Real Consejo de
Castilla, informado de la lealtad, celo, prontitud y desperdicio de bienes y trabajo con que había servido al
rey, mandó a la ciudad que le diesen cuatrocientos
ducados anuales y trescientos doblones, para que por
una vez se reforzase de sus pérdidas. Con esta ayuda
de costa vivíamos estrechos, pero sin trampas ni sensible miseria. Hechas las paces con Portugal, reforma-
ron con otros el triste sueldo de mi padre, y quedó
pobre, viejo y sin el recurso a sus libros y tareas. [24]

Era yo a esta sazón un mozote de diez y ocho años,
que sólo servía de estorbo, de escándalo y de añadidura a la pobreza; y viendo que la extrema necesidad
estaba ya a los umbrales de nuestras puertas, dejé la
compañía de mis padres, con la deliberación de no
permitir que la miseria y los desconsuelos se apodera-
sen de su cansada vida. La piedad de Dios premió mis
buenos deseos con la vista de sus alivios. Fue el caso
que marché a Madrid, y a pocos días logré amistad
con Don Jacobo de Flon, superintendente entonces de
la Renta del Tabaco de la Corona; y la piedad de este
caballero me dio cuatrocientos ducados con un título
postizo de visitador de los estancos de Salamanca, para
que mi padre comiese sin las zozobras en que yo le
dejé amenazado. [25] Pude agregar a este anual socorro la administración de los estados de Acevedo del

24 Torres no evoca directamente las peripecias de la guerra de
Sucesión en Salamanca, que, sin embargo, padeció mucho de resultas de su adhesión a Felipe V. El episodio más dramático fue
el primer sitio de la ciudad (14-17 sept. 1706), que sufrió una
segunda invasión en 1708. Felipe V visitó a Salamanca en octubre
de 1710. Sobre estos acontecimientos, la carestía que acarrearon, y
sus repercusiones en la vida universitaria, cf. Vicente de la Fuente,
Historia de las universidades, Madrid, 1887, III, pp. 203-204. En
la dedicatoria al rey del almanaque *Melodrama astrológico* (1726),
el autor había descrito ya la situación trágica de su padre (S IX,
p. 26).
25 Manifestó don Diego su agradecimiento a don Jacobo de Flon
y Zurbarán dedicándole el almanaque de 1725: *Academia poético-
astrológica* (S IX, p. 2).

excelentísimo señor conde de Miranda, mi señor, y, con
su producto y los forzosos repuestos de mis tareas, logró
una feliz y descansada vejez.

Fue mi padre hombre muy gracioso, de agradable
trato y de conversación entretenida y variamente docta.
No salía de su tienda comprado o vendido libro alguno,
antiguo o moderno, que no lo leyese antes con cuidado
e inteligencia. En la historia fue famoso y puntualísimo,
y en las facultades escolásticas entendía más que lo que
regularmente se presume de un lego, con atención a
otros cuidados. Gozó de unos humores apacibles, un
ánimo suave, sosegado y continuamente festivo. Fue
verdadero en sus tratos, humilde en sus obras y palabras, y pacífico y conforme en todas las adversidades.
Murió de sesenta y ocho años, con ayuda de los médicos, de una calentura ustiva que declinó en unas pa-
rótidas, que ellos llaman sintomáticas, y en todo el
tiempo de su enfermedad mantuvo la alegría y la gracia
del genio, pues hasta la última hora no dejó las preciosas agudezas de su buen humor.

Mi madre, Manuela de Villarroel, vive hoy, cargada
con setenta y cuatro años; pero la fortaleza de sus
humores y la robustez del genio arrastran la pesadumbre de la edad, sin penosa fatiga ni desazón desesperada. La memoria se le ha hundido un poco, pero las
demás potencias las usa con prontitud y con deleite.
Mi madre fue hija de Francisco Villarroel, y éste sus-
tentó una dilatada familia con una tienda de lienzos
que tenía en la plaza de Salamanca, unas viñas y una
casa bodega en el lugar de Villamayor, que son las
únicas raíces que conocí en toda mi generación.

Ya he destapado los primeros entresijos de mi descendencia; no dudo que en registrando más rincones
se encontrará más basura y más limpieza, pero ni lo
más sucio me dará bascas, ni lo más relamido me hará
saborear con gula reprehensible. Mis disgustos y mis
alegrías no están en el arbitrio de los que pasaron, ni
en las elecciones de los que viven. Mi afrenta o mi
respeto están colgados solamente de mis obras y de

mis palabras; los que se murieron nada me han dejado; a los que viven no les pido nada, y en mi fortuna o en mi desgracia no tienen parte ni culpa los unos ni los otros. Lo que aseguro es que pongo lo más humilde y que he entresacado lo más asqueroso de mi generación, para que ningún soberbio presumido imagine que me puede dar que sentir en callarme o descubrirme los parientes. Algunos tendrían, o estarán ahora, en empleos nobles, respetosos y ricos: el que tenga noticia de ellos, cállelos y descúbralos, que a mí sólo me importa retirarme de las persuasiones de la vanagloria y de los engreimientos de la soberbia. Los hombres todos somos unos: a todos nos rodea una misma carne, nos cubren unos mismos elementos, nos alienta una misma alma, nos afligen unas mismas enfermedades, nos asaltan unos mismos apetitos y nos arranca del mundo la muerte. Aun en las aprehensiones que producen nuestra locura, no nos diferenciamos cuasi nada. El paño que me cubre es un poco más gordo de hiladura que el que engalana al príncipe; pero ni a él le desfigura de hombre lo delgado ni lo libra de achaques lo pulido, ni a mí me descarta del gremio de la racionalidad lo burdo del estambre. Nuestra raza no es más que una; todos nos derivamos de Adán. El árbol más copetudo tiene muchos pedazos en las zapaterías, algunos zoquetes en las cardas [26] y muchos estillones [27] y mendrugos en las horcas y los tablados; y al revés, el tronco más rudo tiene muchas estatuas en los tronos, algunos oráculos en los tribunales y muchas imágenes en los templos. Yo tengo de todo, y en todas partes, como todos los demás hombres; y tengo el consuelo y la vanidad de que no siendo hidalgo ni caballero, sino villanchón redondo, según se reconoce por los cuatro costados que

---

[26] *cardas*: como *horcas* y *tablados*, esos instrumentos de madera tienen un sentido doble; cf. *"gente de la carda, o los de la carda*: demás de significar los pelaires que ejercen el oficio de cardar la lana y los paños, metafóricamente se dice de los que son una cuadrilla de valentones, rufianes, o que tienen otro modo de vida malo y vicioso" (*Aut.*).
[27] *estillones*: forma popular de *astillones*.

he descosido al sayo de mi alcurnia, hasta ahora ni me ha desamparado la estimación, ni me ha hecho dengues ni gestos la honra, ni me han escupido a la cara ni al nacimiento los que reparten en el mundo los honores, las abundancias y las fortunas. Otros, con tan malos y peores abuelos como los que me han tocado, viven triunfantes, poderosos y temidos; y muchos de los que tienen sus raíces en los tronos, andan infames, pobres y despreciados. Lo que aprovecha es tener buenas costumbres, que éstas valen más que los buenos parientes; y el vulgo, aunque es indómito, hace justicia a lo que tiene delante. Los abuelos ricos suelen valer más que los nobles; pero ni de unos ni de otros [28] necesita el que se acostumbra a honrados pensamientos y virtuosas hazañas. Un cristiano viejo, sano, robusto, lego y de buen humor es el que debe desear para abuelo el hombre desengañado de estas fantasmas de la soberbia; que sea procurador, abujetero [29] o boticario, todo es droga. Yo, finalmente, estoy muy contento con el mío, y he sido tan dichoso con mis pícaros parientes, que, a la hora que esto escribo, a ninguno han ahorcado ni azotado, ni han advertido los rigores de la justicia, de modo alguno, la obediencia al rey, a la ley y a las buenas costumbres. Todos hemos sido hombres ruines, pero hombres de bien, y hemos ganado la vida con oficios decentes, limpios de hurtos, petardos y picardías. [30] Esta descendencia me ha dado Dios, y ésta es la que me conviene y me importa. Y ya que he dicho de dónde vengo, voy a decir lo que ha permitido Dios que sea.

28 Ed. prínc.: *ni de unos ni otros*

29 *abujetero*: alteración vulgar corriente en Salamanca, según Lamano; cf. Cervantes, *Viaje del Parnaso*, ed. Rodríguez Marín, Madrid, 1935, p. 401.

30 Sobre la aparente contradicción entre esta frase y la que se lee unas líneas más arriba (... *mis pícaros parientes*...), véase Russell P. Sebold, *Visiones*, pp. XXXI-XXXII.

NACIMIENTO, CRIANZA Y ESCUELA
DE
DON DIEGO DE TORRES

Y SUCESOS HASTA LOS PRIMEROS DIEZ AÑOS
DE SU VIDA, QUE ES EL PRIMER TROZO
DE SU VULGARÍSIMA HISTORIA

Yo nací entre las cortaduras del papel y los rollos
del pergamino en una casa breve del barrio de los libreros de la ciudad de Salamanca, y renací por la misericordia de Dios en el sagrado bautismo en la parroquia de San Isidoro y San Pelayo, en donde consta este
carácter, que es toda mi vanidad, mi consuelo y mi
esperanza. La retahíla del abolorio, que dejamos atrás,
está bautizada también en las iglesias de esta ciudad,
unos en San Martín, otros en San Cristóbal y otros en
la iglesia catedral, menos los dos hermanos, Roque y
Francisco, que son los que trasplantaron la casta. Los
Villarroeles, que es la derivación de mi madre, también
tiene de trescientos años a esta parte asentada su raza
en esta ciudad, y en los libros de bautizados, muertos
y casados, se encontrarán sus nombres y ejercicios.

Crïéme, como todos los niños, con teta y moco, lágrimas y caca, besos y papilla. No tuvo mi madre, en
mi preñado ni en mi nacimiento, antojos, revelaciones,
sueños ni señales de que yo había de ser astrólogo o
sastre, santo o diablo. Pasó sus meses sin los asombros
o las pataratas que nos cuentan de otros nacidos, y
yo salí del mismo modo, naturalmente, sin más testimonios, más pronósticos ni más señales y significacio-
nes que las comunes porquerías en que todos nacemos
arrebujados y sumidos. Ensuciando pañales, faldas y

talegos, llorando a chorros, gimiendo a pausas, hecho el hazmerreir de las viejas de la vecindad y el embelesamiento de mis padres, fui pasando, hasta que llegó el tiempo de la escuela y los sabañones. Mi madre cuenta todavía algunas niñadas de aquel tiempo: si dije este despropósito o la otra gracia, si tiré piedras, si embadurné el vaquero,[31] el papa, caca y las demás sencilleces que refieren todas las madres de sus hijos; pero siendo en ellas amor disculpable, prueba de memoria y vejez referirlas, en mí será necedad y molestia declararlas. Quedemos en que fui, como todos los niños del mundo, puerco y llorón, a ratos gracioso y a veces terrible, y están dichas todas las travesuras, donaires y gracias de mi niñez.

A los cinco años me pusieron mis padres la cartilla en la mano, y, con ella, me clavaron en el corazón el miedo al maestro, el horror a la escuela, el susto continuado a los azotes y las demás angustias que la buena crianza tiene establecidas contra los inocentes muchachos. Pagué con las nalgas el saber leer, y con muchos sopapos y palmetas el saber escribir; y en este Argel estuve hasta los diez años, habiendo padecido cinco en el cautiverio de Pedro Rico, que así se llamaba el cómitre que me retuvo en su galera. Ni los halagos del maestro, ni las amenazas, ni los castigos, ni la costumbre de ir y volver de la escuela, pudieron engendrar en mi espíritu la más leve afición a las letras y las planas. No nacía este rebelión de aquel común alivio que sienten los muchachos con el ocio, la libertad y el esparcimiento, sino de un natural horror a estos trastos, de un apetito proprio a otras niñerías más ocasionadas y más dulces a los primeros años. El trompo, el reguilete y la matraca eran los ídolos y los deleites de mi puerilidad; cuanto más crecía el cuerpo y el uso de la razón, más aborrecía este linaje de tra-

---

[31] *vaquero:* "*sayo vaquero.* Vestido exterior que cubre todo el cuerpo y se ataca por una abertura que tiene atrás, en lo que sirve de jubón. Hoy se usa mucho en los niños, y le llaman sólo *vaquero*" (*Aut.*).

bajo. Aseguro que, habiendo sido mi nacimiento, mi crianza y toda la ocupación de mi vida entre los libros, jamás tomé alguno en la mano, deseoso del entretenimiento y la enseñanza que me podían comunicar sus hojas. El miedo al ocio, la necesidad y la obediencia a mis padres, me metieron en el estudio, y, sin saber lo que me sucedía, me hallé en el gremio de los escolares, rodeado del vade y la sotana. Cuando niño, la ignorancia me apartó de la comunicación de las lecciones; cuando mozo, los paseos y las altanerías no me dejaron pensar en sus utilidades; y cuando me sentí barbado, me desconsoló mucho la variedad de sentimientos, la turbulencia de opiniones y la consideración de los fines de sus autores. A los libros ancianos aun les conservaba algún respeto; pero después que vi que los libros se forjaban en unas cabezas tan achacosas como la mía, acabaron de poseer mi espíritu el desengaño y el aborrecimiento. Los libros gordos, los magros, los chicos y los grandes, son unas alhajas que entretienen y sirven en el comercio de los hombres. El que los cree, vive dichoso y entretenido; el que los trata mucho, está muy cerca de ser loco; el que no los usa, es del todo necio. Todos están hechos por hombres, y, precisamente, han de ser defectuosos y obscuros como el hombre. Unos los hacen por vanidad, otros por codicia, otros por la solicitud de los aplausos, y es rarísimo el que para el bien público se escribe. Yo soy autor de doce libros, y todos los he escrito con el ansia de ganar dinero para mantenerme. Esto nadie lo quiere confesar; pero atisbemos a todos los hipócritas, melancólicos embusteros, que suelen decir en sus prólogos que por el servicio de Dios, el bien del prójimo y redención de las almas, dan a luz aquella obra, y se hallará que ninguno nos la da de balde, y que empieza el petardo desde la dedicatoria, y que se espiritan de coraje contra los que no se la alaban e introducen. Muchos libros hay buenos, muchos malos e infinitos inútiles. Los buenos son los que dirigen las almas a la salvación, por medio de los preceptos de

enfrenar nuestros vicios y pasiones; los malos son los
que se llevan el tiempo sin la enseñanza ni los avisos
de esta utilidad; y los inútiles son los más de todas
las que se llaman facultades. Para instruirse en el idioma de la Medicina y comer sus aforismos, basta un
curso cualquiera, y pasan de doce mil los que hay
impresos sin más novedad que repetirse, trasladarse y
maldecirse los unos a los otros; y lo mismo sucede
entre los oficiales y maestros que parlan y practican
las demás ciencias. Yo confieso que para mí perdieron
el crédito y la estimación los libros, después que vi
que se vendían y apreciaban los míos, siendo hechuras
de un hombre loco, absolutamente ignorante y relleno de desvaríos y extrañas inquietudes. La lástima es,
y la verdad, que hay muchos autores tan parecidos a
mí, que sólo se diferencian del semblante de mis locuras
en un poco de moderación afectada; pero en cuanto
a necios, vanos y defectuosos, no nos quitamos pinta.
Finalmente, la natural ojeriza, el desengaño ajeno y el
conocimiento proprio, me tienen días ha desocupado y
fugitivo de su conversación, de modo que no había
cumplido los treinta y cuatro años de mi edad, cuando
derrenegué de todos sus cuerpos; y, una mañana que
amaneció con más furia en mi celebro esta especie de
delirio, repartí entre mis amigos y contrarios mi corta
librería, y sólo dejé sobre la mesa y sobre un sillón
que está a la cabecera de mi cama, la tercera parte
de Santo Tomás, Kempis, el padre Croset, [32] Don Francisco de Quevedo y tal cual devocionario de los que
aprovechan para la felicidad de toda la vida y me
pueden servir en la ventura de la última hora. [33]

En los últimos años de la escuela, cuando estaba yo
aprendiendo las formaciones y valor de los guarismos,

[32] *el padre Croset*: Jean Croiset, jesuita francés n. en Marsella
(1656) y m. en Aviñón (1738), autor de varias vidas de santos, del
Año Cristiano, de *Reflexiones cristianas*, *Meditaciones*, *Efusiones
del corazón en todos los estados y condiciones*.
[33] Si no se equivoca don Diego, intervino esta "revolución cultu-
ral" a eso de 1727, es decir cuando empezó a redactar el ciclo de
las obras fantásticas, que tanto deben a Quevedo.

Retrato de Torres en el almanaque *El mesón de Santarén* (1735), Coimbra

EL GRAN
PISCATOR

DE SALAMANCA,

ARA ESTE AÑO DE M. DCC. XXXV.

*El Gran Piscator de Salamanca (Los Carboneros
de la Paloma, almanaque para 1735)*

empezaron a hervir a borbotones las travesuras del temperamento y de la sangre. Hice algunas picardigüelas, reparables en aquella corta edad. Fueron todas nacidas de falta de amor a mis iguales, y de temor y respeto a mis mayores. Creo que en estas osadías no tuvieron toda la culpa la simplicidad, la destemplanza de los humores ni la natural inquietud de la niñez; tuvo la principal acción, en mis revoltosas travesuras, la necedad de un bárbaro oficial de un tejedor, vecino a la casa de mis padres, porque este bruto (era gallego) dio en decirme que yo era el más guapo y el más valiente entre todos los niños de la barriada, y me ponía en la ocasión de reñir con todos, y aun me llevaba a pelear a otras parroquias. Azuzábame, como a los perros, contra los otros muchachos, ya iguales, ya mayores y jamás pequeños; [34] y lo que logró este salvaje fue llenarme de chichones la cabeza, andar puerco y roto, y con una mala inclinación pegada a mi genio; de modo que, ya sin su ayuda, me salía a repartir y a recoger puñadas y mojicones sin causa, sin cólera y sin más destino que ejercitar las malditas lecciones que me dio su brutal entretenimiento. Esta inculpable descompostura puso a mis padres en algún cuidado, y a mí en un trabajo riguroso, porque así su obligación, como el cariño de los parientes y los vecinos que amaban antes mis sencilleces, procuraron sosegar mis malas mañas con las oportunas advertencias de muchos sopapos y azotes, que, añadidos a los que yo me ganaba en las pendencias, componían una pesadumbre ya casi insufrible a mis tiernos y débiles lomos. Esta aspereza y la mudanza del salvaje del tejedor, que se fue a su país, y sobre todo la vergüenza que me producía el mote de *piel del diablo,* con que ya me vejaban todos los parroquianos y vecinos, moderaron del todo mis travesuras, y volví, sin especial sentimiento, a juntarme con mi inocente apacibilidad.

---

[34] Ed. prínc. y S: *o jamás pequeños;* | M: *o ya pequeños;* | adopto la corrección de Onís, exigida por la frase siguiente.

Salí de la escuela, leyendo sin saber lo que leía, formando caracteres claros y gordos, pero sin forma ni hermosura, instruido en las cinco reglillas de sumar, restar, multiplicar, partir y medio partir, y, finalmente, bien alicionado en la doctrina cristiana, porque repetía todo el catecismo sin errar letra, que es cuanto se le puede agradecer a un muchacho, y cuanto se le puede pedir a una edad en la que sola[35] la memoria tiene más discernimiento y más ocasiones[36] que las demás potencias. Con estos principios, y ya enmendado de mis travesurillas, pasé a los generales de la gramática latina en el colegio de Trilingüe,[37] en donde empecé a trompicar nominativos y verbos con más miedo que aplicación. Los provechos, los daños, los sentimientos y las fortunas que me siguieron en este tiempo, los diré en el segundo trozo de mi vida, pues aquí acabaron mis diez años primeros, sin haber padecido en esta estación más incomodidades que las que son comunes a todos los muchachos. Salí, gracias a Dios, de las viruelas, el sarampión, las postillas y otras plagas de la edad, sin lesión reprehensible en mis miembros. Entré crecido, fuerte, robusto, gordo y felizmente sano en la nueva fatiga, la que seguí y finalicé como verá el que quiera leer u oir.

[35] S: *sólo la memoria*
[36] S: *más acciones que*
[37] *Colegio de Trilingüe* o *Colegio Trilinguae*, así llamado porque "se instituyó para criar sujetos en latín, retórica, griego y hebreo" (*Estatutos*).

TROZO SEGUNDO DE LA VIDA
DE
DON DIEGO DE TORRES

EMPIEZA DESDE LOS DIEZ AÑOS
HASTA LOS VEINTE

Don Juan González de Dios, hoy doctor en Filosofía
y catedrático de Letras Humanas en la Universidad de
Salamanca, hombre primoroso y delicadamente sabio
en la gramática latina, griega y castellana, y entretenido con admiración y provecho en la dilatada ameni-
dad de las buenas letras, fue mi primer maestro y
conductor en los preceptos de Antonio de Nebrija. Es
Don Juan de Dios un hombre silencioso, mortificado,
ceñudo de semblante, extático de movimientos, retirado
de la multitud, sentencioso y parco en las palabras,
rígido y escrupulosamente reparado en las acciones, y,
con estas modales [38] y las que tuvo en la enseñanza de
sus discípulos, fue un venerable, temido y prodigioso
maestro. [39] Para que aprovechase sin desperdicios el

---

[38] *estas modales*: la palabra seguía ambigua en el siglo XVIII.
[39] Esperabé Arteaga da sobre él la información siguiente: "Des-
empeñó las tres regencias de gramática sucesivamente desde 1703
hasta 1726. Entre los discípulos que tuvo en estas regencias figura
el famoso maestro Torres Villarroel, el cual ha dejado en su autobiografía palabras que dicen mucho en cuanto al talento y condiciones para la enseñanza del mro. González de Dios. Redactó la
mayor parte de las poesías latinas que adornaron el túmulo que la
universidad erigió a la muerte del rey Luis I, y en 7 de agosto de
1726, tomó posesión de la cátedra de prima de gramática. Se jubiló
en 1748, y siguió gozando de esta condición hasta su muerte ocu-
rrida en 1761" (*Historia pragmática e interna de la univ. de Salamanca*, Salamanca, F. Núñez Izquierdo, II, p. 656).
En marzo de 1726, Torres dedicó el opúsculo *Cátedra de morir*
al obispo de Salamanca por mano de Juan González de Dios; la

tiempo, me entregaron totalmente mis padres a su cuidado, poniéndome en el pupilaje virtuoso, esparcido y
abundante de su casa. [40] Poco aficionado y felizmente
medroso, cumplía con las tareas del estudio y los demás
ejercicios que tenía impuestos la prudencia del maestro
para hacer dichosos y aprovechados a los pupilos. Procuraba poner en la memoria las lecciones que me se-
ñalaba su experiencia, con bastante trabajo y porfía,
porque mi memoria era tarda, rebelde y sin disposición
para retener las voces. El temor a su aspecto y a la
liberalidad del castigo vencía en mi temperamento esta
pereza o natural aversión, que siempre estuvo permanente en mi espíritu, a esta casta de entretenimientos o
trabajos. La alegría, el orgullo y el bullicio de la edad
me los tenía ahogados en el cuerpo su continua presencia. Interiormente hallaba yo en mí muchas disposiciones para ser malo, revoltoso y atrevido, pero el
miedo me tuvo disimuladas y sumidas las inclinaciones.
La rigidez y la opresión importan [41] mucho en la primera crianza; el gesto del preceptor, a todas horas
sobre los muchachos, les detiene las travesuras, les apa-
ga los vicios, les sofoca las inconsideraciones y modera
aun las inculpables altanerías de la edad. A la vista del
maestro, ningún muchacho es malo, ninguno perezoso;
todos se animan a parecer aplicados y liberales, y la
repetición y el vencimiento les va trocando las inclinaciones y haciendo que tomen el gusto a las virtudes.
Regañando interiormente, lleno de hastío y disimulando
la inapetencia a los estudios y a la doctrina, tragué
tres años las lecciones, los consejos y los avisos, y, a
pesar de mis achaques, salí bueno de costumbres y

---

carta que escribió con este motivo a su antiguo maestro deja
entrever vínculos espirituales muy estrechos (cf. S XIII, p. 129).
   [40] Los *Estatutos* de la universidad de Salamanca sometían a re-
glamento muy estricto la organización de los pupilajes (cf. tít. LXVI,
De los bachilleres de pupilos); cf. también Gustave Reynier, *La
vie universitaire dans l'ancienne Espagne*, Paris, Picard, 1902, pp.
35-41.
   [41] Ed. prínc., S. y M: *importa*

medianamente robusto en el conocimiento de la gramática latina. De muchos niños se cuenta que estudiaron esta gramática en seis meses, y en menos tiempo. Yo doy gracias a Dios por la crianza de tan posibles penetraciones, pero creo lo que me parece. Lo que aseguro es que en mi compañía cursaban cuatrocientos muchachos las aulas de Trilingüe, y a todos nos tocó ser tan rudos, que el más ingenioso se detuvo al mismo tiempo que yo, y otros permanecieron por muchos días. Es verdad que estos adelantamientos y milagros se los he oído referir a sus padres, y como éstos son partes tan apasionadas de sus hijos, se puede dudar de sus ponderaciones. Adelanta poco un niño en saber la gramática, de corta edad; es gracia que sirve para el entretenimiento, pero es muy poca la disposición que adquiere para la inteligencia de las facultades superiores. No pierde tiempo el que gasta tres o cuatro años entre los Horacios, los Virgilios, los Valerios y los Ovidios; entre tanto, crece la razón, se dilata el conocimiento, se madura el juicio, se reposa el ingenio, y se preparan sin violencia el deseo, la atención y la porfía para vencer las dificultades. [42] Más allá del uso de la razón ha de pasar el que toma la tarea de los estudios. El silogizar no es para niños. Nada malogra el que se detiene hasta los quince o diez y seis años entretenido en las construcciones de los poetas. Hasta aquí hablo con los que han de seguir los estudios para oficio y para ganancia. Los que no han de comer de las facultades, en cualquiera tiempo, edad y ocasión que las soliciten, caminan con ventura; porque es todo adelantamiento cuanto emprenden, gracia cuanto saben y virtud cuanto trabajan.

Salí del pupilaje detenido, dócil, cuidadoso y poco castigado, porque viví con temor y reverencia al maestro. Gracias a Dios, no mostré entonces más inquietudes que tal cual fervor de los que se perdonan con facilidad a la niñez. Fui bueno, porque no me dejaron

<hr>

[42] Este elogio a la cultura clásica aparece también en las *Visiones* (p. 37).

ser malo; no fue virtud, fue fuerza. En todas las edades necesitamos de las correcciones y los castigos, pero
en la primera son indispensables los rigores. Una de
las más felices diligencias de la buena crianza es coger
a los muchachos un maestro grave, devoto y discreto, a
quien teman e imiten. Muchos mozos hay malos, porque no tienen a quien temer, y muchos viejos delincuentes, porque están fuera de la jurisdicción de los
azotes. El maestro y la zurriaga debían durar hasta el
sepulcro, que hasta el sepulcro somos malos, y de otro
modo no se puede hacer bondad con el más bien acondicionado de los hombres. Los años, la prudencia, la
honra y la dignidad son maestros muy apacibles, muy
descuidados y muy parciales de nuestros antojos y apetitos; el zurriago es el maestro más respetoso y más
severo, porque no sabe adular, y sólo sabe corregir y
detener. Murió, pocos años ha, el maestro de mis primeras letras, y lo temí hasta la muerte; hoy vive el
que me instruyó en la gramática, y aún lo temo más que
a las brujas, los hechizos, las apariciones de los difuntos, los ladrones y los pedigüeños, porque imagino
que aún me puede azotar; estremecido estoy en su
presencia, y a su vista no me atreveré a subir la voz
a más tono que el regular y moderado. Ello, [43] parece
disparate proferir que se hayan de criar los viejos con
azotes, como los niños; pero es disparate apoyado en
la inconstancia, soberbia, rebeldía y amor propio nuestro, que no nos deja hasta la muerte. Ahora me estoy
acordando de muchos sujetos, que si los hubieran azotado bien de mozos y los azotaran de viejos, no serían
tan voluntariosos y malvados como son. En todas edades somos niños y somos viejos, mirando a lo antojadizo de las pasiones; en todo tiempo vivimos con inclinación a las libertades y a los deleites forajidos, y
valen poco para detener su furia las correcciones ni
las advertencias. El palo y el azote tiene más buena

---

[43] *Ello*: 'en verdad, en efecto, realmente' (Cf. Bello y Cuervo, *Gram.*, 4.ª ed., n.º 972).

gente que los consejos y los agasajos; finalmente, en todas edades somos locos, y el loco por la pena es cuerdo.

Pasé desde mi pupilaje al colegio de Trilingüe, en donde me vistieron una beca que alcanzó mi padre de la Universidad de Salamanca. Fui examinado, como es costumbre, en el claustro de diputados de aquella Universidad; y, según la cuenta, o me suplieron como a niño, o correspondí a satisfacción de los examinadores, porque no me faltó voto. [44] Empecé la tarea de los que llaman estudios mayores, [45] y la vida de colegial, a los trece años, [46] bien descontento y enojado, porque yo quería detenerme más tiempo con el trompo y la matraca, pareciéndome que era muy temprano para meterme a hombre y encerrarme en la melancolía de aquel casarón. Estaba de rector del colegio, en la coyuntura de mi entrada, un clérigo virtuoso, de vida irreprehensible, pero ya viejo, enfermo y aburrido de lidiar con los jóvenes que se creían encerrados en aquella casa. Sus achaques, la vejez y los anteriores trabajos

[44] Fue examinado en el *Claustro de Diputados* de 10 de dic. de 1708, y en esta ocasión aparece su nombre por primera vez en los *Libros de Claustros* (AUS 176, fol. 101r); le tocó el comentario de un verso de Ovidio: "... por mando del Claustro se eligió un libro para el examen intitulado *Flores poetarum* de Ovidio, y en el un verso que comenzava *Inde date leges*, y luego fueron entrando los opositores cada uno de por sí construiendo el verso y algunos midiéndole después de la construc[on] y a todos se los preguntó una oración y hecho concepto de su suficiencia y salídose del claustro los opositores, la univ[d] acordó que las vecas que se han de probeer sean una de hebreo, tres de rethórica y dos de griego..." Según el acta, consta que Diego fue elegido por mayor parte de votos, y no por unanimidad, como él lo declara. Tomó posesión de la beca el domingo 6 de enero de 1709, con otros cuatro colegiales ("... y se advierte que D[n] Diego de Torres y D[n] Domingo González, por no tener veinte años, no se les dé vino, según lo dispuesto por la Universidad" (*Quaderno del gasto por messes del Collejio de Trilingue*, AUS 2154, en. de 1709).

[45] *estudios mayores:* "los estudios de las ciencias y facultades principales, cuales son jurisprudencia canónica y civil, filosofía, teología escolástica, moral y sagrada, y otras desta clase que se aprenden y enseñan en las universidades, a diferencia de la gramática y otras de oratoria y poesía que se dicen *estudios menores*" (Aut.). Así se equivoca el autor al hablar de estudios *mayores*.

[46] En realidad, a los catorce y medio.

lo tenían sujeto a la cama muchas horas del día y muchos meses del año; y con esta seguridad y el ejemplo de otros colegiales, amigos del ocio, la pereza y las diversiones inútiles, iba insensiblemente perdiendo la inocencia, y amontonando una población de vicios y desórdenes en el alma. Halléme sin guardián, sin celador y sin maestro, y empezó mi espíritu a desarrebujar las locuras del humor y las inconsideraciones de la edad con increíble desuello y insolencia. El gusto de mis padres y el apoyo del clérigo rector me destinaron para que estudiase la Filosofía; y señalándome el maestro a quien había de oir, que fue el padre Pedro Portocarrero, de la compañía de Jesús, comencé esta carrera descuidado y menos medroso, porque ya me consideraba libre de los castigos, dueño de mi voluntad y señor absoluto de mis acciones y disparates. Acudía tarde e ignorante a las conferencias, miraba sin atención las lecciones, retozaba y reñía con mis condiscípulos (no obstante las reverendas de la beca colorada), metíme a bufón y desvergonzado con los nuevos, y profesé de truhán, descocado y decidor con todos, sin reservar las gravedades del maestro. Seguía en el aula, a pesar de las correcciones, avisos y asperezas del lector, este género de alegrías peligrosas, y en el colegio continuaba con mis compañeros otros desórdenes y libertades que bastaron para hacerme holgazán y perdulario.

Huyendo muchos días de la aula y no estudiando ninguno, llegué arrastrando hasta las últimas cuestiones de la Lógica. Viendo el lector que perdía el tiempo y que no me enmendaban los consejos, ni me contenían las correcciones ni las amenazas, citó una tarde a mi padre y al rector del colegio para argüirme, avergonzarme y reprehenderme en su presencia. Yo tuve noticia de esta prevención por un condiscípulo; y antes que llegasen a cogerme en la junta, rompí delante del lector los cartapacios que le había mal escrito, y le dije, con osada deliberación, que no quería estudiar. Apretóme en respuesta unas cuantas manotadas, y

mandó que me agarrasen los demás muchachos, los que
me tuvieron asido hasta que llegaron el rector y mi
padre. Metiéronme a empujones en un apartamiento de
la sacristía, que llaman la trastera, y allí me hicieron
los cargos y las datas. Aconsejábanme a coces, y adver-
tíanme a gritos; yo recogía de mala gana los unos y
los otros. Hice el sordo, el sufrido y el enmendado; y
después que salí de sus uñas, hice también el propósito
de no volver a la aula, y, como era malo, lo cumplí
puntualmente. Y éstas han sido todas las lecciones, los
actos, los cursos y los ejercicios que hice en la Universidad de Salamanca. Unos retazos lógicos muy mal
vistos fueron todos los adornos y elementos de mis
estudios. Considere el que ha llegado hasta aquí leyendo, la materia de que se hacen los doctores y los
hombres que escriben libros de moralidades y doctrinas, y verá que la necedad del vulgo y la fortuna particular de cada uno tienen en su antojo la mayor parte
de sus conveniencias, sus créditos y sus exaltaciones. Yo
sé de mí que gozo un vulgar ingenio, desnudo de la
enseñanza, la aplicación, los libros, los maestros y de
todo cuanto debe concurrir a formar un hombre medianamente erudito; y me han cacareado las obras y
las palabras, a pesar de mis confesiones, mis rudezas,
mis descuidos y las continuas burlas y desprecios con
que las he satirizado. Arrimé desde este suceso la Lógica y cogí nuevo horror a las ciencias, de modo que
en cinco años no volví a ver libro alguno de los que se
rompen en las Universidades. Las novelas, las comedias
y los autores romancistas [47] me entretuvieron la ociosidad y el retiro forzado; y éstos me dejaron descui-
dadamente en la memoria tal cual estilo y expresión
castellana con que me bandeo para darme a entender
en las conversaciones, los libros y las correspondencias.

Hundido en el ocio y la inquietud escandalosa, y sin
haberme quedado con más obligación que la de asistir

[47] *autores romancistas*: los que escribían en castellano, y no en
latín; sobre el posible valor peyorativo de la palabra *romancista*,
véase *El Coloquio de los perros*, ed. Amezúa, Madrid, 1912, p. 504.

a la cátedra de Retórica, que era la advocación de mi
beca, proseguí en el colegio, sufrido y tolerado de la
lástima y del respeto a mis pobres padres. En este arte
no adelanté más que la libertad de poder salir de casa,
y algún bien que a mi salud le pudo dar el ejercicio.
Era el catedrático el doctor Don Pedro de Samaniego
de la Serna. Los que conocieron al maestro, y han tratado al discípulo, podrán discurrir lo que él me pudo
enseñar, y yo aprender. Acuérdome que nos leía a mí
y a otros dos colegiales por un libro castellano, y éste
se le perdió una mañana viniendo a escuelas; puso
varios carteles, ofreciendo buen hallazgo al que se lo
volviese. El papel no pareció, con que nos quedamos
sin arte y sin maestro, gastando la hora de la cátedra
en conversaciones, chanzas y novedades inútiles y aun
disparatadas.

Los años me iban dando fuerza, robustez, gusto y
atrevimiento para desear todo linaje de enredos, diversiones y disparates, y yo empecé con furia implacable
a meterme en cuantos desatinos y despropósitos ro-
dean a los pensamientos y las inclinaciones de los muchachos. Aprendí a bailar, a jugar la espada y la pe-
lota, torear, hacer versos, y paré todo mi ingenio en
discurrir diabluras y enredos, para librarme de la reclusión y las tareas en que se deben emplear los buenos
colegiales de aquella casa. Abría puertas, falseaba llaves,
hendía candados, y no se escapaba de mis manos pared,
puerta, ni ventana, en donde no pusiese las disposiciones de falsearla, romperla o escalarla. [48] Era grave delito
en mi tiempo romper de noche la clausura y tomar de
día la capa y la gorra, [49] y todas las noches y los días
quebrantaba a rienda suelta estos preceptos. Mi cuarto
más parecía garito de ladrón que aposento de estudiante, porque en él no había más que envoltorios de

[48] No sería Diego el único en *romper la clausura*, pues según el
Quaderno de gastos se reemplazaban a menudo candados y cerrojos...

[49] "*De capa y gorra*: Se dice del que va de rebozo, sin el traje
propio de su estado y condición; lo que es más común en las universidades, donde salen los estudiantes y colegiales con capote y
montera por no ser conocidos, a divertirse y pasear al campo" (*Aut.*).

sogas, espadas de esgrima, martillos, barrenos y esta-cones. Di en hurtar al rector y colegiales las frutas, los chorizos y otros repuestos comestibles que guardaban en la despensa y en sus cuartos. Gracias a Dios que me contuve en ser ratero de estas golosinas, porque los deseos de enredar, reir y burlarme eran desesperados, que fue providencia del cielo no acabar en vicio exe-crable lo que empezó por huelga tolerada. Las trazas, las ideas y las invenciones de que yo usé para hacer estos hurtillos y abrir las puertas para huir de la su-jeción y la clausura, no las quiero declarar, porque el manifestarlas más sería proponer vicios que imitasen los lectores incautos, que referir pueriles travesuras. Lo que puedo asegurar es que en las vidas de Dominico Cartujo, [50] Pedro Ponce y otros ahorcados, no se cuen-tan ardides ni mañas tan extravagantes ni tan risibles como las que inventaba mi ociosidad y mi malicia. En la memoria de mis coetáneos duran todavía muchos sucesos que se recuerdan muchas veces en sus tertulias. El que los quisiere saber, acuda a sus noticias, que las relaciones pasajeras de una conversación no dejan [51] tan perniciosos deseos en los espíritus como las que intro-ducen las hojas de un impreso.

Acompañábanme a estas picardigüelas unos amigos forasteros y un confidente de mi proprio paño, tan revoltosos, maniáticos y atrevidos los unos como los otros. Callo sus nombres, porque ya están tan enmen-dados que unos se sacrificaran a ser obispos y otros a consejeros de Castilla, y no les puede hacer buena sombra la crianza que tuvieron conmigo treinta años ha. En todo cuanto tenía aire de locura, descuaderno [52] y disolución ridícula, nos hallábamos siempre muy

50 *Dominico Cartujo* (S: *Domingo*): Louis Dominique Bourgui-gnon, llamado *Cartouche*, n. en 1693, descuartizado en París en 1721, célebre bandido parisiense cuya fama, por lo visto, había reba-sado la frontera pirenaica. Sobre Pedro Ponce, cf. *supra*, nota 17.
51 ed. prínc., S y M: *deja*
52 *descuaderno*: palabra sinónima de las que la acompañan. To-rres usa frecuentemente *descuadernar* y *encuadernar* con sentido figu-rado (Cf. *infra*, notas 73 y 216). El sustantivo *descuaderno* parece neologismo suyo.

unidos, prontos, alegres y conformes. Hicimos compañía con los toreros, y, amadrigados [53] con esta buena gente, fuimos indefectibles alegradores en las novilladas y torerías, que son frecuentes en las aldeas de Salamanca. Profesé de jácaro y me hice al traje, al idioma y a la usanza de la picaresca, con tal conformidad, que más parecía hijo de Pedro Arnedo [54] que de Pedro de Torres. Para todos los desconciertos de los que siguen tan licenciosa y airada vida, tuve disposiciones en mi genio y en mi salud; y, menos el vino (que hasta ahora no lo he probado) y el tabaco de hoja, todos los demás vicios que componen un desvergonzado jifero los miraba y padecía en el último grado de la disolución. Pasaba en el desorden de los viajes y en el matadero muchos días, y, por la noche, era el primer convidado a los bailes, los saraos y las bodas de todas castas. Entretenía a los circunstantes con la variedad de muchas bufonadas y tonterías, que se dicen vulgarmente habilidades, y aventajaba en ellas a cuantos concurrían en aquellos tiempos al reclamo de tales holgorios y funciones. Disfrazábame treinta veces en una noche, ya de vieja, de borracho, de amolador francés, de sastre, de sacristán, de sopón, y me revolvía en los primeros trapos que encontraba que tuviesen alguna similitud a estas figuras. Representaba varios versos que yo componía a este propósito, y arremedaba con propriedad ridículamente extraordinaria los modos, locuciones y movimientos de estas y otras risibles y extravagantes piezas. Tenía bolsa de titiritero, y jugaba con prontitud y disimulado las pelotillas, los cubiletes y los demás trastos de embobar los concursos. Acompañaba con la guitarra un gran caudal de tonadillas graciosas y singulares, y danzaba con ligereza y con aire toda la escuela española, ya con la castañeta, ya

---

[53] *amadrigados*: participio empleado con intención irónica, si se tiene en cuenta la definición de *Aut.*: "*amadrigarse*. Vale tanto como favorecerse y refugiarse al abrigo y amparo de alguna persona de consideración".

[54] *Pedro Arnedo*: no sé quién fue este cofrade de *Cartujo* y de *Pedro Ponce*.

con la guitarra, ya con la espada y el broquel, dando sobre estos trastos variedad y multitud de vueltas, que no me pudo imitar ninguno de los mancebos que andaban entonces en la maroma de las locuras, deseosos de parecer bien con estas gracias, habilidades o desenfados. Finalmente, yo olvidé la gramática, las súmulas, los miserables elementos de la lógica que aprendí a trompicones, mucho de la doctrina cristiana, y todo el pudor y encogimiento de mi crianza, pero salí gran danzante, buen toreador, mediano músico, y refinado y atrevido truhán.

Revuelto en estas malas costumbres y distracciones, gasté cinco años en el colegio, y al fin de ellos volví a la casa de mis padres. [55] Un mes poco más estuve en ella, mal contento con la sujeción, atemorizado del respeto y escasamente corregido. Pero a pesar de los gritos que me daban mis camaradas y de los llamamientos de mis inclinaciones traviesas, vivía más contenido y retirado. Leía, por engañar al tiempo y entretener la opresión, tal cual librillo de los que por inútiles se habían quedado del remate y desbarato de la tienda de mis padres, y especialmente me deleité con embeleso indecible un tratado de la esfera del padre Clavio, [56] que creo fue la primera noticia que había llegado a mis oídos de que había ciencias matemáticas en el mundo. Algunas veces, a hurtadillas de la vigilancia de mis

55 En diciembre de 1713. Queda en el *Quaderno de gastos...* (AUS 2154) huella de las travesuras y de las ausencias de Diego, pero justo es añadir que no se lleva la palma. En otro documento inédito, él mismo habla de "yerros y defectos" en una carta que dirigió al Claustro de Diputados el día 19 de diciembre: "Luego se leyó una Petición de Diego de Torres Colegial de Trilingue en que dijo cumplía su colegiatura el día 5 de enero próximo que bendría, supp.do a la Univ.d le perdonase los yerros y defectos que ubiese tenido y le onrrase con alguna ayuda de costa para unos ávitos largos por allarse sus padres pobres. Comenzóse a votar, y fue contra dha su pretensión diziendo no haver lugar a ella" (*Libros de Claustros*, AUS 182, fol. 18 v).

56 *Clavio*: Christophorus Clavius (Christoph Klau; 1537-1612), jesuita alemán y distinguido matemático, autor, entre muchas obras, de una excelente traducción comentada de Euclides (1574) y de *Commentarii in sphaeram* (1581). Gregorio XIII le encargó la reforma del calendario, llamado *gregoriano* (1582).

padres y de mi obediencia, hice algunas salidas y escapatorias que se ordenaban a correr las cazuelas y
cubiletes de las pastelerías, a hurtar las copiosas cenas
de la capilla de Santa Bárbara, [57] a introducirme con
mis amigotes en las casas de cualquiera de los barrios
extraviados donde sonaba el panderillo o la guitarra,
y a hacer burlas, embelecos y bufonadas con todo género de gentes y personas. Desde este tiempo tomaron
tal miedo a estos hurtos, y tan soberbio temor a los
palos y pedradas que se levantaban entre los hurtados
y ladrones, que los graduados y ministros de la Universidad, por acuerdo suyo, repartían las cenas a las
tres de la tarde, quedándose solo con los huevos, el
jigote y la ensalada, para cumplir con la ceremonia y
el hambre de la noche. Omito el referir y particulari-
zar las trazas y espantajos de que nos valíamos para
lograr las presas, por no hacer más prolija esta historia,
y por no recordar, con las relaciones, los sentimientos y
los enojos de muchos, que hoy viven, de los que padecieron tan pesadas burlas. Parecíale a mi espíritu
que eran pocas y muy llenas de susto las libertades que
se tomaba mi industria escandalosa, aprovechándose del
sueño, el descuido y las ocupaciones de mi padre, y
traté en mi interior de entregarme a todas las anchuras
y correrías a que continuamente estaba anhelando mi
altanero apetito. Precipitado de mis imaginaciones, una
tarde que salieron al campo [58] mis padres y hermanas, y
quedé yo en casa apoderado de los pocos ajuares de
ella, tomé una camisa, el pan que pudo caber debajo
del brazo izquierdo, y doce reales en calderilla, que
estaban destinados para las prevenciones del día si-

---

[57] *Santa Bárbara*: En esta capilla de la Catedral Vieja se con-
fería el grado de licenciado, costumbre que duró hasta principios
del XIX. El *Ceremonial* de 1720 precisa todos los pormenores de las
cenas opíparas que debían costear los graduandos, como obsequio a
la universidad. El curioso podrá leer en *Onís* (pp. 51-52 n.) el menú
apetitoso redactado por algún príncipe de la gastronomía universitaria; cf. también V. de la Fuente, *Hist. de las univ.*, III, p. 237.
[58] S v M omiten *al campo*.

guiente; y, sin pensar en paradero, vereda ni destino, me entregué a la majadería de mis deseos y a la necedad de la que llaman buena ventura; y una y otra, acompañadas de la soltura de mis pies, me pusieron aquella noche en Calzada de Don Diego. [59] Tomé posada en las gavillas de las eras; tumbado entre las pajas, empecé a sacar pellizcos de la provisión que llevaba en la maleta de mi sobaco, y, con el pan en la boca, me agarró un sueño apacible y dilatado. Dormí hasta que el sol me caldeó los hocicos con alguna aspereza, y desperté arrepentido de haber dejado la acomodada pobreza de la casa de mis padres por la cierta desgracia del que camina sin conocimiento y sin dinero. Estuve un breve rato, mientras me sacudía de las pajas, lidiando contra las razones y los aciertos de volverme; pero quedé vencido, o del temor a las reprehensiones que se me proponían, o de los consejos de mi bribón apetito, y, rompiendo por los trabajos, calamidades y miserias que me pintó de repente la consideración de mi cortedad [60] y poca industria para buscar la comida, me encaminé a Portugal, sin proponérseme descanso, parada ni oficio a que me había de poner.

Entré por Almeida, y por el camino iba discurriendo parar en Braga, en donde residía un paisano, en cuya franqueza ya libraba mi antojo el sustento, el ocio y la diversión. Pasada la Ponte de Coba, [61] encontré a un ermitaño que había algunos años que rodaba por aquel pedazo de tierra que llaman los portugueses *Detras de os montes*; y oliéndome éste, en la conversación que emprehendimos y en los humos de mi bagaje, que yo iba, como suelen decir, a buscar la vida, me convidó con las solicitudes y mañas que él había encontrado para sostener la suya. Propúsome el descanso,

59 *Calzada de Don Diego*: pueblo del partido de Salamanca, a unos 20 kilómetros de ésta, camino de Ciudad Rodrigo.
60 S: *mi corta edad*
61 *Almeida*: villa de Portugal, en la Beira Baja, a unos 10 kilómetros de la frontera española. *Ponte de Coba* será *Ponte de Côa*, el río que pasa al oeste de Almeida y desemboca en el Duero.

quietud, libertad y provechos de la tablilla, [62] la in-
dependencia de las gentes y peligros del mundo, los
intereses y seguridades de la soledad y el retiro; y sus
ponderaciones y unos trozos de pernil que se asomaban
por las roturas de una alforja que llevaba su borrico
me arrastraron a probar la vida de santero. A ratos
espoleando arena, y a veces subido sobre el burro, caminaba yo con mi nuevo y primero amo hacia las
cuestas de Mundín, [63] donde me dijo que tenía su habitación y, no lejos de ella, la ermita que cuidaba. Era
el ermitaño un hombre devoto, de buen juicio, desengañado, discreto, humilde, de corazón arrogante y liberal, y de un espíritu tan valiente, que nunca vio al
miedo, ni entre la multitud, ni entre la soledad, ni entre las relaciones ni los asombros. Fue en Barcelona
guarda mayor y administrador de rentas reales, y fue
el hombre temido entre las asperezas de Cataluña por
su valor, su cortesía y su buen modo. Retiráronlo del
bullicio del mundo las tiranías de una ingratitud; y
cuerdamente piadoso consigo, temiendo las continuaciones y las cautelosas asechanzas que le había empezado a poner la fortuna para derribarlo, se ocultó de
sus reveses en las olvidadas situaciones del despoblado.
Libraba el sustento a los trabajos de su demanda, y
ganaba el pan con escasa fatiga y dichosa recreación.
Los ratos que le sobraban después de buscar el alimento, los lograba rezando, leyendo y meditando con
despejada ternura, devota y atenta alegría. Venérabanle
en todos los pueblos vecinos con honrados aprecios,
porque [64] además de no ser enfadoso como los regulares demandantes, ni pedigüeño importuno, sino un
pobre garbosísimo y desinteresado, era cortesanamente
apacible y muy gracioso en la conversación, la que
seguía en cualquiera asunto de los civiles, limpia de

---

[62] *tablilla*, o *tablilla de santero*: "la insignia con que piden la
limosna para los santuarios o ermitas" (*Aut.*).
[63] *Mundín*: Puede tratarse de *Mondim de Basto*, o, más probablemente, de *Mondim da Beira*, a unos 40 kilómetros al norte de
Vizeu.
[64] *aprecios, porque* en S y M | ed. prínc.: *aprecios, y porque*

adulaciones, hipocresías, embustes y necias lisonjas. Estuvo aprovechando la vida algunos años este venerable hombre en la quietud de la soledad, hasta que lo sacó de ella una carestía y hambre común en aquellos países, a la que se siguió la pestilencia y la muerte de muchas personas y ganados. Llegó a guarecerse a Salamanca, en donde tuve la honra y el gusto de verle segunda vez, y él el consuelo de encontrarme menos loco, más acomodado, y viviendo con alguna honra en el pueblo donde nací. Viéndole viejo, fatigado e inútil para proseguir los afanes de la demanda, le rogué que se quedase hasta morir en mi casa; y habiendo aceptado un breve rincón de ella para su retiro, lo llamó Dios a otro apartamiento más conforme, más santo y más oportuno para su costumbre y devoción. Llámase este humildísimo hombre Don Juan del Valle. Vive hoy y asiste en la portería de San Cayetano de Salamanca, en donde sirve de ejemplo y alegría a cuantos ven su afable y devoto rostro. Los padres de este observantísimo colegio le aman, conocen y tratan con respeto cariñoso. Vive contentísimo, porque le dan la comida y el entierro. No ha querido recibir nunca dineros ni más alhajas que alguna chupa, capa o calzones viejos, cuando ha tenido gran necesidad de cubrirse. Yo le guardo un amor paternal y una reverencia respetosa, sin atreverme a hacerle más ruegos que los que le encargo de que me encomiende a Dios.

Llegamos a la ermita, y sacando de un arcón un saco viejo, capilla y alpargatas, mandó que lo trocase por mi ropa, lo que hice prontamente, y la guardó en el mismo paraje donde había sacado los atavíos de santero. Me encargó las obligaciones de atizar la lámpara, barrer la ermita y cuidar del borrico; diome un par de desengaños y muchos consejos, los que remató con la saetilla de "haz aquello que quisieras haber hecho cuando mueras", y quedé una fantasma de beato tan propria, que me podía equivocar con el más pajizo padre del yermo. Cobré con su presencia el rubor y la humildad que habían arrojado de mi corazón los malos ejemplos y mis cavilaciones. A su vista respiraba cobarde, confundido y respetoso. Le amaba y le temía con especial inclinación y cuidado. Trabajaba con gusto, y deseaba dárselo con todas mis operaciones y trabajos. Los ratos que me dejaban libres la lámpara, la escoba y el borrico, los entretenía leyendo varios libros devotos que repasaba muy a menudo mi padre ermitaño. Y en estos oficios permanecí cuatro meses, sin haberme disgustado ni los recuerdos de mis travesuras ni la mudanza de mis libertades a estas solitarias opresiones. Agradable con mis correspondencias y satisfecho de mi conducta, me enviaba a la recaudación de las limosnas mensuales con que le socorrían algunas personas aficionadas a la ermita y al ermitaño. Tratábame con mucho amor y con total confianza, y ambos vivíamos contentos, pagados y dichosos, porque el trabajo no era mucho, la diversión bastante, la comida más que moderada, y el descanso regular, porque la noche toda la pasábamos en quietud y suspensión, sin más fatiga que leer o rezar dos horas y dormir seis o siete. Toda la reparación de mi vida y la cobranza de mis perdidos talentos había encontrado en la presencia, en el trato y ejemplares acciones de este desengañado varón, y todo me lo volvió a quitar mi desdicha, mi flaqueza y mi poco juicio. Descuidóse en relinchar un poco mi juventud en una ocasión que habían venido a visitar el santuario unas familias portuguesas, estando ausente mi amo y mi maestro; y medroso de que descubriese la incontinencia de unas licenciosas, indiferentes y equívocas palabras que le solté a una muchachuela que venía en la tropa, traté de huir de la aspereza con que ya me presumía reñido de la cordura de mi maestro y castigado del terrible rigor con que me pintaba a [65] su semblante mi conocimiento, mi delito y su prudente queja; y antes que se restituyese a la ermita, saqué mi ropa del arcón donde estaba depositada, y, dejando el reverendo saco, marché acelerado

[65] S: *pintaba su semblante*

con los temores de que no me encontrase en el camino de Coimbra, adonde me prometían mis ignorancias y antojos alegre paradero.

Sin el susto del encuentro que temía, y sin haber padecido más descomodidades que las que por fuerza ha de pasar el que camina a pie y sin dinero, llegué a la celebérrima Universidad de Coimbra. Presenté a mi persona en los sitios más acompañados del pueblo, y, ensartándome en las conversaciones, persuadí en ellas que yo era químico, y mi primer ejercicio el de maestro de danzar en Castilla. Contaba mil felicidades de mis aplicaciones en una y otra facultad. Mentía a borbollones, y la distancia de los sucesos y mi disimulo y las buenas tragaderas de los que me oían, hicieron creíbles y recomendables mis embustes. Confiado en las lecciones que había tomado en Salamanca del arte de danzar, y en unas recetas desparramadas de un médico francés, que tenía en la memoria, me vendí por experimentado en uno y otro arte.

El ansia de ver el hombre nuevo (que es general en todas gentes y naciones) me juntó alegres discípulos, desesperados enfermos y un millón de aclamaciones necias, hijas de la sencillez, de la ignorancia y del atropellamiento de la novedad. Yo sembraba unturas, plantaba jarabes, injería cerotes y rociaba con toda el agua y los aceites de mi recetario a los crónicos, hipocondríacos y otros enfermos impertinentes, raros y cuasi incurables. Recogía el mismo fruto que los demás doctores sabios, afortunados y estudiosos, que era la propina, el crédito, la estimación, el aplauso y todos los bienes e inciensos que les da la inocencia y la esperanza de la sanidad. En orden a los sucesos tuve mejor ventura o más seguro modo, para lograrlos favorables, que el Hipócrates, porque a éste y cuantos siguieron y siguen sus aforismos y lecciones, se les [66] murieron muchos de los que curaban, otros salían a puerto y otros se quedaban con los achaques; de mis

66 ed. prínc., S y M: *se le murieron*

emplastados y ungidos ninguno se murió, porque las
recetas no tenían virtud para sanar ni para hacer daño;
algunos sanaban con la providencia de la naturaleza, y
a los más se les quedaba en el cuerpo el mal y la medicina, y la aprehensión les hacía creer algún alivio.
Fui, no obstante mi necesidad, mi arrojo e ignorancia,
un empírico [67] considerado y más prudente que lo que
se podía esperar de mi cabeza y mis pocos años, porque no me metí con enfermo alguno de los agudos,
ni tuve el atrevimiento de administrar purgantes, ni
abonar ni maldecir las sangrías. Bien penetraba mi poca
filosofía lo peligroso de éstos y lo poco importante de
mis apósitos; y con esta seguridad y conocimiento vivíamos todos, mis dolientes con sus achaques y yo con
sus alabanzas y dineros. [68]

[67] *empírico*: "el médico que cura por sola la experiencia, sin
haber estudiado la facultad de la medicina, no haciendo caso de
saber las complexiones y naturalezas de los hombres, ni poniendo
cuidado en investigar las causas de las enfermedades" (*Aut.*).
[68] Léase ahora el relato incluído en *El Ermitaño y Torres* (1726),
y que, como lo dije en la introducción (p. 11), nunca será reim-
preso. Aunque un poco largo, es tan precioso que no vacilo en
reproducirlo. Reveladoras son las discrepancias que se advierten entre
la versión de 1726 y la de 1743:
"Por fin y último desengaño de estas boberías que creemos más
que a los Santos Evangelios, que por boca del Espíritu Santo son
el sánalo todo sin contingencia, escucha, ya que estamos solos, entre
los desatinos de mi corta vida, la más rara aventura de ellos, que
te causará desengaño y admiración. Después que tú y yo dejamos
a Salamanca, tú por volver a tu provincia de Extremadura, y yo
por aquella travesura (de que no quiero acordarme), me llevó mi
destino o mi pesar a Ciudad Rodrigo, donde viví algunos meses.
Asistíame mi padre (Dios le dé mucha vida) con algunas monedas
al mes, y por moderar algunos ardores de joven, dejó de librarme
las letras. Y viéndome sin remedio, porque los que me conocieron
decente y asistido no me viesen roto y malcomido, tomé las de
Villadiego al reino de Portugal, acompañándome aquel amigo que
tú conoces, que hoy corre su fortuna en el alivio de los desesperados de España, que son las Indias.
Dejónos una yegua (como nuestra mula) que nos llevaba a los
dos cerca de Coimbra, y a pie hasta esta ciudad llegamos, trazando,
para buscar nuestra vida, hacerme yo estudiante médico y él maestro de otra habilidad, que también ejercitaba yo. Salió la idea a
medida de nuestro capricho, porque él introdujo mi nombre, acreditó
mi experiencia y yo la suya, con que a pocos días voló la fama.
Ya sabes que yo soy más necio que otros, pues necio sin estudio,
y en una universidad como Coimbra, corrí a ciencia y paciencia de
sus médicos por profesor. Valíme de un recetario que yo había

En la danza también tuve que trabajar; pero en ésta con más satisfacción y sin ningún peligro, porque era más diestro en los compases que los médicos en sus curaciones, y vivía fuera de las congojas de que me capitulasen [69] de necio en el ejercicio. A pocos días era ya la celebridad y conversación de los melancólicos, los desocupados y noveleros. Y con sus solicitudes y aprehensiones, arribé [70] a juntar algunas monedas de oro, buenas camisas y un par de vestidos que me engalanaban y prometían mi poco seso. La ridícula historia de unos indiscretos celos de un destemplado portugués, cuya infame sospecha es digna de que se quede

---

leído en dos médicos franceses y lo que yo había leído, observado y visto practicar a los médicos de Salamanca, y, con cuatro cuentos, dos mentiras, cuatro chanzas, yo cobré crédito y era mi posada una portería de dolientes. Ocho meses poco menos curé sin más noticia ni más crédito que en las conversaciones me daba el amigo perillán, y tuve tal dicha que no me llamaron sino para tercianarios, cuartanarios y otros crónicos. Daba remedios para que creciese el pelo, para borrar las pecas del rostro, limpiar los dientes negros, y las mujeres decían que era el mayor hombre del mundo. Yo curaba con un recetario que yo había entresacado (de puro curioso) de entre infinitas farmacopeas, y en especial de los dos médicos franceses, el uno Carlos Estévan y el otro Juan Libaut [*Charles Estienne (1504-64) y su yerno Jean Liébault (1534?-96), anatomistas y botánicos*], y así hacía prodigios.

Yo me vestí como un duque, me sobraban cincuenta monedas de oro y tenía las casas de todos, y esto sin más ciencia que el dicho memorial de recetas, que te iré diciendo para conclusión de la noche. A ninguno sangré, y fui tan feliz que no maté uno, porque los remedios, como te iré diciendo, eran suaves y fáciles. Ninguno hace más que lo que yo hice, que era valerme del recetario y de las recetas que trasladaba. Y si algún médico dice que sabe más, se engaña; y si lo sabe, no es razón que lo ejercite, porque debe curar con lo ya experimentado; y si quiere de su capricho hacer experiencias, aventura nuestra vida; y así, mejor es que sirvan de experiencias los ya muertos que los que viven. ¡Mira la escasa ciencia de los médicos, y la infelicidad a que nos sujetamos!" (Cito por la edición de Sevilla, Imp. D. López de Haro, 1726, pp. 33-34). El autor enumera a continuación unas recetas que le valieron la fama.

69 *capitular*: 'acusar, tachar' (cf. *Aut.*: "Delatar, acusar, poner capítulos de crímenes o excesos contra un corregidor, u otra persona que ejercite oficio público; para lo cual se afianza la calumnia, pues de otra suerte no se admite en juicio"). Torres usa mucho este verbo, a veces con un sentido algo diferente (cf. *infra*, nota 124).

70 *arribar* era poco utilizado, según *Aut.*, en el sentido de *llegar (a poseer) o conseguir (un fin)*.

enterrada en el silencio y el olvido, me obligó a dejar Coimbra y tomar seguridad en la ciudad de Oporto, adonde me mantuve gastando en figura de caballero lo que había ganado en ocho meses a hacer cabriolas con los pies y las manos.

Aunque procuraba gastar el dinero con alguna dieta, llegó el caso de aniquilarse mi caudal y de verme en la congoja de elegir nuevo camino para buscar la vida, con la que andaba de perdición en perdición. No discurría en vereda en que no contemplase mil estorbos, enfados, opresiones y descomodidades; y pareciéndome más libre y más holgona la de soldado, asenté plaza en el regimiento de los ultramarinos, en la compañía de D. Félix de Sousa. Pagáronme razonablemente la entrada; tomó un sargento las señas de mi figura con distinción bastante y menudencia, y le dije que mi nombre era Gabriel Gilberto, [71] y con este fingimiento corrí la temporada que anduve vestido con la librea verde. El miedo a los palos, a las baquetas, [72] al potro y a los demás castigos con que se reprehenden las faltas menudas en la milicia, me hizo cumplir exactamente con las obligaciones de soldado. Queríame mucho mi capitán, y yo le pagaba el cariño con singular respeto y pronta asistencia a cuanto se le ofrecía. Trece meses estuve bastantemente gustoso en este ejercicio, y me parece que hubiera continuado esta honrada carrera si no me hubieran arrancado del camino las persuasiones de unos toreros, hijos de Salamanca, que pasaron a Lisboa a torear en unas fiestas reales que se hicieron en aquella corte. Facilitaron los medios de la deserción, disfrazándome con la jaquetilla, el sombrero a

---

[71] *Gabriel Gilberto*: Así se llamaba uno de los amigos de Diego, cómplice y cofrade del *Colegio del Quendo*.

[72] *baquetas*: "*Pasar la baqueta*: Castigo que se da a los soldados delinquentes en la milicia, y se ejecuta poniéndose en dos alas el regimiento o gente que la ha de dar, con unas varillas en las manos o con las guruperas de los caballos en la caballería, habiendo de distancia de una a otra ala lo que pueden ocupar dos cuerpos; y el reo desnudo de medio cuerpo arriba pasa corriendo por entre las dos alas, y todos le van castigando con lo que tienen en las manos, dándole golpes en las espaldas" (*Aut.*).

la chamberga y los demás arneses de la bribia; yo consentí porque, aunque vivía gustoso, deseaba ver a mis padres y los muros de mi patria. En el convento de San Francisco de Lisboa, me despojé del uniforme, y, vestido con las sobras de un torero llamado Manuel Felipe, me encuaderné [73] en la tropa, y juntos todos tomamos el camino de Castilla, sin habernos sucedido acaso alguno digno de ponerse en esta relación. Al paso que me iba acercando a Salamanca, iba creciendo en mi corazón el miedo y la vergüenza y otros embarazos que me dificultaban la entrada a la casa y la vista de mis padres. Nunca me resolví a que me viesen con la gentecilla con quien venía incorporado; y fingiendo con mis camaradas que tenía precisión de detenerme algunas semanas en Ciudad Rodrigo, me dejaron como a una legua distante de Valdelamula, [74] libre del riesgo que amenazaba a mi vida si me mantuviera en las posesiones de Portugal. Entré en Ciudad Rodrigo, y me volví a la ropa de estudiante, prestándome por entonces, en la confianza de que lo pagarían mis padres, D. Juan de Montalvo lo que era oportuno para ponerme delante de gentes de razón. Escribí a Salamanca a varios intercesores para que templasen el justo enojo de mis padres y les persuadiesen lo desengañado que volvía de mis aventuras y delirios; y el amor, la necesidad y la consideración de los peligros a que me volvería a arrojar, y los ruegos de los interlocutores, me facilitaron con suavidad y con dulzura su cariño y acogimiento. Recibiéronme gustosos; yo me eché a sus pies avergonzado y con propósitos de no darles más pesadumbres, y juré nuevamente mi obediencia. Las raras gentes que traté en las ridículas aventuras de químico, soldado, santero y maestro de danza, el crecimiento de los años y la mayor edad de la razón, me pasmaron un poco el orgullo, de modo que ya tomaba algún asco a las desenvolturas y libertades que había aprendido en la escuela de mi ociosidad y en

73 *me encuaderné*: Cf. *supra*, nota 52.
74 *Valdelamula*: pueblo fronterizo, a 7 kilómetros de Almeida.

las maestrías de mis amigotes. Ya conocía yo que iban faltando de mi celebro muchas de aquellas cavilaciones y delirios que me aguijoneaban a los disparates y los despropósitos. Desamparado, pues, mi seso de algunas turbaciones, y libre del mal ejemplo de mis compatriotas (que ya faltaban todos [75] de Salamanca), empecé una vida más segura y menos rodeada de enredos, bufonadas y desvergüenzas. No fui bueno, pero a ratos disimulaba mis malicias. No dejé de ser muchacho, pero ya era un mozo más tolerable y menos aborrecido de las gentes de buena crianza. Era atento y cortesano exquisitamente con los mayores y los iguales, y, con esta diligencia y la de mi serenidad, fui ganando el cariño de los que antes me aborrecían con razón y con extremo. Con estas disposiciones volví de Portugal a mi patria. Las aventuras que fueron sucediendo a mi vida, las verá el que leyere u oyere el tercer Trozo que se sigue.

[75] S: *faltaban de Salamanca*

Portada de un manuscrito de *Obras* compuestas por
los "colegiales" de la *Quendada* (1718)

Casa de D. Juan de Salazar, donde solía veranear
Torres, en Medinaceli

DON DIEGO DE TORRES

EMPIEZA DESDE LOS VEINTE AÑOS, POCO MÁS O MENOS,
HASTA LOS TREINTA, SOBRE MESES MENOS O MÁS

P o r desarmar de las maldiciones, de los apodos y
las cuchufletas con que han acostumbrado morder los
satíricos de estos tiempos a cuantos ponen alguna obra
en público; por encubrir con un desprecio fingido y
negociante mi entonada soberbia; por burlarme sin escrúpulo y con sosiego descansado de la enemistad de
algunos envidiosos carcomidos; y por reírme, finalmente, de mí proprio y de los que regañan por lo que no
les toca ni les tañe, puse en mi cuerpo y en mi espíritu
las horribles tachas y ridículas deformidades que se
pueden notar en varios trozos de mis vulgarísimos impresos. Muchas torpezas y monstruosidades están dichas con verdad, especialmente las que he declarado
para manifestar el genio de mis humores y potencias;
pero las corcovas, los chichones, tiznes, mugres y laga-
ñas que he plantado en mi figura, las más son sobre
puestas y mentirosas, porque me ha dado la piedad de
Dios una estatura algo más que mediana, una humanidad razonable y una carne sólida, magra, enjuta, colorada y extendida con igualdad y proporción, la que
podía haber mantenido fresca más veranos que los
que espero vivir, si no la hubieran corrompido los pestilentes aires de mis locuras y malas costumbres. Pues
para que sea verdad cuanto se vea en esta historia (que
hoy tiene tantos testigos como vivientes), pondré en
este pedazo de mi Vida la verdadera facha, antes de

proseguir con las revelaciones de mis sucesos, acasos y aventuras. Pintaréme como aparezco hoy, para que el que lea rebaje, añada y discurra cómo estaría a los veinte años de mi edad. Yo tengo dos varas y siete dedos de persona; los miembros que la abultan y componen tienen una simetría sin reprehensión; la piel del rostro está llena, aunque ya me van asomando hacia los lagrimales de los ojos algunas patas de gallo; no hay en él colorido enfadoso, pecas ni otros manchones desmayados. El cabello (a pesar de mis cuarenta y seis años)[76] todavía es rubio; alguna cana suele salir a acusarme lo viejo, pero yo las procuro echar fuera. Los ojos son azules, pequeños y retirados hacia el colodrillo. Las cejas y la barba, bien rebutidas de un pelambre alazán, algo más pajizo que el bermejo de la cabeza. La nariz es el solecismo más reprehensible que tengo en mi rostro, porque es muy caudalosa y abierta de faldones: remata sobre la mandíbula superior en figura de coroza, apagahumos de iglesia, rabadilla de pavo o cubilete de titiritero; pero, gracias a Dios, no tiene trompicones ni caballete, ni otras señales farisaicas. Los labios, frescos, sin humedad exterior, partidos sin miseria y rasgados con rectitud. Los dientes, cabales, bien cultivados, estrechamente unidos y libres del sarro, el escorbuto y otros asquerosos pegotes. El pie, la pierna y la mano son correspondientes a la magnitud de mi cuerpo; éste se va ya torciendo hacia la tierra, y ha empezado a descubrir un semicírculo a los costillares, que los maldicientes llaman corcova. Soy, todo junto, un hombrón alto, picante en seco, blanco, rubio, con más catadura de alemán que de castellano o extremeño. Para los bien hablados, soy bien parecido; pero los marcadores de estaturas dicen que soy largo con demasía, algo tartamudo de movimientos y un si es no es derrengado de portante. Mirado a distancia, parezco melancólico de fisonomía, aturdido de facciones

---

[76] Pudo redactarse este autorretrato alrededor de 1740, a no ser que se quite unos años el casi cincuentón que publica la *Vida* en 1743...

y triste de guiñaduras; pero, examinado en la conversación, soy generalmente risueño, humilde y afectuoso con los superiores, agradable y entretenido con los inferiores, y un poco libre y desvergonzado con los iguales. El vestido (que es parte esencialísima para la similitud de los retratos) es negro y medianamente costoso, de manera que ni pica en la profanidad escandalosa, ni se mete en la estrechez de la hipocresía puerca y refinada. El paño primero de Segovia, alguna añadidura de tafetán en el verano y terciopelo en el invierno, han sido las frecuentes telas con que he arropado mi desvaído corpanchón. El corte de mi ropa es el que introduce la novedad, el que abraza el uso y antojo de las gentes, y, lo más cierto, el que quiere el sastre. Guardo en la figura de abate romano la ley de la reforma clerical, menos en los actos de mis escuelas, que allí me aparezco, con los demás catones, envainado en el bonete y la sotana, que son los apatuscos [77] de doctor, las añadiduras de la ciencia y la cobertera de la ignorancia. A diligencias de los criados voy limpio por de fuera, y, con los melindres de mis hermanas, por de dentro; porque, a pesar de mi pereza y mi descuido, me hacen remudar el camisón todos los días. Llevo a ratos todos los cascabeles y campanillas que cuelgan de sus personas los galanes, los ricos y los aficionados a su vanidad: reloj de oro con sus borlones que van besando la ingle derecha, sortijón de diamantes, caja de irregular materia con tabaco escogido, sombrero de Inglaterra, medias de Holanda, hebillas de Flandes, y otros géneros que, por gritones y raros, publican la prolijidad, la locura, el antojo, el uso y el aseo. [78] Mezclado entre los duques y los arcedianos, ninguno me distinguirá de ellos, ni le pasará por la imaginación que soy astrólogo ni que soy el Torres que anda en

---

[77] *apatuscos*: 'prendas de vestir' (*Lamano*); "Adorno, arreo y compostura. Voz baja, pero muy usada en lo jocoso" (*Aut.*).

[78] Después de haberlos satirizado, nuestro elegante acabó adoptando estos "oropeles" con los cuales, según sus propias palabras, "la astucia poderosa de los extranjeros se burlaba de los bolsillos españoles" (Cf. *Barca*, p. 232).

esos libros siendo la irrisión y el mojarrilla de las gentes. He sido el espanto y la incredulidad de los que
buscan y desean conocer mi figura, porque los más
pensaban encontrarse con un escolar monstruoso, viejo,
torcido, jorobado, cubierto de cerdones, rodeado de
una piel de camello, o malmetido en alguna albarda,
como hábito proprio de mi brutalidad. Éste soy, en
Dios y en mi conciencia; [79] y por esta copia, y la similitud que tiene mi gesto con la cara del mamarracho [80]
que se imprime en la primera hoja de mis almanaques,
me entresacará el más rudo, aunque me vea entre un
millón de hijos de Madrid.

El genio, el natural o este duende invisible (llámese
como quisieren), por cuyas burlas, acciones y movimientos rastreamos algún poco de las almas, anda copiado con más verdad en mis papeles, ya porque cuidadosamente he declarado mis defectos, ya porque a
hurtadillas de mi vigilancia se han salido, arrebujados
entre las expresiones, las bachillerías y las incontinencias, muchos pensamientos y palabras que han descubierto las manías de mi propensión y los delirios de
mi voluntad. Desmembrado y escasamente repartido se
encuentra en algunas planas el cuerpo de mi espíritu;
y para cumplir con el asunto que me he tomado, jun-
taré en breves párrafos algunas señas de mi interior,
para que me vea todo junto el que quisiere quedar
informado de lo que soy por dentro y por fuera. Tengo, como todos los hijos de Adán, hígado, bazo, corazón, tripas, hipocondrios, mesenterio y toda la caterva
de rincones y escondrijos que asegura y demuestra la
docta Anatomía. Éstos son (según aseguran los filósofos naturales) los nidos y las chozas donde se esconden

[79] S: *en conciencia*
[80] *mamarracho*: con el doble sentido de figura defectuosa o mal
representada, y de hombre informal; en efecto, el retrato que acompañaba la portada de los primeros almanaques de Torres no tenía
mucho valor estético, aunque el propio autor se reconociera en él.
Más tarde, la lámina que encabeza el piscator anual será de calidad técnica muy superior (Cf. las ilustraciones intercaladas entre
las pp. 72 y 73).

y retiran los apetitos revoltosos, los afectos inescrutables y las pasiones altaneras y porfiadas. Dicen que
habitan en estas interiores cavernas de la humanidad;
y lo benigno, lo furioso, lo dócil y lo destemplado, lo
arguyen de la disposición, textura, cualidad y temperamento de la parte. La pintura es galana, vistosa y posible; pero yo no sé si es verdadera. Lo cierto es
que, salga del hígado, del bazo o del corazón, yo tengo ira, miedo, piedad, alegría, tristeza, codicia, largue-
za, furia, mansedumbre y todos los buenos y malos
afectos, y loables y reprehensibles ejercicios, que se
pueden encontrar en todos los hombres juntos y separados. Yo he probado todos los vicios y todas las virtudes, y en un mismo día me siento con inclinación a
llorar y a reir, a dar y a retener, a holgar y a padecer, y siempre ignoro la causa y el impulso de estas
contrariedades. A esta alternativa de movimientos contrarios he oído llamar locura; y si lo es, todos somos
locos, grado más o menos; porque en todos he advertido esta impensada y repetida alteración. A la mayor
o menor altura de los afectos y a la más furiosa o
sosegada expresión de las pasiones, llaman genio, natural o crianza la mayor parte de la comunidad de las
gentes; y si el mío se ha de conocer por las más repetidas exaltaciones del ánimo, aquí las pondré con la
verdad que las examino, apartando por este breve rato
el sonrojo que se va viniendo a mi semblante.

Soy regularmente apacible, de trato sosegado, humilde con los superiores, afable con los pequeños y, las
más veces, desahogado con los iguales. En las conversaciones hablo poco, quedo y moderado, y nunca tuve
valor para meterme a gracioso, aunque he sentido bu-
llir en mi cabeza los equívocos, los apodos y otras
sales con que sazonan los más políticos sus pláticas.
Hállome felizmente gustoso entre toda especie, sexo y
destino de personas; sólo me enfadan los embusteros,
los presumidos y los porfiados; huyo de ellos luego
que los descubro, con que paso generalmente la vida dichosamente entretenido. Tal cual resentimiento padece

el ánimo en las precisas concurrencias, donde son inexcusables los pelmazos, los tontos y otras mezclas de majaderos que se tropiezan en el concurso más escogido; pero éste es mal de muchos y consuelo mío; sufro sus disparates con conformidad y tolerancia, y me vengo de sus desatinos con la pena que presumo que les darán mis desconciertos. Soy dócil y manejable en un grado vicioso y reprehensible, porque hago y concurro a cuanto me mandan, sin examinar los peligros ni las resultas infelices; pero bien lo he pagado, porque las congojas y desazones que he padecido en este mundo, no me las han dado mis émulos, mis enemigos ni la mala fortuna, sino es mi docilidad y mi franqueza. Mi dinero, mis súplicas, mi representación, tal cual es, mi casa y mis ajuares, los he franqueado a todos, sin exceptuar a mis desafectos. Lo más de mi vida, ya en los pasajes de mis aventuras, y ya en las avenidas de mis abatimientos, la he pasado comiendo a costa ajena, huésped honrado y querido en las primeras casas del reino; y, pudiendo ser rico con estos ahorros y las producciones de mis tareas, siempre andan iguales los gastos y las ganancias. He derramado entre mis amigos, parientes, enemigos y petardistas, más de cuarenta mil ducados que me han puesto en casa mis afortunados disparates. En veinte años de escritor he percibido a más de dos mil ducados cada año, y todo lo he repartido, gracias a Dios, sin tener a la hora que esto escribo más repuestos que algunos veinte doblones que guardará mi madre, que ha sido siempre la tesorera y repartidora de mis trabajos y caudales. Si a algún envidiosillo [81] o mal contento de mis fortunas le parece mentira o exageración esta ganancia, véngase a mí, que le mostraré las cuentas de Juan de Moya [82] y las de los demás libreros, que todavía existen ellas, y vivo yo y mis administradores. Es público, notorio y demonstrable mi desinterés, tanto, que ha

[81] S: *algún envidioso*
[82] *Juan de Moya*: Librero madrileño instalado frente a las gradas de San Felipe el Real.

tocado en perdición, desorden y majadería. He trabajado de balde y con continuación para muchos que han hecho su fama y su negocio con los desperdicios de mis fatigas. Habiendo sido el número de mis tareas bastantemente copioso, son más las que están en la lista de las regaladas que en la de las vendidas. Sobre el caudal de mis pronósticos y mis necedades, ha tenido letra abierta el más retirado de mi amistad y el más extraño de mi conocimiento. El dicho Moya, que es el depositario de mis mercadurías y disparates, jurará que le tengo dada orden para que no recatee mis papeles y que los dé graciosamente al que llegare a su tienda, sin más recomendación que la de una buena capa. Siendo (como diré más adelante, además de lo dicho) el escritor más desdichado y pobre de esta era, me he conducido, en las ciento y veinte dedicatorias que se pueden ver en mis librillos, [83] con bizarría tan gloriosa, que he desmentido los créditos de petardo con que regularmente se miran estos cultos. Nunca miré a más fines ni a más esperanzas que al agradecimiento, la veneración y el adorno de la obra. Al tiempo que expresaba mis rendimientos, escondía mi persona ; y, las más veces, dedicaba a los héroes más elevados, á los ausentes, o a quien yo contemplaba que estuviese muy fuera de la retribución, y que la ausencia o el retiro dificultasen las comunes satisfacciones. Mis deseos y mis sacrificios fueron siempre puros, atentos, cortesanos y libres de las infecciones del interés mecánico y la lisonja abominable. He puesto esta menudencia impertinente para que se sepa que no tengo todas las condiciones de mal autor, pues me falta la codicia con que muchos se sujetan a hacer las obras, confiados alegremente en que el héroe a quien dedican les ha de pagar a lo menos la impresión; y éstos no cortejan, que roban. Hablo gordo [84] entre los que me tratan y conocen. Grite ahora el satírico que quisiere,

83   S: *mis libros*
84   ed. prínc.: *Hablo gordo, y entre* | Adopto S.

ponga los manchones que le elija su rabiosa infidelidad a mi pobreza y mi desasimiento, que aquí estoy
yo, que sabré limpiarme y desmentirle con mis operaciones y los testigos más memorables de la España.

Trato a mis criados como a compañeros y amigos, y,
al paso que los quiero, me estoy lastimando de que los
haya hecho la fortuna la mala obra de tener que ser-
virme. Jamás he despedido a ninguno; los pocos que
me han acompañado, o murieron en mi casa o han
salido de ella con doctrina, oficio y [85] conveniencia. Los
actuales que me asisten no me han oído reñir ni a
ellos ni a otro de los familiares, y el más moderno
tiene ocho años en mi compañía. Todos comemos de
un mismo guisado y de un mismo pan, nos arropamos
en una misma tienda, y mi vestido, ni en la figura
ni en la materia, se distingue de los que yo les doy.
El que anda más cerca de mí es un negro sencillo, cán-
dido, de buena ley y de inocentes costumbres; a éste
le pongo más de punta en blanco, porque en su color
y su destino no son reparables las extravagancias de
la ropa; yo me entretengo en bordar y en ingreír [86]
sus vestidos, y logro que lo vean galán, y a mí ocupado. Ni a éste ni a los demás los entretengo en las
prolijidades y servidumbres que más autorizan la vanidad que la conveniencia; y aun siendo costumbre
por acá, entre los amos de mi carácter y grado, llevar
a la cola un sirviente en el traje de escolar, en ningún
tiempo he querido que vayan a la rastra. Yo me llevo
y me traigo solo donde he menester; me visto y me
desnudo sin edecanes; escribo y leo sin amanuenses ni
lectores; sirvo más que mando; lo que puedo hacer
por mí, no lo encargo a nadie; y, finalmente, yo me
siento mejor y más acomodado conmigo que con otro.
Si éste es buen modo de criar sirvientes o de portarse
como servidos, ni lo disputo, ni lo propongo, ni lo
niego; yo digo lo que pasa por mí, que es lo que he

---

[85] S: *oficio o conveniencia*
[86] *ingreír*: 'adornar, engalanar' (*Aut., s. v. engreirse*).

prometido, y lo demás revuélvanlo los críticos como les parezca.

La valentía del corazón, la quietud del espíritu y la serenidad de ánimo, que gozo muchos años ha, es la única parte que se le puede envidiar a mi naturaleza, mi genio o mi crianza. De niño tuve algún temor a los cuentos espantosos, a las novelas horribles y a las frecuentes invenciones con que se estremecen y se espantan las credulidades de la puerilidad y los engaños de la juventud y la vejez; pero ya ni me asustan los calavernarios, ni me atemorizan los difuntos, ni me produce la menor tristeza la posibilidad de sus apariciones. Crea el que lee que, según sosiega la tranquilidad de mi espíritu, sospecho que no me inquietaría mucho ver ahora delante de mí a todo el purgatorio. Este valor (que más parece desesperado despecho) aseguro que es hijo de una resignación cristiana, pues, siendo Dios el único dueño de mi vida, sé que estoy debajo de sus disposiciones y providencias, y es imposible rebelarme a sus decretos; para el día que determine llamarme a juicio, estoy disponiendo, con su ayuda, mi conformidad, y no me acongoja que el aviso sea a palos, a pedradas, a médicos, a cólicos o difuntos; sea como Su Majestad fuere servido, que a todo estoy pronto y resignado. Por la soledad, la noche, el campo y las crujías melancólicas, me paseo sin el menor recelo, y nunca se me han puesto delante aquellas fantasmas que suele levantar en estos sitios la imaginación corrompida o el ocio y el silencio, grandes artífices de estas fábricas de humo y ventolera. Las brujas, las hechiceras, los duendes, los espiritados, y sus relaciones, historias y chistes, me arrullan, me entretienen y me sacan al semblante una burlona risa, en vez de introducirme el miedo y el espanto. Varias veces he proferido en las conversaciones que traigo siempre en mi bolsillo un doblón de a ocho, que en esta era vale más de trescientos reales, para dárselo a quien me quiera hechizar, o regalársele a una bruja, a una espiritada que yo examine, o al que me quisiere meter

en una casa donde habite un duende: me he convidado a vivir en ella sin más premio que el ahorro de los
alquileres; y hasta ahora he pagado las que he vivido,
y discurro que mi doblón me servirá para misas, porque ya creo que me he de morir sin verme hechizado
ni sorbido. Yo me burlo de todas estas especies de
gentes, espíritus y maleficios, pero no las niego absolutamente; las travesuras que he oído a los historiadores crédulos de mi tiempo, todas han salido embustes; yo no he visto nada, y he andado a montería de
brujos, duendes y hechiceros lo más de mi vida. Algo
habrá; sea en hora buena, y haya lo que hubiere; para
que no me coja el miedo, le sobra a mi espíritu la
contemplación de lo raro, lo mentiroso de las noticias
y la esperanza de que no he de ser tan desgraciado que
me toque a mí la mala ventura y el mochuelo; y cuando sea tan infeliz que me pille el golpe de alguna de
las dichas desgracias, me encaramo en mi resignación
católica; y mientras llega el talegazo, me río de todos
los chismes y patrañas que andan en la boca de los
crédulos y medrosos y en la persuasión de algunos que
comercian con este género de drogas. Tengo presente
al Torreblanca, [87] al padre Martín del Río en sus *Desquisiciones mágicas,* [88] y muy en la memoria los actos
de fe que se han celebrado en los santos tribunales de
la Inquisición, en los que regularmente se castigan más
majaderos, tontos y delincuentes en el primer mandamiento de la Ley de Dios, que brujos y hechiceros; y
venero los conjuros con que la Santa Madre Iglesia

[87] *Torreblanca*: Francisco Torreblanca y Villalpando, escritor y
jurisconsulto español discípulo del *Brocense,* m. en 1645. Autor de
*Epitome delictorum in quibus aperta vel occulta invocatio doemonum
intervenit* (Sevilla, 1618), y de *Defensa en favor de los libros católicos de la magia* (Maguncia, 1623).
[88] *Martín del Río,* o Delrío: Teólogo y jesuita n. en Amberes
(1551) y m. en Lovaina (1608), "el milagro de su siglo", según Justo
Lipsio. Su tratado *Disquisitionum magicarum libri sex* (Maguncia,
1593) adquirió inmensa popularidad y fue citado —cuando no saqueado— hasta el siglo XVIII por los autores que trataban de magia.
El propio Diego le debe mucho, particularmente en *El Ermitaño y
Torres.* (Véase el estudio de Mario di Pinto citado en la *Bibliografía
selecta* de esta edición.)

espanta y castiga a los diablos y los espíritus; y todo me sirve para creer algo, disputar poco y no temer nada.

En el gremio de los vivientes no encuentro tampoco espantajo que me asuste. Los jácaros de capotillo [89] y guadejeño, [90] y el suizo con los bigotones, el sable y las pistolas, son hombres con miedo; y el que justamente presumo en ellos me quita a mí el que me pudieran persuadir sus apatuscos, sus armas y sus juramentos. Los mormuradores, los maldicientes y los satíricos, que son los gigantones que aterrorizan los ánimos más constantes, son la chanza, la irrisión y el entretenimiento de mi desengaño y de mi gusto. El mayor mal que éstos pueden hacer es hablar infamemente de la persona y las costumbres; esta diligencia la he hecho yo repetidas veces contra mí y con ellos, y no he conocido la menor molestia en el espíritu, y después de tantas blasfemias, injurias y maldiciones, me ha quedado sana la estimación; tengo, bendito sea Dios, mis piernas y mis brazos enteros y verdaderos; no me han quitado nunca la gana del comer, ni la renta para comprarlo, con que es disparate y necedad acoquinada vivir temiendo a semejantes fantasmones. En la cofradía de los ladrones, que es dilatadísima, hay muchos a quien temer, pero anda regularmente errado el temor, de modo que estamos metidos entre las ladroneras, y tenemos miedo a los lugares en que no hay robos ni a quien robar. En los caminos, en los montes y en los despoblados habita todo nuestro espanto y nuestro miedo, y allí no hay qué hurtar, ni quien hurte. Yo he rodado mucha parte de Francia, todo Portugal, lo más de España, y cada mes paso los puertos de Guadarrama y la Fonfría, y hasta ahora no he tropezado un ladrón. Algunos hurtos veniales suceden en los montes;

[89] *capotillo*: vestido descrito en los diccionarios *s. v. capotillo de dos faldas, o haldas*; Cf. *Quijote*, ed. Rodríguez Marín, Madrid, Atlas, II, p. 335, 20.

[90] S: *guadejeño* (forma registrada por Fontecha, *Glosario*, 181); la ortografía corriente es *guadijeño*.

pero los granados, los sacrílegos y los más copiosos se hacen en las poblaciones ricas, que en ellas están los bienes y los ladrones. Y a los pocos que ruedan los caminos, y a los muchos que trajinan en las ciudades, jamás los temí, porque astrólogo ninguno ha perecido en sus manos, ni hay ejemplar de que se les antoje acometer a gente tan pelona. Finalmente, digo con ingenuidad que no conozco el miedo, y que esta serenidad no es bizarría del corazón, ni atrevimiento del ánimo, [91] sino es desengaño y poca credulidad en las relaciones y en los sucesos, y mucha confianza en Dios, que no permite que los diablos ni los hombres se burlen tan a todo trapo de las criaturas. Los que producen en mi espíritu un temor rabioso, entre susto y asco, enojo y fastidio, son los hipócritas, los avaros, los alguaciles, muchos médicos, algunos letrados y todos los comadrones; [92] siempre que los veo me santiguo, los dejo pasar, y al instante se me pasa el susto y el temor. Con estas individualidades, y las que dejo descubiertas en los sucesos pasados, y las que ocurrirán en adelante, me parece que hago visible el plan de mi genio. Ahora diré brevemente del ingenio, que también es pieza indispensable en esta vida.

Mi ingenio no es malo, porque tiene un mediano discernimiento, mucha malicia, sobrada copia, bastante claridad, mañosa penetración y una aptitud generalmente proporcionada al conocimiento de lo liberal y lo mecánico. Aunque han salido al público tantas obras que pudieran haber demostrado con más fidelidad lo rudo o lo discreto, lo gracioso o lo infeliz de mi ingenio, es rara la que puede dar verdaderas y cumplidas señales de su entereza, de su bondad, de su miseria o de su abundancia, porque todas están escritas sin gusto, con poco asiento, con algún enfado y con precipitación desaliñada. Yo bien sé que alcanzo más y discurro mejor que lo que dejo escrito, y que si mi genio

---

91 S: *bizarría del corazón, sino es desengaño*
92 *comadrones*: Para entender mejor la inquina que Torres les tiene, cf. *Visiones*, I, 8, y *Barca*, p. 84.

hubiera tenido más codicia a los intereses, más estimación a la fama o lo que se dice aura popular, y si mi pobreza no hubiera sido tan porfiada y revoltosa, serían mis papeles más limpios, más doctrinales, más ingeniosos y más apetecibles. Atropelladas salieron siempre mis obras desde mi bufete a las imprentas, y jamás corregí pliego alguno de los que me volvían los impresores, con que todos se pasean rodeados de sus yerros y mis descuidos. Yo los aborrezco, porque los conozco; y si hoy me fuese posible recogerlos, los entregaría gustosamente al fuego, por no dejar en el mundo tantos testigos de mi pereza y de mi ignorancia, y tantas señales de mi locura, altanería y extravagante condición. Sólo me consuela en esta aflicción en que espero morir, la inocencia de mis disparates, pues aunque son soberbios y poderosamente plenarios, parece que no son perjudiciales, cuando la vigilancia del Santo Tribunal y el desvelo de los reales ministros los ha permitido correr por todas partes, sin haber padecido ellos la más pequeña detención, ni yo la más mínima advertencia.[93] Doy gracias a Dios que, habiendo sido tan loco que me arrojé a escribir en las materias más sagradas y más peligrosas, y profesando un facultad que vive tan vecina de las supersticiones, no me despeñaron mis atrevimientos en las desgraciadas honduras de la infidelidad, la ignorancia o el extravío de los preceptos de Dios, de las ordenanzas del rey y de los establecimientos de la política y la naturaleza. Todo lo debo a Su Majestad y al respeto con que he mirado a sus sustitutos en la tierra. Basta de ingenio, y volvamos a atar el hilo de las principales narraciones.[94]

Dejé esta ridícula historia en el lance de la vuelta de Portugal a Salamanca; y prosigo, afirmando que volví menos crédulo y menos obediente a los fáciles e infe-

---

[93] No fue tan clarividente nuestro astrólogo como para adivinar lo que iba a ocurrirle dos meses más tarde con la *Vida natural y católica...*

[94] El mismo Torres subraya así el carácter adventicio de esta primera parte del *trozo III* en la narración de su existencia, interrumpida al final del *trozo II*. Cf. *supra*, nota 76.

lices consejos de la juventud, y más medroso de las
calamidades que se expone a padecer el que se entrega
a los derrumbaderos de su ignorante y antojadiza imaginación. Pasaba en casa de mis padres la vida, escondido y retirado muchas horas, sin padecer resentimiento
alguno en el ánimo, ni con la mudanza a la reciente
quietud, ni con la memoria de mis alegres travesuras.
Insensiblemente me hallé aborreciendo las fatigas de la
ociosidad, y muy mejorado en el uso y descompostura
de las huelgas y las diversiones, porque asistía solamente a los festejos de las personas de distinción y de
juicio, y bailaba en los saraos y concursos que disponía
el motivo honesto y la celebridad prudente, graciosa y
comedida. Ajustaba en ellos mis acciones a una severidad. agradable, de modo que se conociese que mi
asistencia tenía más de civilidad y de política que de
esparcimiento grosero y voluntario. Di en el extraño
delirio de leer en las facultades más desconocidas y
olvidadas, y, arrastrado de esta manía, buscaba en las
librerías más viejas de las comunidades a los autores
rancios de la Filosofía natural, la Crisopeya, la Mágica, la Transmutatoria, la Separatoria, [95] y, finalmente,
paré en la Matemática, estudiando aquellos libros que
viven enteramente desconocidos o que están por su
extravagancia despreciados. Sin director y sin instrumento alguno (de los indispensables en las ciencias matemáticas), lidiando sólo con las dificultades, aprendí
algo de estas útiles y graciosas disciplinas. Las lecciones y tareas a que me sujetó mi destino y mi gusto, las
tomé al revés, porque leí la Astronomía y Astrología,
que son las últimas facultades, sin más razón que haber
sido los primeros librillos que encontré unos tratados
de Astronomía escritos por Andrés de Argolio, [96] y

---

[95] Diferentes ramos de una "ciencia" más o menos oculta, una
de cuya finalidad era el descubrimiento de la piedra filosofal. Diego
expone lo esencial de su saber a este respecto en *El Ermitaño y
Torres* (S VI, pp. 34-81) y en varios folletos de menor importancia.
[96] *Argolio*: Andrés Argoli (1570-1660), matemático italiano que
por su afición a la astrología sufrió muchas persecuciones. Fue
profesor en la universidad de Padua.

otros de Astrología impresos por David Origano.[97] A estos cartapacios, y a las conferencias y conversaciones que tuve con el padre D. Manuel de Herrera, clérigo de San Cayetano y sujeto docto y aficionado a estos artes, debí las escasas luces que aun arden en mi rudo talento, y los relucientes antorchones que hoy me ilustran maestro, doctor y catedrático en Salamanca, cuando menos.[98] A los seis meses de estudio salí haciendo almanaques y pronósticos, y detrás de mí salieron un millón de necios y maldicientes, blasfemando de mi aplicación y de mis obras. Unos decían que las había hecho con la ayuda del diablo; otros, que no valían nada, y los más aseguraban que no podían ser hechuras de un ingenio tan perezoso y escaso como el mío. La coyuntura desgraciada en que salieron a luz mis pronósticos, la brevedad del tiempo en que yo me impuse en su artificio, la ignorancia y el olvido común que se padecía de estas ciencias en el reino, y, sobre todo, la indisposición y el aborrecimiento a los estudios que contemplaban en mí cuantos interiormente me trataban, tenían por increíble mi adelantamiento, por sospechosa mi fatiga y por abominable mi paciencia. Estaban, veinte y cuatro años ha, persuadidos los españoles que el hacer pronósticos, fabricar mapas, erigir figuras y plantar épocas, eran dificultades invencibles, y que sólo en la Italia y en otras naciones estranjeras se reservaban las llaves con que se abrían los secretos arcones de estos graciosos artificios. Estaban, mucho antes que yo viniera al mundo, gobernándose por las mentiras del gran Sarrabal,[99] adorando sus juicios, y, puestos de

97 *Origano*: David Origanus (Tost), astrónomo alemán que vivió de 1558 a 1628, y que publicó *Ephemerides* en 1609.
98 D. Manuel Joseph de Herrera firma en septiembre de 1718 la aprobación del primer almanaque de Torres: *Ramillete de los Astros*, que fue quizá su primera obra impresa. El único ejemplar que conozco se custodia en la Bibl. de la R. A. E. H. (sig. 4-1-9 / 1.471 / 4.°). Sabido es que la colección de los *Extractos de los pronósticos* (S IX y X) empieza sólo con el almanaque de 1725.
99 *Sarrabal*: o *El Gran Piscator Sarrabal*, como se llamaba a sí mismo, astrólogo milanés del siglo XVII. Cf. *Onís*, p. 78 n. y *Visiones*, p. 150. Antonio de Villarroel y Torres, en la lista de las obras

rodillas, esperaban los cuatro pliegos de embustes que se tejían en Milán (con más facilidad que los encajes), como si en ellos les viniera la salud de balde y las conveniencias regaladas. No vivía un hombre en el reino, de los ocultos en las comunidades ni de los patentes en las escuelas públicas, que, como aficionado o como maestro, se dedicase a esta casta de predicciones y sistemas. Todas las cátedras de las universidades estaban vacantes, y se padecía en ellas una infame ignorancia. Una figura geométrica se miraba en este tiempo como las brujerías y las tentaciones de San Antón, y en cada círculo se les antojaba una caldera donde hervían a borbollones los pactos y los comercios con el demonio. Esta rudeza, mis vicios y mis extraordinarias libertades hicieron [100] infelices mis trabajos y aborrecidas con desventura mis primeras tareas.

Para sosegar las voces perniciosas que contra mi aplicación soltaron los desocupados y los envidiosos, y para persuadir la propriedad y buena condición de mis fatigas, pedí a la Universidad la substitución de la cátedra de Matemáticas, que estuvo sin maestro treinta años y sin enseñanza más de ciento y cincuenta; [101] y, concedida, leí y enseñé dos años a bastante número de discípulos. [102] Presidí, al fin de este tiempo, un

impresas de su primo que extiende al principio de *Anatomía de todo lo visible e invisible* (1738), indica lo siguiente: "Diez años hizo el *Sarrabal de Milán* para los Hospitales de Madrid, imitando su estilo. Dos años hizo la traducción de dicho Sarrabal del idioma italiano en el castellano".

100   S: *libertades me hicieron*

101   Esta afirmación parece difícil de admitir, si se considera la lista de los profesores que, desde mediados del XVI hasta principios del XVIII, desempeñaron la cátedra de matemáticas, o de astrología, como también se decía (Cf. Esperabé Arteaga, *Hist. de la Univ. de Sal.*, II, p. 650). En el siglo XVII, hubo sólo una vacancia de 7 años (1640-47), y en el período que nos interesa, vacaba la cátedra desde 1706.

102   Como lo advierte Esperabé Arteaga, Torres incurre en un error: la sustitución "cronológicamente debe ponerse después, pues consta que Torres leyó de extraordinario la cátedra de astrología los cursos de 1718-19 y 1719-20. No sabemos cuándo empezó estas lecturas, pero creemos que sería después de haber incorporado el grado de Bachiller en Artes, que había recibido en la Universidad

acto de conclusiones geométricas, astronómicas y astrológicas, y fue una función y un ejercicio tan raro, que no se encontró la memoria de otro en los monumentos antiguos que se guardan en estas felicísimas escuelas. [103] Dediqué las conclusiones al excelentísimo señor príncipe de Chalamar, duque de Jovenazo, que a esta sazón vivía en Salamanca, gobernando de capitán general las fronteras de Castilla. El concurso fue el más numeroso y lucido que se ha notado, y el ejercicio tuvo los aplausos de solo, las admiraciones de nuevo y las felicidades de no esperado. Con esta diligencia y otros frutos que iban saliendo de mi retiro y de mi estudio, acallé a los ignorantes que se escandalizaron de la brevedad y extrañeza de mi aprovechamiento; pero empezó a revolverse contra mis producciones otra nueva casta de vocingleros de tan poderosos livianos, que hasta ahora no se han cansado de gritar y gruñir, ni yo he podido taparles las bocas con más de cuatro mil resmas de papel que les he tirado a los hocicos. Rompiendo con mis desenfados por medio de sus murmuraciones, sátiras y majaderías, continuaba en escribir papelillos de diferentes argumentos, y en leer los tomos que la casualidad y la solicitud me traía a las manos. Traveseaba con las musas muchas veces, sin que me estorbasen sus retozos la lección de la Teología Moral, la que estudiaba (más por precepto que por inclinación) en los padres salmanticenses y en el compendio del padre Larraga, [104] de los que todavía podré dar algunas señas y bastantes noticias.

---

de Santo Tomás de Ávila, el 2 nov. 1718. La incorporación fue hecha el 7 de citados mes y año" (op. cit., II, p. 670).

103 En el memorial dirigido a Luis I en 1724, Torres había mencionado este bienio con cierta satisfacción: "Dos años leí matemáticas y astronomía, dando en esta cátedra materia por escrito a mis oyentes, explicándoles extraordinario, y al fin de estos dos cursos tuve un acto con mis discípulos (por no haber en aquella universidad ni más profesores ni otros aplicados) en que se dio a conocer la aplicación de todos" (J. de Entrambasaguas, art. cit., p. 407). El Ceremonial explica la manera de celebrarse estos actos (Cap. XIX; cf. Onís, p. 79 n.).

104 Francisco Larraga es autor de un Prontuario de Teología moral que tuvo numerosísimas ediciones (La segunda es de 1709).

Acometióle a mi padre a este tiempo la dichosa vocación de que yo fuese clérigo, y, porque no se le resfriasen los propósitos, solicitó una capellanía en la parroquia de San Martín de Salamanca, cuya renta estaba situada en una casa de la calle de la Rúa, y sobre esta congrua, que eran seiscientos reales al año, recibí, luego que yo cumplí los veinte y uno de mi edad, el orden de subdiácono. [105] En él he descansado, porque después de recibido, paré más a mi consideración sobre las obligaciones en que me metía, los votos y pureza que había de guardar, y los cargos de que había de ser responsable delante de Dios; y atribulado y afligido, me resolví a no recargarme (hasta tener más seguridad y satisfacción de mis talentos) con más oficios que los que abracé con poco examen de mis fuerzas y ninguna reflexión sobre las duraciones de su observancia. Hasta ahora no he sentido en mi alma aquella mansedumbre, devoción, arrebatamiento y candidez que yo imagino que es indispensable en un buen sacerdote. Todavía no me hallo con valor ni con serenidad para ascender al altísimo ministerio, cuyas primeras escalas estoy pisando indignamente, ni tampoco me ha acometido el atrevimiento y la insolencia de meterme a desventurado oficial de misas. He tenido hasta hoy un seso altanero, impórtuno, desidioso y culpablemente desahogado. La vigilancia y la prudencia que contemplo por precisa para conducirse en tan excelente dignidad, ni yo las tengo, ni me atreveré a solicitarla sin tenerlas. Nació también la pereza del ascenso a las demás órdenes de un pleito que me puso un tristísimo codicioso sobre la naturaleza de la congrua con que me había ordenado; y por no lidiar con el susto y con el enojo de andar en los tribunales, siendo el *susodicho* de los procuradores y los escribanos, hice dejación gus-

---

[105] Se ordenó de subdiácono en las Témporas de S. Mateo del año 1715 (Cf. García Boiza, *op. cit.*, p. 41). Este acontecimiento, pues, debe situarse antes del episodio universitario que acaba de relatar.

tosa de la renta. Encargóse del purgatorio el avariento litigante, y yo me quedé con el voto de castidad y el breviario, sin percibir un bodigo del altar. Por estos temores y el de no parar en sacerdote mendicante, tuve por menos peligroso quedarme entretallado [106] entre la Epístola y el Evangelio, que atropellar hasta el sagrado sacerdocio para vivir después más escandalosamente, sin la moderación, el juicio, el recogimiento, decencia y severidad que deben tener los eclesiásticos. [107] Mis enemigos y los maldicientes han cacareado otras causas: el que pudiere probarlas, hágalo mientras yo viva, y discurra y hable lo que quisiere, que por mí tiene licencia y perdón para inquirirlas y propalarlas, que, gracias a Dios, no soy espantadizo de injurias. [108]

Antes de cumplir la edad prescrita por el concilio de Trento para obtener los beneficios curados, hice dos oposiciones a los del obispado de Salamanca. Confieso que la intención fue poco segura, porque no me opuse por devoción ni por la permitida solicitud de las conveniencias temporales, sino por contentar a mi soberbia, desvaneciendo las voces de mis enemigos que publicaban que yo no conocía más facultad que la de hacer malas coplas y peores calendarios, y por obedecer a mis padres, que ya me consideraban beneficiado de una de las mejores aldeas del país. No obstante mi torpe disposición, quiso la piedad de Dios o la caritativa diligencia de los padres examinadores disponer que yo correspondiese en la Teología Moral con satisfacción suya y honor mío, y logré que ambas veces me honrasen con la primera letra. Todavía se refieren como dignas de alguna memoria algunas respuestas

106 *entretallarse*: "Entrar en un sitio estrecho en donde no pueda revolverse de modo que no sea fácil salir" (*Lamano*).
107 Compárese este pasaje con el capítulo de las *Visiones* titulado *Los abates* (III, 1), sobre todo con la p. 210.
108 El libelo más curioso, entre muchos que suscitó la actitud de Torres, es el *Memorial del Dr Dn Diego de Torres al Illmo Sr Obispo de Salamanca, pidiendo el Orden del Evangelio en las Témporas de mayo de 1739*, atribuido al P. Losada (Cf. Uriarte, *Catálogo*, n.° 4232).

mías, porque el ilustrísimo obispo y los padres examinadores, informados de mi buen humor y prontitud,
me hicieron algunas preguntas (después del serio examen), o por probar mi genio, o por divertirse un poco,
y mis precipitaciones fueron la celebridad de muchos
ratos. Remítome a las noticias que duran en los curiosos de mis ridiculeces, porque yo no sé declararlas sin
confusión y sin sonrojo.

Aparecióse en este tiempo en la Universidad de Salamanca la ruidosa pretensión de la alternativa de las
cátedras, y, como novedad extraordinaria y espantosa
en aquellas escuelas, produjo notables alteraciones y tu-
multuosos disturbios entre los profesores, maestros y
escolares de todas las ciencias y doctrinas. [109] Padecieron
muchos el rencor particular de sus valedores, y con
el atraso de sus conveniencias y otros daños desgraciadamente molestos a la quietud y a la reputación. A
mí, por más desvalido, por más mozo o por más inquieto, me tocaron (además de otros disgustos) seis
meses de prisión, padeciendo, por el antojo de un juez
mal informado, los primeros dos meses tristísimamente
en la cárcel, y los otros cuatro con mucha alegría, sobrada comodidad, crecido regalo y provechoso entretenimiento en el convento de San Esteban, del orden
del gloriosísimo Santo Domingo de Guzmán. El motivo
fue haber hecho caso de una necia y mentirosa voz

109 *alternativa de las cátedras*: Sobre esta rivalidad de remotos
orígenes entre jesuitas y dominicos, cf. los *Libros de Claustros* de
1717 (AUS 184); V. de la Fuente, *Hist. de las Univ.*, III, pp. 46-
51; García Boiza, *op. cit.*, pp. 44 y sig. Zanjó el problema un
Real Decreto de 22 de febrero de 1728 (Cf. Esperabé Arteaga,
op. cit., I, pp. 873-875). Seguirá vigente la alternativa hasta que
un decreto de Aranda ordene en 1766 que "cese enteramente el
turno o alternativa y división de escuelas para la provisión de las
cátedras de Filosofía y Teología en todas las universidades, y que
se atienda sólo al mayor mérito y aptitud de los opositores, prece-
diendo concurso abierto al que se admitan indiferentemente los
profesores de todas escuelas, ejecutándose las oposiciones legítima-
mente, con los más formales y rigurosos ejercicios a que debe se-
guirse la justa y arreglada censura en juicio comparativo por los
maestros y jueces, que se destinen al efecto de que pueda proceder
el Consejo con entero conocimiento..." (V. de la Fuente, *Hist. de
las Univ.*, III, pp. 305-306.

(sin poderse descubrir la voraz boca por donde había salido), que me acusaba autor de unas sátiras que se extendieron en varias coplas, y su argumento era herir a los que votaron en favor de la dicha alternativa. En los seis meses de mi prisión se informó el Real Consejo, con exquisita diligencia y madurez, de todos los sucesos de este caso; y después de examinada una gran muchedumbre de testigos, y de un largo reconocimiento de letras y papeles, encontró con la tropelía anticipada del juez, y, con él, la escondida verdad de mi inocencia. Salí por real decreto libre y sin costas, añadiéndome, por piedad o por satisfacción, la honra de que fuese vicerrector de la Universidad todo el tiempo que faltaba hasta la nueva elección, por San Lucas. [110] Así lo practiqué, y hice todos los oficios pertenecientes al rectorado con gusto de pocos y especial congoja y resentimiento de muchos. No quiero descubrir más los secretos de esta aventura, porque viven hoy infinitos interesados, a quienes puede producir algún enojo la dilatada relación de este suceso. [111]

La caudalosa conjuración que corrió contra mí después de este ruidoso caso, y las dificultades que puso

[110] "Torres no fue elegido vicerrector de la universidad en la forma y condiciones fijadas por las constituciones, no obstante lo que dice él mismo en su autobiografía, sino que estando ausente el rector, y habiendo pasado los meses que podía desempeñar sus funciones el vicerrector, el Consejo Real facultó a Torres en noviembre de 1717 para que hiciese funciones de vicerrector, por su calidad de consiliario, en la elección que de rector había de hacerse el día de S. Martín, no el de S. Lucas, como dice Torres; más como el rector elegido no tomó posesión hasta el 27 de nov. de 1717, ejerció hasta esta fecha las funciones de vicerrector. No sabemos si ipso facto cesó también en la consiliaría, pero no pudo durarle mucho más porque el 11 de dic. de aquel mismo año fue elegido nuevo consiliario por la nación de Campos" (Esperabé Arteaga, op. cit., II, p. 670).

[111] La "caudalosa conjuración" misteriosamente evocada tendrá relación con una carta mandada al vicerrector Torres por Luis Curiel, fiscal del Real Consejo, y referente a unas anomalías en la provisión de las cátedras; "como eran principalmente los civilistas y canonistas los que tenían que ser tratados con mano dura por Torres, pudiera ocurrir que el cumplimiento de esta carta tuviese algo que ver con aquella conjura" (Esperabé Arteaga, op. cit., II, p. 670).

a mis conveniencias la astucia revoltosa de los que ponderaban con demasiada fuerza los ímpetus de mi mocedad y los disculpables verdores de mi espíritu, me hicieron segunda vez insolente, libre y desvergonzado, en vez de darme conformidad, sufrimiento, temor y enmienda venturosa. Enojado con aspereza de las imprudentes correcciones, del odio mal fingido y de las perniciosas amenazas de aquellos repotentes varones, que se sueñan con facultades para atajar y destruir las venturas de los pretendientes, di en el mal propósito de burlarme de su respeto, de reírme de sus promesas y de abandonar sus esperanzas. Di, finalmente, en la extrema locura de fiar de mí, y aburrir a éstas y a toda especie de personas. Volvíme loco rematado y festivo, pero nada perjudicial, porque nunca me acometió más furia que la manía de zumbarme[112] de la severidad que afectaban unos, de la presunción con que vivían otros, y de los poderes y estimaciones con que sostienen muchos las reverencias que no merecen. Neguéme a la solicitud de los beneficios, capellanías y asistencias, por no pasar por las importunidades y sonrojos de las pretensiones; derrenegué de las cátedras y los grados, y absolutamente de todo empleo, sujeción y destino, deliberado a vivir y comer de las resultas de mis miserables tareas y trabajos. Los despropósitos y necedades que haría un mozo zumbón, de achacoso seso, desembarazado, robusto, sin miedo ni vergüenza, y sin ansia a pedir ni a pretender, se las puede pintar el que va leyendo; porque yo contemplo algunos peligros en las individuales relaciones, además de que ya se me han escapado de la memoria los raros lances de aquella alegre temporada. Ahora me acuerdo que, saliendo una tarde del general de Teología, abochornado de argüir, un reverendo padre y doctor a quien yo miraba con algún enfado, porque era el que menos motivo tenía para ser mi desafecto, le dije: "Y bien, reverendísimo, ¿es ya *lumen gloriæ tota ratio*

---

112   S: *la manía de reírme y de zumbarme*

agendi, o no? ¿Dejaron decidida las patadas y las voces esa viejísima cuestión?" [113] "Vaya noramala (me respondió), que es un loco". "Todos somos locos (acudí yo), reverendísimo: los unos por adentro y los otros por afuera. A vuestra reverendísima le ha tocado ser loco por la parte de adentro, y a mí por la de afuera; y sólo nos diferenciamos en que vuestra reverendísima

[113] F. de Onís indica (p. 84 n.) que esta cuestión es la de la gracia, el libre albedrío y la predestinación. Pero A. Pérez Goyena no está de acuerdo con él: "La proposición *an lumen gloriae (sit) tota ratio agendi* no concierne a la cuestión de la conciliación de la gracia y libre albedrío que dividió a dominicos y jesuitas; ni solamente éstos sino también aquéllos tratan de armonizar gracia y libertad, aunque se valen de otro método, del de la predeterminación física" (*Estudios recientes sobre el D* D. D. de T. V., en *Razón y Fe,* XXXV, 1913, p. 204).

El P. Don Juan Luis Cortina, s. j., de la Universidad de Deusto, con quien consulté sobre este punto de teología, coincide con A. Pérez Goyena, y tiene la gentileza de mandarme las aclaraciones siguientes: "El tema aducido por T. V. se refiere a la situación de los bienaventurados en la otra vida; concretamente, se trata de explicar el modo cómo los bienaventurados, revestidos por el don sobrenatural del *Lumen gloriae,* conocerán a Dios, y consiguientemente vivirán su vida en el cielo. Esta es una aguda cuestión escolástica, llena de sutilezas, y éste es el sentido de la pregunta de Torres. En efecto entre los Escolásticos se dan dos posiciones fundamentales, con una larga serie de matices:

1) La primera es la de aquellos que dicen que para conocer a Dios, es decir *tota ratio agendi* del bienaventurado, no hace falta nada más que el *Lumen gloriae,* con exclusión de todo medio objetivo y subjetivo o formal (Véase el comentario a la *Suma Teológica, Tratado de la Bienaventuranza y de los Actos Humanos,* 1-2, q. 1-21, versión e introducción del Padre Fr. Teófilo Urdánuz, BAC, tomo 126, p. 162). Esta es la sentencia de los Tomistas, en general.

2) La otra sentencia, defendida, entre otros, por el P. Francisco Suárez, s. j., sostiene que para realizar la visión beatífica, es decir para la *ratio agendi* del bienaventurado, no es suficiente el *Lumen gloriae,* sino que además de éste, hace falta un complemento en el entendimiento del bienaventurado, a modo de *especie* intelectual, para poder conocer y subsiguientemente amar a Dios. Suárez trata repetidas veces el tema del *Lumen gloriae,* como lo demuestra el índice de sus obras (*A lumine gloriae non est tota efficientia; Lumen gloriae non est totale principium visionis,* y otras sentencias parecidas); una vez aborda el tema casi con las mismas palabras que Torres: *An habitus infusus* (es decir el *Lumen gloriae*) *sit tota ratio próxima et per se efficiendi actum infusum* (*Opera omnia,* París, 1878, tomo IX, VI-5)". En vista de este comentario del P. Cortina, parece que la pregunta burlona al "reverendísimo" se inserta bien en el contexto, con su referencia implícita a una de las discrepancias que dividían a jesuitas y dominicos.

es maniático triste y mesurado, y yo soy delirante de gresca y tararira". [114] Volvió a reprehender con prisa y con enojo mi descompostura; y mientras su reverendísima se desgañitaba con desentonados gritos, estaba yo anudando en los pulgares unas castañuelas con bastante disimulo, debajo de mi roto manteo; y sin hablarle palabra, lo empecé a bailar, soltando en torno de él una alegrísima furia de pernadas. Fuimos disparados bastante trecho: él, menudeando la gritería con rabiosas circunspecciones, y yo, deshaciéndome en mudanzas y castañetazos, hasta que se acorraló en otro general de las escuelas menores, que por casualidad encontró abierto. Allí lo dejé aburrido y escandalizado, y yo marché con mi locura a cuestas a pensar en otros delirios, en los que (por algunos meses) anduve ejercitado y ejercitando a todos la paciencia.

De esta burlona casta eran las travesuras con que me entretenía y me vengaba del aborrecimiento y entereza de mis enemigos; y ya cansado de ser loco, y lo principal, afligido de ver a mis padres en desdichada miseria y acongojados con la poca esperanza de la corrección de mi indómito juicio y mis malas costumbres, determiné dejar para siempre a Salamanca, y buscar en Madrid mejor opinión, más quietud y el remedio para la pobreza de mi casa. Omito referir la fundación y extravagancias del Colegio del Cuerno, por-

---

114 Muy precisa reminiscencia de un capítulo de *Recetas de Torres añadidas a los remedios de cualquier fortuna y a las desdichas que consolaron Lucio Aneo Séneca, D. Francisco de Quevedo y D. Francisco Arias Carrillo* (1728), revelador, además, de la actitud de Torres frente a la ciencia: "¿Puede haber mayor casta de locura que la de gritar, emperrarse, ofenderse, destruir la salud y desperdiciar la vida por averiguar los secretos que quiere Dios que estén escondidos a los hombres? Pues esto lo hacen con furia, y con soberbia, y con vanidad incorregible los físicos, teólogos, médicos, astrólogos y letrados, y todos los que pasan en el mundo plaza de cuerdos estudiantes y de oráculos. [...] Yo tengo por loco más perjudicial y más vano al melancólico que al festivo, y de esta opinión tengo muchos compañeros. No nos diferenciamos en otra cosa si no es que yo soy loco por la parte de afuera, y tú por la parte de adentro; yo soy loco saltarín, y tú loco pesado y perezoso; yo soy loco claro, y tú lo eres de perversa intención" (S III, pp. 313-314).

que no son para puestas al público tales locuras. Sólo diré que esta ridícula travesura dio que reír en Salamanca y fuera de ella, porque los colegiales eran diez o doce mozos escogidos, ingeniosos, traviesos y dedicados a toda huelga y habilidad. Los estatutos de esta agudísima congregación están impresos. El que los pueda descubrir tendrá que admirar, porque sus ordenanzas, aunque poco prudentes, son útiles, entretenidas y graciosas. [115] Hoy viven todavía dos colegiales que después lo fueron mayores, y hoy son sabios, astutos y desinteresados ministros del rey; otro está siendo ejemplar de virtud en una de las cartujas de España; otro pasó al Japón con la ropa de la compañía de Jesús; seis han muerto dichosamente corregidos, y yo sólo he quedado por único índice de aquella locura, casi tan loco y delincuente como en aquellos disculpables años. Omito también las narraciones de otros enredos y delirios, porque para su extensión se necesitan largos tomos y crecida fecundidad, y paso a referir que dejé a mi patria, saliendo de ella sin más equipajes que un vestido decente y sin más tren que un borrico que me alquiló por pocos cuartos un harriero de Negrilla. [116] Entré en Madrid, y, como en pueblo que había ya conocido otra vez, no tuve que preguntar por la posada de los que llevan poco dinero. Acomodéme los tres o cuatro días primeros entre las jalmas del borrico en el mesón de la Media Luna de la calle de

---

115 Esta tardía y apresurada alusión al *Colegio del Cuerno* corresponde en la realidad al período pasado en el Trilingüe, y precede inmediatamente al viaje —¿la huida?— a Portugal (Cf. Introducción, p. 11). El P. Cayetano Faylde tocó muy ligeramente este episodio: "No me es lícito individuar más la materia, ni descender a las particularidades que aún hoy reservan algunos que acaso fueron sus compañeros, principalmente en la fundación que intentó de un nuevo colegio. Él mismo, que fue autor de estas cosas, quiso que se ocultasen. Y yo que, viviendo nuestro catedrático, no me conformé alguna vez con su dictamen, ahora estoy resuelto enteramente a seguirle" (*Oración fúnebre*, p. 41).

116 *Negrilla*: Será uno de los dos pueblos que se llaman *Negrilla de Palencia* y *Palencia de Negrilla*, tan cercanos topográfica como onomásticamente, situados a unos 20 kilómetros al norte de Salamanca.

Alcalá, que fue el paradero de mi conductor; y, en este tiempo, hice las diligencias de encontrar casa, y planté mi rancho en el escondite de uno de los casarones de la calle de la Paloma. Alquilé media cama, compré un candelero de barro y una vela de sebo que me duró más de seis meses, porque las más noches me acostaba a escuras, y la vez que la encendía me alumbraba tan brevemente, que más parecía luz de relámpago que iluminación de artificial candela. Añadí a estos ajuares un puchero de Alcorcón y un cántaro que llenaba de agua entre gallos y media noche en la fuente más vecina, y un par de cuencas, que las arrebañaba con tal detención la vez que comía, que jamás fue necesario lavarlas; y éste era todo mi vasar, porque las demás diligencias las hacía a pulso y en el primer rincón donde me agarraba la necesidad. No obstante esta desdichada miseria, vivía con algún aseo y limpieza, porque en un pilón común que tenía la casa para los demás vecinos, lavaba de cuatro en cuatro días la camisa, y me plantaba en la calle tan remilgado y sacudido, que me equivocaban con los que tenían dos mil ducados de renta. Padecí (bendito sea Dios) unas horribles hambres, tanto, que alguna vez me desmayó la flaqueza; y me tenía tan corrido y acobardado la necesidad, que nunca me atreví a ponerme delante de quien pudiese remediar los ansiones [117] de mi estómago. Huía a las horas del comer y del cenar de las casas en donde tenía ganado el conocimiento y granjeada la estimación, porque concebía que era ignominia escandalosa ponerme hambriento delante de sus mesas. Yo no sé si esto era soberbia u honradez; lo que puedo asegurar es que, de honrado o de soberbio, me vi muchas veces en los brazos de la muerte. [118]

117 *ansión*: 'tristeza, nostalgia', dice Lamano, que añade: "Torres Villarroel emplea este vocablo en su *Vida*, aunque no siempre con la significación equivalente a nostalgia"; y en efecto, aquí como *infra*, p. 179, la palabra puede tener un sentido próximo a 'anhelo, grito', o ser quizá un aumentativo germanesco sinónimo de 'tormento'.
118 Este período sombrío fue evocado ya en las *Visiones*, II, 6, p. 149.

Una de las primeras habitaciones, y la de mi mayor confianza y veneración, que traté en Madrid, fue la de Don Bartolomé Barbán de Castro, hoy Contador Mayor de Millones. [119] En ésta hacían una tertulia virtuosa y alegre los criados del excelentísimo señor duque de Veragua y otros prudentes y devotos sujetos, de los que fui tomando la doctrina de aborrecer el mal hábito de mis locuras y desenfados. Aseguraba en esta casa, en el agasajo de la tarde, la jícara de chocolate, y me servía de alimento de todo el día; y con este socorro y el que hallé después en casa de Don Agustín González, médico de la real familia, que fue el desayuno de la mañana, pasé algún tiempo, sin especial molestia, las rabiosas escaseces en que me había puesto mi maldita temeridad. Aconsejóme este famoso físico, viéndome vago y sin ocupación alguna, que estudiase medicina; y condescendiendo a su cariñoso aviso, madrugaba a estudiar y a comer en su casa, porque a la mía el pan y los libros se asomaban muy pocas veces. Estudié las definiciones médicas, los signos, causas y pronósticos de las enfermedades, según las pinta el sistema antiguo, por un compendio del Dr. Cristóbal de Herrera. Parlaba de las especulaciones que leía con mi maestro; y desde su boca, después que recogía en la conferencia lo más escogido de su explicación, partía al hospital y buscaba en las camas el enfermo sobre quien había recargado aquel día mi estudio y su cuidado. De este modo, y conduciendo, de caritativo o de curioso, el barreñón de sangrar de cama en cama, y observando los gestos de los dolientes, salí médico en treinta días, que tanto tarde en poner en mi memoria todo el arte del señor Cristóbal. [120] Leí por Francisco

119 *Millones*: "Se llama comúnmente un servicio que los reinos tienen concedido al rey, situado sobre los consumos de las seis especies: vino, vinagre, aceite, carne, jabón y velas de sebo, el cual se renueva de seis en seis años. Llamóse así por la regulación que se hizo de poder producir cierta cantidad de millones de ducados" (*Aut.*).

120 *el señor Cristóbal*: Cristóbal Pérez de Herrera, médico español n. en Salamanca en 1558. Fue médico de Felipe III después de haberlo sido de Felipe II, según Nicolás Antonio. (Véase Luis

Cypeio [121] el sistema reciente, y creo que lo penetré con más facilidad que los doctores que se llaman modernos, porque para la inteligencia de esta pintura es indispensable un conocimiento práctico de la Geometría y de sus figuras, y ésta la ignoran todos los médicos de España. Llámanse modernos entre los ignorantes, y han podido persuadir que conocen el semblante de esta ingeniosidad, sin más diligencia que trasladar el recetario de los autores nuevos. El que pensare que escribo sin justicia, hable o escriba, que yo le demostraré esta innegable verdad. El saber yo la medicina y haberme hecho cargo de sus obligaciones, poco fruto y mucha falibilidad, me asustó tanto, que hice promesa a Dios de no practicarla, si no es en los lances de la necesidad, y en los casos que juré cuando recibí el grado y el examen. Sólo profesan la medicina los que no la conocen ni la saben, o los que hacen ganancia y mercancía de sus récipes. Esto parece sátira, y es verdad tan acreditada que tiene por testigos a todos, y los mismos que comen de esta dichosa y facilísima ciencia. Con los socorros diarios de estas dos casas, y con la amistad de un bordador que me permitía bordar en su obrador gorros, chinelas y otras baratijas que se despachaban a los primeros precios en una tienda portátil de la Puerta del Sol, vivía mal comido, pero juntaba para calzar un par de zapatos y ponerme unos decentes calzones y alguna chupa sacada del portal del mercader. Entre las amistades de este tiempo, gané la piedad de Don Jacobo de Flon, el que se inclinó a mí con el motivo de hablarme y verme ejercitar algunas habilidades en una concurrencia donde, por casualidad, nos juntamos. Ofrecióme su poder; y agradecido y de-

---

S. Granjel, "Vida y obra del Dr. C. P. de H." en *Médicos españoles*, Salamanca, 1967, pp. 41-64.) En estas líneas, Torres describe los requisitos que debía cumplir el recién graduado para examinarse segunda vez ante los médicos del Protomedicato (Cf. *Barca*, p. 388, nota 58).

[121] *Francisco Cypeio*: Supongo que es el nombre estropeado del botánico italiano Francesco Cupani (1657-1711).

seoso de que mis padres tuviesen por mi mano algún
alivio en sus repetidas desgracias, le rogué que se acor-
dase de ellos y que no se lastimase de mis miserias,
que yo era mozo y podía resistir los ceños de la fortuna, y que la vejez de los que me criaron no tenía
armas con que contrarrestar sus impiedades. Movido de
la lástima y de mis honradas súplicas, me dio la patente de visitador del tabaco de Salamanca, que dejo
dicha en el resumen de la vida de mi padre, y en ella,
todos mis consuelos, descuidos y venturas. [122]

Ya mi inconstancia me traía con la imaginación in-
quieta y cavilosa, trazando artificios para buscar nuevas
tareas, entretenimientos y destino. Pensaba unas veces
en retirarme de la corte a ver mundo, otras en meterme
fraile y algunas en volverme a mi casa. Revolvióme
los cascos y puso a mi cabeza de peor condición la
compañía de un clérigo burgalés, tan buen sacerdote
que empleaba los ratos ociosos en introducir tabaco,
azúcar y otros géneros prohibidos; y oliendo éste que
mi docilidad estaría pronta para seguir sus riesgos, aventuras y despropósitos, me aconsejó que lo acompañase
a sus ociosidades y entretenimientos, ofreciendo que me
daría una mitad de las ganancias, y para salir de Madrid, armas, caballo y capotillo. Yo, sin pararme en
considerar el extravío, el riesgo y el fin, le solté la
palabra de seguirle, ayudarle y exponer mi vida a las
inclemencias, rigores y tropelías que forzosamente se
siguen a tan estragado despeño. La misericordia de
Dios, que la usa con los más rebeldes a sus avisos,
estorbó tan infame determinación, apartando mi vida
de los insolentes riesgos en que la quiso poner mi loco
despecho y maldita docilidad. Por el medio más raro
y estupendo que es imaginable, me libró Su Majestad
de las galeras, de un balazo, de la cárcel perpetua, del
presidio o del castillo de San Antón, [123] adonde fue a
parar mi devoto burgalés. ¡Bendita sea su benignidad

---

[122] Cf. *supra*, nota 25.
[123] *Castillo de San Antón*: prisión situada en Cartagena.

y su paciencia! Escribirélo con la brevedad posible,
porque es el caso menos impertinente de esta historia.

Ya estaba yo puesto de jácaro, vestido de baladrón
y reventando de ganchoso, esperando con necias ansias
el día en que había de partir con mi clérigo contrabandista a la solicitud de unas galeras o en la horca,
en vez de unos talegos de tabaco, que (según me dijo)
habíamos' de transportar desde Burgos a Madrid, sin
licencia del rey, sus celadores ni ministros; y una tarde
muy cercana al día de nuestra delincuente resolución,
encontré en la calle de Atocha a Don Julián Casquero,
capellán de la excelentísima señora condesa de los
Arcos. Venía éste en busca mía, sin color en el rostro,
poseído del espanto y lleno de una horrorosa cobardía.
Estaba el hombre tan trémulo, tan pajizo y tan arrebatado como si se le hubiera aparecido alguna cosa
sobrenatural. Balbuciente y con las voces lánguidas y
rotas, en ademán de enfermo que habla con el frío de
la calentura, me dio a entender que me venía buscando
para que aquella noche acompañase a la señora condesa, que yacía horriblemente atribulada con la novedad de un tremendo y extraño ruido que tres noches
antes había resonado en todos los centros y extremida-
des de las piezas de la casa. Ponderóme el tristísimo
pavor que padecían todas las criadas y criados, y añadió que su ama tendría mucho consuelo y serenidad en
verme y en que la acompañase en aquella insoportable
confusión y tumultuosa angustia. Prometí ir a besar sus
pies, sumamente alegre, porque el padecer yo el miedo
y la turbación era dudoso, y de cierto aseguraba una
buena cena aquella noche. Llegó la hora, fui a la casa,
entráronme hasta el gabinete de su excelencia, en donde
la hallé afligida, pavorosa y rodeada de sus asistentas,
todas tan pálidas, inmobles y mudas, que parecían estatuas. Procuré apartar, con la rudeza y desenfado de
mis expresiones, el asombro que se les había metido
en el espíritu; ofrecí rondar los escondites más ocultos,
y, con mi ingenuidad y mis promesas, quedaron sus
corazones más tratables. Yo cené con sabroso apetito

a las diez de la noche, y a esta hora empezaron los lacayos a sacar las camas de las habitaciones de los criados, las que tendían en un salón, donde se acostaba todo el montón de familiares, para sufrir sin tanto horror, con los alivios de la sociedad, el ignorado ruido que esperaban. Capitulóse[124] a bulto entre los tímidos y los inocentes a este rumor por juego, locura y ejercicio de duende, sin más causa que haber dado la manía, la precipitación o el antojo de la vulgaridad este nombre a todos los estrépitos nocturnos. Apiñaron en el salón catorce camas, en las que se fueron mal metiendo personas de ambos sexos y de todos estados. Cada una se fue desnudando y haciendo sus menesteres indispensables con el recato, decencia y silencio más posible. Yo me apoderé de una silla, puse a mi lado una hacha de cuatro mechas y un espadón cargado de orín, y, sin acordarme de cosa de esta vida ni de la otra, empecé a dormir con admirable serenidad. A la una de la noche resonó con bastante sentimiento el enfadoso ruido, gritaron los que estaban empanados en el pastelón de la pieza;[125] desperté con prontitud y oí unos golpes vagos, turbios y de dificultoso examen en diferentes sitios de la casa. Subí, favorecido de mi luz y de mi espadón, a los desvanes y azoteas, y no encontré fantasma, esperezo[126] ni bulto de cosa racional. Volvieron a mecerse y repetirse los porrazos; yo torné a examinar el paraje donde presumí que podían tener su origen, y tampoco pude descubrir la causa, el nacimiento ni el actor. Continuaba, de cuarto en cuarto de hora, el descomunal estruendo, y, en esta

124 *capitular*: 'considerar, tener (por)'. Cf. *supra*, nota 69.
125 S: *de la pieza; yo desperté*
126 *esperezo*: Curioso es el empleo de esta palabra en un contexto como éste. ¿Quizá se refiera a algo intermediario entre un fantasma y una cosa racional, y tenga el sentido de 'cosa soñada, o vista entre sueños'? Sea lo que fuere, es una palabra que Torres usa con cierta frecuencia tal vez bajo la influencia de Francisco Santos (uno de sus autores predilectos) que dividió una obra suya, *El vivo y el difunto*, en doce *esperezos*: "cada 'esperezo' de esta obra es una historieta moral contada después de un ensueño" (José Sánchez, "Nombres que reemplazan a 'capítulo' en libros antiguos", en *Hispanic Review*, XI, april 1943, p. 155).

alternativa, duró hasta las tres y media de la mañana.
Once días estuvimos escuchando y padeciendo a las
mismas horas los tristes y tonitruosos golpes; y, cansada su excelencia de sufrir el ruido, la descomodidad
y la vigilia, trató de esconderse en el primer rincón
que encontrase vacío, aunque no fuese abonado a su
persona, grandeza y familia dilatada. Mandó adelantar
en vivas diligencias su deliberación, y sus criados se
pusieron en una precipitada obediencia, ya de reverentes, ya de horrorizados con el suceso de la última noche,
que fue el que diré.

Al prolijo llamamiento y burlona repetición de unos
pequeños y alternados golpecillos, que sonaban sobre
el techo del salón donde estaba la tropa de los atur-
didos, subí yo, como lo hacía siempre, ya sin la espada, porque me desengañó la porfía de mis inquisi-
ciones que no podía ser viviente racional el artífice de
aquella espantosa inquietud; y al llegar a una crujía,
que era cuartel de toda la chusma de librea, me apa-
garon el hacha, sin dejar en alguno de los cuatro pábilos una morceña [127] de luz, faltando también en el
mismo instante otras dos que alumbraban en unas lam-
parillas en los extremos de la dilatada habitación. Re-
tumbaron, inmediatamente que quedé en la obscuridad,
cuatro golpes tan tremendos que me dejó sordo, asom-
brado y fuera de mí lo irregular y desentonado de su
ruido. En las piezas de abajo, correspondientes a la
crujía, se desprendieron en este punto seis cuadros de
grande y pesada magnitud, cuya historia era la vida
de los siete infantes de Lara, dejando en sus lugares
las dos argollas de arriba y las dos escarpias de abajo,
en que estaban pendientes y sostenidos. Inmóvil y sin
uso en la lengua, me tiré al suelo, y, ganando en cuatro
pies las distancias, después de largos rodeos, pude atinar
con la escalera. Levanté mi figura, y, aunque poseído
del horror, me quedó la advertencia para bajar a un
patio, y en su fuente me chapucé, y recobré algún

---

[127] *morceña*: forma dialectal salamantina de *morcella* (*Lamano*).

poco del sobresalto y el temor. Entré en la sala, vi a todos los contenidos en su hojaldre abrazados unos con otros y creyendo que les había llegado la hora de su muerte. Supliqué a la excelentísima que no me mandase volver a la solicitud necia de tan escondido portento, que ya no era buscar desengaños, sino desesperaciones. Así me lo concedió su excelencia, y al día siguiente nos mudamos a una casa de la calle del Pez, desde la de Foncarral, en donde sucedió esta rara, inaveriguable y verdadera historia. [128] Dejo de referir, ya los preciosos chistes y los risibles sustos que pasaron entre los medrosos del salón, y ya las agudezas y las gracias que sobre los asuntos del espanto y la descomodidad se le ofrecieron a Don Eugenio Gerardo Lobo, [129] que era uno de los encamados en aquel hospital del aturdimiento y el espanto; y paso a decir que su excelencia y su caritativa y afable familia se agradaron tanto de mi prontitud, humildad y buen modo (fingido o verdadero), que me obligaron a quedar en casa, ofreciéndome su excelencia la comida, el vestido, la posada, la libertad y, lo más apreciable, las honras y los intereses de su protección. Acepté tan venturoso partido, y al punto partí a rogar a mi clérigo contrabandista que me soltase la palabra que le había dado de ser compañero en sus peligrosas aventuras, porque me prometía

---

[128] De este episodio célebre, dio Torres un boceto en *Anatomía de todo lo visible e invisible* (1738):

"¿Pues V. md. bien puede hablar por experiencia de los tales duendes? dijo uno. Es cierto, respondí, y puedo asegurar que quince noches me tuvo en vela y desasosegado un ruido horroroso que oí en una casa en Madrid por el año de 1724, tan fuera del orden natural como derribarse los cuadros sin caer el clavo ni la argolla; abrirse las puertas, estando cerradas con llaves y cerrojos; rodar los platos sin romperse; y, últimamente, moverse un viento, cerradas las puertas y ventanas, tan furioso que apagaba las hachas de cuatro pábilos, día quince de agosto de dicho año.

De esto son testigos la Excma. Señora condesa de los Arcos, moradora que fue de tal casa, y veinte criados que se quedaban acompañando a su Excelencia. No nombro la casa, porque no pierda el dueño sus alquileres" (S I, p. 239 a).

[129] *Eugenio Gerardo Lobo* (1679-1750), apodado "el capitán coplero" por sus contemporáneos. El tomo LXI de la B. A. E. incluye unas obras poéticas suyas.

más seguridad esta conveniencia, más honor y más duraciones, que las de sus fatales derrumbaderos. Consintió pesaroso a mi instancia; él se fue a sus desdichados viajes, y, en uno de ellos, lo agarró una ronda que le puso el cuerpo por muchos años en el castillo de San Antón; yo me quedé en la casa de esta señora, quieto, honrado, seguro y dando mil gracias a Dios que, por el ridículo instrumento de este duende o fantasma o nada, me entresacó de la melancólica miseria y de las desventuradas imaginaciones en que tenía atollado el cuerpo y el espíritu. Estuve en esta casa dos años, hasta que su excelencia casó con el excelentísimo señor don Vicente Guzmán, y fue a vivir a Colmenar de Oreja. Yo pasé a la del señor marqués de Almarza, con el mismo hospedaje, la misma estimación y comodidad, y en estas dos casas me hospedé solamente, después que me echó el duende del angustiado casarón de la calle de la Paloma. Vivía entretenido y retirado, leyendo las materias que se me proporcionaban al humor y al gusto, y escribía algunos papelillos, que se los tiraba al público, para ir reconociendo la buena o mala cara con que los recibía.

Pasaron por mí estos y otros sucesos (que es preciso callar) por el año de mil setecientos y veinte y tres y veinte y cuatro y, habiendo puesto, en el pronóstico de éste, la nunca bien llorada muerte de Luis Primero, quedé acreditado de astrólogo de los que no me conocían y de los que no creyeron y blasfemaron de mis almanaques. Padeció esta prolación la enemistad de muchos majaderos, ignorantes de las lícitas y prudentes conjeturas de estos prácticos y prodigiosos artificios y observaciones de la filosofía, astrología y medicina. Unos quisieron hacer delincuente al pronóstico, e infame y mal intencionado al autor; otros voceaban que fue casualidad lo que era ciencia, y antojo voluntario lo que fue sospecha juiciosa y temor amoroso y reverente; y el que mejor discurría, dijo que la predicción se había alcanzado por arte del demonio.[130] Salieron papelones contra mí, y entre la turba se entremetió el médico Martín Martínez, con su *Juicio final de la Astrología*,[131] haciendo protector de su escrito al excelentísimo señor marqués de Santa Cruz. Yo respondí con las *Conclusiones a Martín*, dedicadas al mismo excelentísimo señor, y otros papeles que andan impresos en mis obras;[132] y quedó, si no satisfecho, con muchas señales de arrepentido. Serenóse la conjuración, despreció el vulgo las necias e insolentes sátiras, y salí de las uñas de los maldicientes sin el menor araño en un asunto tan triste, reverente y expuesto a una tropelía

130 Desgraciadamente desapareció el famoso almanaque, y Torres no lo recoge en *Extractos de los pronósticos*, cuya serie empieza en 1725. El "rey silueta" murió el 31 de agosto de 1724.

131 *El Juicio Final de la Astrología en defensa del Teatro Crítico Universal, dividido en tres discursos. Discurso primero: Que la astrología es vana y ridícula en lo natural. Discurso segundo: Que la astrología es falsa y peligrosa en lo moral. Discurso tercero: Que la astrología es inútil y perjudicial en lo político*, Madrid, Imp. Real, y Sevilla, D. López de Haro.

El autor escribe: "Poco ha, se creía que la muerte de nuestro amado Luis Primero estaba escrita en las estrellas y pronosticada mucho antes en el Piscator. Yo lo oí algunas veces a gente de estofa, y aun me reía de la jactancia con que el famoso vaticinador se alaba en otra parte de su buen tino. ¡O execrable credulidad, más propia de un país de bárbaros que de prudentes y eruditos!" (ed. Sevilla, p. 5). Sobre la personalidad y la obra del médico escéptico M. Martínez, amigo y defensor de Feijoo, cf. Luis S. Granjel, "El pensamiento médico de Martín Martínez", en *Archivos Iberoamericanos de Historia de la Medicina*, Madrid, IV (1952), pp. 41-78.

132 *Conclusiones de Torres a Martín en respuesta de su Juicio Final*, Salamanca, Imp. de la Santa Cruz, 1727 (Cf. Feijoo, *Obras*, ed. Millares Carlo, *Clás. Cast.* XLVIII, p. 65, n.º 60). La Hispanic Society of America conserva un manuscrito autógrafo de las *Conclusiones* (en *Obras varias*, sig. MS.HC- 380/643; cf. *Barca*, p. 441). Este libelo no fue recogido en las *Obras completas* de 1752. También replicó Torres a su adversario con otro opúsculo: *Entierro del Juicio Final y vivificación de la Astrología, herida con tres llagas en lo natural, moral y político. Parche primero: La astrología es buena y cierta en lo natural. Parche segundo: La astrología es verdadera y segura en lo moral. Parche tercero: La astrología es útil y provechosa en lo político* (S X, pp. 136-191). Sobre la controversia astrológica de los años 1726-28, cf. el estudio preliminar de Millares Carlo (*Clás. Cast.*, XLVIII), y Luis S. Granjel: *La medicina y los médicos en las obras de T. V.* (v. Bibl. selecta); "Panorama de la medicina española durante el siglo XVIII", en *Revista de la Universidad de Madrid*, IX, n.º 35, pp. 675-702.

rigurosa. Quedamos asidos de las melenas Martín y
yo; y desasiéndome de sus garras, salí con la determinación de visitar sus enfermos y escribir cada semana
para las gacetas la historia de sus difuntos. Viose perdido, considerando mi desahogo, mi razón y la facilidad
con que impresionaría al público de los errores de su
práctica, en la que le iba la honra y la comida. Echóme
empeños, pidió perdones; yo cedí, y quedamos amigos.

Vino a esta sazón a ser presidente del Real Consejo
de Castilla el ilustrísimo señor Herrera, obispo de Sigüenza; y aficionado a la soltura de mis papeles y a
lo extraño de mi estudio, o lastimado de mi ociosidad
y de lo peligroso de mis esparcimientos, mandó que
me llevasen a su casa, y, en tono de premio, de cariño
y ordenanza, me impuso el precepto de que me retirase
a mi país a leer a las cátedras de la Universidad, y
que volviese a tomar el honrado camino de los estudios. Díjome que parecía mal un hombre ingenioso en
la corte, libre, sin destino, carrera ni empleo, y sin otra
ocupación que la peligrosa de escribir inutilidades y
burlas para emborrachar al vulgo. Predicóme un poco,
poniéndome a la vista su desagrado y mi perdición, y
me remató la plática con el pronóstico de una ruin
y desconsolada vejez, si llegaba a ella; porque la fama,
la salud y el buen humor se cansarían; y, a buen
librar, me quedaba sin más arrimos que una muleta
y una mala capa, expuesto a los muchos rubores y escaso alivio que produce la limosna. Medroso a su
poder, asustado del posible paradero en una mala ventura y resentido de perder la alegre y licenciosa vida
de la corte, prometí la restitución a mi patria y opo-
nerme a cualquiera de las siete cátedras raras, que
entonces estaban todas vacantes, por hallarme sin medios ni modo para seguir las eternas oposiciones de las
otras. [133] Diome muchas gracias, muchas honras y mu-

---

[133] Las *siete cátedras raras* eran "dos de Humanidades, la de
Prima de Gramática y la de Retórica; la de Lengua Hebrea; la
de Lengua Griega; la de Matemáticas o Astrología; la de Música,
y en algún concepto lo era también la de Cirugía (V. *Estatutos,*

chas promesas con su favor y su poderío, besé su mano, me echó su bendición, y partí de sus pies asustado y agradecido, triste y temeroso, impaciente y cobarde, y, finalmente, lleno de sustos, confusiones y esperanzas. Los nuevos sucesos, acciones y aventuras que pasaron por mí, en la nueva vida a que me sujeté en Salamanca, lo verá, en el siguiente y penúltimo trozo[134] de ella, el que no esté cansado de las insipideces de esta lección.

tít. 14 y 33). Estas cátedras tenían muy poca dotación y menos que todas la de Matemáticas" (García Boiza, *op. cit.*, p. 61). Así se explica el que estaban vacantes (Cf. *infra*, nota 212). Con las "eternas oposiciones de las otras", alude Torres al *turno de las cátedras* y a los privilegios de los colegiales. El manteísta podía difícilmente pretender una cátedra "noble", como la de Cánones; recordaré de paso que F. Pérez Bayer, el ilustre hebraísta salamantino, era manteísta.

[134] ¿Tenía el autor, ya, la intención de distribuir su narración en cinco *trozos*?

CUARTO TROZO DE LA VIDA
DE
DON DIEGO DE TORRES

QUE EMPIEZA DESDE LOS TREINTA
AÑOS HASTA LOS CUARENTA
POCO MÁS O MENOS

CUANDO yo empezaba a estrenar las fortunas, los deleites, las abundancias, las monerías y los dulcísimos agasajos con que lisonjean a un mozo mal entretenido y bien engañado los juegos, las comedias, las mujeres, los bailes, los jardines y otros espectáculos apetecidos; y cuando ya gozaba de los antojos del dinero, de las bondades de la salud y de las ligerezas de la libertad, poseyendo todos los ídolos de mis inclinaciones sin el menor susto, estorbo ni moderación, porque ni me acordaba de la justicia, las enfermedades, las galeras, la horca, los hospitales, la muerte, ni de otros objetos de los que ponen la tristeza, el dolor, la fatiga y otros sinsabores en el ánimo, salí de la corte para entretejerme segunda vez en la nebulosa piara de los escolares, adonde sólo se trata del retiro, el encogimiento, la esclavitud, la porquería, la pobreza y otros melancólicos desaseos, que son ayudantes conducentes a la pretensión y la codicia de los honores y las rentas. Vivía mal hallado y rabioso con esta inútil abstracción, y muy aburrido con las consideraciones de lo empalagoso y durable de esta vida; pero por no faltar a mi palabra ni a la manía de los hombres que juzgan por honor indispensable el cautiverio de una ocupación violenta, en la que muchas veces ni se sabe ni se puede

134

cumplir, juré permanecer en ella contra todos los ímpetus de mi inclinación.

Desenojaba muchos días a mis enfados, huyendo de las molestas circunspecciones del hábito talar a las anchuras y libertades de la aldea; trataba con agasajo, pero sin confianza, a los de mi ropaje. Iba paladeando a mi desabrimiento, con las huelgas del país, los ratos que vacaba de mis tareas escolásticas, y, en los asuetos, marchaba a Madrid a buscar los halagos de las diversiones en que continuamente se hundía mi meditación. Con estos pistos y otros muerdos que le tiraba al curso, fui pasando hasta que la costumbre me hizo agradable lo que siempre me proponía aborrecible.

Luego que entré en Salamanca, hice las diligencias de leer a la cátedra de Humanidad; y sabiendo que estaba empeñado en su lectura y en su posesión mi primer maestro, el doctor don Juan González de Dios, desistí del gusto y la conveniencia que había aprehendido en mi instancia. Yo quería esconder el hediondo nombre de astrólogo con el apreciable apellido de catedrático de otra cualquiera de las disciplinas liberales; pero contemplando utilidad más honrada la de no servir de estorbo al que me ilustró con los primeros principios de la latinidad y las buenas costumbres, me rendí a quedarme atollado en el cenagoso mote del *Piscator*.[135] Por este cortesano motivo determiné leer a la cátedra de Matemáticas; hice mi pretensión con irregularidad y sin apetito a quedarme por maestro, porque me gritaban las dulces grescas, las sabrosas bullas, los deleites urbanos y las licencias alegres de la corte, que las apetecía en aquel tiempo con más ansia que todos los honores y comodidades del mundo. Salió otro opositor a dicha cátedra, y éste esperaba más felicidad en la multitud de los votos, persuadido a que por sus

135 *Piscator*: Los lexicólogos de la Real Academia recogen este vocablo: "Pronóstico general que suele salir cada año. Tomó el nombre de un astrólogo antiguo de Milán, que sacaba a luz su pronóstico debajo del nombre del *Piscator de Sarrabal*. Y se distinguen hoy con el nombre de *Piscator de Andalucía, de Salamanca*, etc." (*Aut.*). En cierto modo, Diego ingresaba en la Academia...

años maduros, su encogimiento, su moderación y sus acciones juiciosas o impedidas, y a la vista de mis inquietudes, escándalos y libertades, sería más justo acreedor al premio y a las aceptaciones. [136] Trabajaron sobradamente mis enemigos, ya ponderando las virtudes del uno, ya las malicias y los vicios del otro, y ya asegurando que la tropelía de mi genio y la poca sujeción de mi espíritu produciría notables inquietudes en la pacífica unión de los demás doctores; y temiendo que yo podía aventajarle en las noticias de la ciencia o en los lucimientos de los ejercicios, intentaron que no se leyese en público, sino que nos comprometiésemos los dos opositores a las serenidades de un examen secreto. Resistíme poderosamente a esta novedad, diciendo con soberbia cautelosa que no había examinadores tan oportunos que pudiesen sentenciar en nuestras habilidades y aptitudes; además de que mi intención no era la de ser catedrático, sino la de hablar en público para desmentir a los que me habían marcado de ignorante, y cumplir con las prevenciones de los edictos, que éstos pedían una hora de lección de puntos en el *Almagesto* de Ptolomeo, argumento de los opositores, y sufrir tercer examen en el claustro pleno de la Universidad; que esto se había de ejecutar; y faltando al cumplimiento de alguna de estas circunstancias, o a la más venial providencia o costumbre de la escuela en orden a la oposición de cátedras, daría parte al rey y le suplicaría que me permitiese leer en los patios, ya que se trataba de cerrar los generales. Serenóse, con mi resistencia y mi razón, la mañosa novedad que quiso introducir la débil congregación de algunos miembros descarriados de aquel robustísimo y sapientísimo senado. Tomé puntos la víspera de Santa Cecilia del año mil setecientos y veinte y seis; elegí de los tres, que se encargan a la suerte y ventura, explicar el segundo, que fue el movimiento de Venus en el Zodía-

---

[136] Este opositor se llamaba Joseph Sánchez Pineda, y era Maestro de Segunda Clase de Gramática, Bachiller en Artes (Cf. *Procesos de Cátedras*, AUS 1006).

co, y al día siguiente, al cumplir las veinticuatro horas del término prescrito por las leyes de la Universidad, marché a las escuelas mayores con algún miedo, mucha desvergüenza y culpable satisfacción.

Para expresar con alguna viveza los extremados regocijos, los locos aplausos y las increíbles aclamaciones que hizo Salamanca en esta ocasión en honra del más humilde de sus hijos, era más decente otra pluma más libre, menos sospechosa y más autorizada que la mía, pues aunque ninguna de las que hoy vuelan en el público es más propensa a la claridad de las verdades que la que yo gobierno, no obstante, en las causas tan propias, se descuida insensiblemente el amor interesado. Pero, pues este lance es el más digno y más honrado de mi vida, y no es oportuno solicitar a otro autor que lo escriba, lo referiré con la menor jactancia y vanagloria que pueda. A las nueve de la mañana fui a entrar en el general de cánones de las escuelas mayores, y a esta hora estaban las barandillas [137] ocupadas de los caballeros y graduados del pueblo, y los bancos tan cogidos de las gentes, que no cabía una persona más. En este día faltaron todas las ceremonias que se observan indefectibles en estos concursos y ejercicios. Los rectores de las comunidades mayores y menores y sus colegiales estaban en pie en los vacíos que encontraron. Los plebeyos y los escolares ya no cabían en la línea del patio frontero al general, y los demás ángulos y centro estaban cuajados de modo que llegaba la gente hasta las puertas que salen a la iglesia catedral. El auditorio sería de tres a cuatro mil personas, y los distantes, que no podían oír ni aun ver, otros tantos. Nunca se vio en aquella Universidad, ni en función de esta ni otra clase, un concurso tan numeroso ni tan vario. A empujones de los ministros y bedeles entré

[137] *barandilla*: "En las universidades y estudios generales, se toma por el gremio de los doctores y maestros en cualquiera facultad, aludiendo a que en las aulas o generales solamente pueden subir a los asientos altos, que están rodeados de barandillas, y sentarse en ellos en los actos literarios, los que tienen la borla o grado de Doctor o Maestro" (*Aut.*).

a esta hora, condenado a estar expuesto a los ojos y a las murmuraciones de tantos hasta las diez en punto, que era la hora de empezar. Subí a la cátedra, en la que tenía una esfera armiliar de bastante magnitud, compases, lápiz, reglas y papel, para demostrar las doctrinas. Luego que sonó la primera campanada de las diez, me levanté, y sin más arengas que la señal de la cruz y un dístico a Santa Cecilia, cuya memoria celebraba la Iglesia en aquel día, empecé a proponer los puntos que me había dado la suerte, los que extendí con alguna claridad y belleza, no obstante de estar remotísimo de las frases de la latinidad. Concluí la hora sin angustia, sin turbación y sin haber padecido especial susto, encogimiento ni desconfianza, al fin de la cual resonaron repetidos vítores, infinitas alabanzas y amorosos gritos, durando las entonaciones plausibles y la alegre gritería casi un cuarto de hora: celebridad nunca escuchada ni repetida en la severidad de aquellos generales. Serenóse el rumor del aplauso, y en la proposición de títulos y méritos, que es costumbre hacer, mezclé algunas chanzas ligeras (que pude excusar), pero las recibió el auditorio con igual gusto y agasajo. Arguyóme mi coopositor; y entre los silogismos se ofrecieron otros chistes que no quiero referir, por repetidos y celebrados entre las gentes y porque no encuentro yo con el modo de contar gracias mías sin incurrir en el necio deleite de una lisonja risible y una vaniáad muy desgraciada. Finalizóse el acto, y volvió a sonar descompasadamente la vocería de los vítores; y continuando con ella, me llevó sobre los brazos hasta mi casa una tropa de estudiantes que asombraban y aturdían las calles por donde íbamos pasando. Esta aceptación y universal aplauso hizo desmayar a mis enemigos en las diligencias de obscurecer mi estudio y destruir mi opinión y mi comodidad. Pasados tres días tuvo su ejercicio mi coopositor; llenó su hora, y quedó el auditorio en un profundo silencio. Antes de poner el primer silogismo (mirando a la Universidad, que estaba en las barandillas), dije que me diese licencia para

argüir fuera de los puntos, porque no había leído a
ellos el que estaba en la cátedra, pues habiéndole tocado leer de los eclipses de la luna, había hecho toda su
lección sobre la tierra, disputando de su redondez, magnitud y estabilidad; y añadí que le mandase bajar, que
yo subiría a leer de repente. Fue locura, soberbia y fan-
farronada de mozo, pero lo hubiera cumplido. Argüí,
finalmente, a los puntos de su estudiada lección; pre-
cipitóme la poca consideración de mancebo a soltar
algunos equívocos y raterías; y acabado el argumento
(porque dijo el opositor que se daba por concluido),
sonaron otra vez muchos vítores a mi nombre y ca-
yeron horrorosos silbos y befas sobre mi desdichado
opositor.

La moderación humilde y el disimulo prudente y
provechoso que se debe observar en las alabanzas propias, le están regañando a mi pluma las soberbias y
presuntuosas relaciones de este suceso; la integridad de
la obra y la disculpable ambición a los decentes aplausos me empujan también a describir con alguna distinción la multitud de sus mayores circunstancias; pero
pues he determinado callar algunas, concluiré las que
pertenecen a este asunto con más aceleración y más
miseria. Faltó, pues, el examen de las facultades matemáticas en el claustro pleno, para hacer cabal la función. Yo sé el motivo de este defecto, y sé también que
es importante no decirlo.[138] Votóse entre setenta y tres
graduados, que tanto era el número de los doctores, y
tuve en mi favor setenta y uno. Mi coopositor tuvo
un voto, y el otro se encontró arrojado de la caja.[139]

138 Este examen complementario era un "examen público de preguntas sueltas, en el claustro, por la *Esfera* de Juan de Sacrobosco,
sin limitación de tiempo" (Cf. *infra*, p. 251). Abogando más tarde
por la candidatura de su sobrino, Isidoro Ortiz de Villarroel, Torres
aludirá al motivo que aquí oculta: "...cuando yo entré a ser catedrático de V. S., no fui examinado, porque no tenía entonces esta
escuela sujeto alguno que estuviese instruido..." (*infra*, p. 255).
139 En realidad, los votantes fueron 70; Torres obtuvo 64 votos,
3 Joseph de Pineda, y hubo 3 abstenciones (*Libros de Claustros*,
29 nov. 1726. AUS 194).

Estaban las escuelas y las calles vecinas rodeadas de estudiantes gorrones, cargados de armas, y esperando con más impaciencia que los pretendientes la resolución de la Universidad; y luego que la declaró el secretario, dispararon muchas bocas de fuego, soltaron las campanas de las parroquias inmediatas, echaron muchos cohetes al aire y me acompañó hasta casa un tropel numeroso de gentes de todas esferas, repitiendo los vivas y los honrados alaridos sin cesar un punto. A la noche siguiente salió a caballo un escuadrón de estudiantes, hijos de Salamanca, iluminando con hachones de cera y otras luces un tarjetón en que iba escrito con letras de oro sobre campo azul mi nombre, mi apellido, mi patria y el nuevo título de catedrático. Pusieron luminarias los vecinos más miserables, y en los miradores de las monjas no faltaron las luces, los pañuelos ni la vocería. Alternaban músicas y vítores por todos los barrios, y pareció la noche un día de juicio. Este fue todo el suceso, y todo este clamor, aplauso, honra y gritería hizo Salamanca por la gran novedad de ver en sus escuelas un maestro rudo, loco, ridículamente infame, de extraordinario genio y de costumbres sospechosas. Cada hora se escuchan en aquellas aulas doctísimas lecciones y admirables proyectos de escolares prudentes, ingeniosos y aplaudidos, y cada día se ven empleados en las cátedras, obispados y garnachas, excelentes sujetos de singular virtud, ciencia y conducta, y con ninguno ha hecho semejantes ni tan repetidas aclamaciones. Averigüen otros la razón o deslumbramiento de este vulgo, mientras yo le doy con esta memoria nuevas gracias y me quedo con singulares gratitudes.

Más dócil, más erguido y más sesudo que lo que yo esperaba de mi cabeza, empecé la nueva vida de maestro, enseñando con quietud, cariño y seriedad a una gran porción de oyentes que se arrimaron a mi cátedra los primeros cursos, quizá presumiendo que, entre las lecciones matemáticas, había de revolver algunas coplas o ingeniosidades del chacorrero [140] espíritu que todos han presumido en mi humor, gobernándose por las violentas y burlonas majaderías de mis papeles. Fuese por esta causa o por la de probar los fundamentos y principios en que estriba un estudio tan misterioso, temido y olvidado, yo logré ver muchas veces lleno de curiosos a [141] mi general en la hora que explicaba. Los cosarios [142] a escribir la materia siempre fueron pocos; pero en el número de entrantes y salientes puedo contar a todos los mancebos que envían sus padres a seguir otras ciencias que dan más honra y más dinero, pero menos descanso y más peligro. Nunca se oyeron en mi aula las bufonadas, gritos y perdiciones del respeto con que continuamente están aburriendo a los demás catedráticos los enredadores y mal criados discípulos. A los míos les advertí que aguantaría todos los postes y preguntas que me quisiesen hacer y dar sobre los argumentos de la tarde, pero que tuviese creído el que se quisiera entrometer a gracioso, que le rompería la cabeza, porque yo no era catedrático tan prudente y sufrido como mis compañeros. Un salvaje ocioso, hombre de treinta años, cursante en Teología y en deshonestidades, me soltó una tarde un equívoco sucio, y la respuesta que llevó su atrevimiento fue tirarle a los hocicos un compás de bronce (que tenía sobre el tablón de la cátedra), que pesaba tres o cuatro libras. Su fortuna y la mía estuvo en bajar con aceleración la cabeza y esta mañosa prisa lo libró de arrojar en tierra la meollada. Este disparate puso a los asistentes y mirones en un miedo tan reverencial, que nunca volvió otro alguno a argüirme con gracias.

---

[140] *chacorrero* (ed. prínc. y S | *chocarrero* en M): conservo esta forma corriente en nuestro autor (Cf. el autógrafo de *La Barca de Aqueronte*, p. 102).

[141] S: *lleno de curiosos mi general*

[142] *cosario*: sinónimo de *cursario*; cf. también *Aut.*, s. v. *cossario*: "metafóricamente se llama la persona que tiene uso y costumbre en hacer alguna cosa".

Continuaba, sin pesar desacomodado, los cursos en
mi Universidad, y los veranos y vacaciones huía de las
seriedades de la escuela a desenojarme del encogimiento y tristeza escolástica a Madrid y a Medinaceli, adonde me hospedaba con gusto, con regalo y sin ceremonia
mi íntimo amigo Don Juan de Salazar, que ya descansa en paz. [143] Pasaban sin sentir por mí los días y
los años, dejándome gustoso, sin desazón, sin achaques
y entretenido con las muchas diversiones que se me
ofrecían en los viajes, en la corte y en la casa de este
y otros amigos de mi humor, de mi cariño y de todo
mi genio. Era Don Juan de Salazar (que fue el que
me arrastraba entonces, más que otro, todo mi cuidado y amor) un caballero discretísimo, sabio, alegre y
aficionado a la varia lectura, inteligente en los chistes

---

[143] Pasó Diego varios veranos en casa de su entrañable amigo
Juan Antonio de Salazar Ladrón de Guevara, caballero de Santiago.
Le dedicó las *Recetas de Torres*, la segunda parte de las *Visiones
y visitas*, los almanaques de 1729 y 1730 (*La Gitana* y *El Mundi
Novi*), y la *Historia de historias*; en julio de 1731, redactó en Medinaceli (o Medina Coeli, como se imprime en ed. prínc. y S) la
versión de *La Barca de Aqueronte* custodiada en la Hispanic Society
of America. En las dedicatorias de los opúsculos mencionados como
en este fragmento de la autobiografía, Torres expresa con términos
de suma delicadeza la amistad que le unía a este caballero. Sólo
citaré como muestra las líneas siguientes: "A los familiares de la
casa debí un piadoso afecto, una asistencia alegre y una inalterable
caridad. [...] En la varia conversación de V. md. estudiaba mi
alma fructuosos argumentos; ya pasábamos las horas en el conocimiento del mecanismo de los globos, el manejo de los mapas y
el uso de otros entretenidos instrumentos, que hacen demostrable
la verdad de la matesis; ya bebía de los labios de V. md. la
lección histórica que está derramada en los más famosos profesores;
ya nos entretenían los progresos experimentales de la ciencia natural,
derribando las consecuencias al conocimiento de nuestra débil mortal
organización, para que no se hiciese día sin la reverenda memoria
de la eternidad. Puedo jurar a V. md. que entre tantas personas
que ya el rumor de mi nombre me ha dado a conocer, las que mi
deseo o mi necesidad ha buscado, o las que la casual concurrencia
me ha ofrecido, a ninguna he amado más, ni me ha enseñado
mejor" (Dedic. de *El Mundi Novi*, S IX, p. 99).
    Quien entre en la Colegiata de Medinaceli podrá descifrar en una
losa, medio borradas, estas palabras: "Aquí yaze D. Juan Antonio
de Salazar Ladrón de Guevara y Águila, Caballero del Hávito de
Santiago. Fallezió a 14 de octubre de 1742". La casa en que se
hospedaba Torres es ahora propiedad del marqués de Casablanca
(Cf. lámina intercalada entre las pp. 96-97).

de la matemática, en los entretenimientos de la historia, en las delicadezas de la filosofía y en las severidades de la jurisprudencia. Montaba a caballo con arte, con garbo y seguridad; hacía pocos, pero buenos versos; era muy práctico y muy frecuente en la campiña, en el monte y en la selva; mataba un par de perdices, un jabalí y un conejo con donaire, con destreza y sin fatiga, y era, finalmente, buen profesor de todas las artes de caballero, de político, de rústico y de cortesano. Vivíamos muchas temporadas en una sabrosísima amistad y ocupación, ya en su librería, que era varia, escogida y abundante, ya en el monte en el dulce cansancio de la caza, y en el estrado de su mujer, doña Joaquina de Morales, mi señora, donde sonaban los versos, la conversación, los instrumentos músicos y toda variedad de gracias y alegrías. Representábanse entre nosotros, los familiares y vecinos, diferentes comedias y piezas cómicas (que algunas están en mi segundo tomo de poesías), en los días señalados por alguna celebridad eclesiástica, política o de nuestra elección. [144] Escribía también, ya en los ratos que le sobraban a mis deleites, ya por las posadas, por huir siempre del ocio, por burlarme del mundo y por juntar moneda, los papelillos que hoy se van cosiendo en tomos grandes. De las sátiras que arrojaban contra ellos y contra mí, hacía también divertimiento, risa y chanzoneta. Burlábame de ver sus autores cargados de envidia y de laceria más que de razón, intentando quitarme el sosiego, la libertad y el aplauso. Alegrábame mucho siempre que me soltaban algunos papelones maldicientes, porque al instante se seguía la mayor venta de mis papeles, y el especial regocijo de ver sus autores

144 Cf. la *Fiesta Harmónica, al buen suceso de mi señora Doña Joachina de Morales y a la festividad de los días del señor Don Juan de Salazar, su esposo,* recogida con otros sainetes y entremeses en *Juguetes de Thalía* (S VIII, pp. 310 y sig.). En esta obrita representada en Medinaceli, hay acotaciones muy curiosas, como ésta: "Canta mi señora Doña Joachina, y acompaña Torres con la flauta" (*ibid.*, p. 313).

encorajados e iracundos contra un mozo picarón, que se le daba un ardite de toda Constantinopla.

Lleno de risa y de desprecio contra la necedad de estos furiosos y provocativos salvajes, rodeado de los requiebros de los aficionados a mis boberías, embebido en la variedad de gustos y festejos, con bastantes abundancias de fortuna, y sin conocer la cara al sinsabor, al mal ni al quebranto, viví cinco años, que fueron los intermedios desde que entré en la cátedra hasta que recibí el grado de doctor. [145] Detúveme en proporcionarme a tan honroso empleo por estar más desatado para mis aventuras, porque consideraba como estorbo impertinente a mis correrías la sujeción a los claustros, a las fiestas, a las conclusiones y otros encargos de este apreciabilísimo carácter. Medroso a las leyes y estatutos que mandan despojar de los títulos y rentas de maestro al que no se gradúa en determinado tiempo, hube de rendirme a las ordenanzas y al cumplimiento de las obligaciones, con bastante dolor de mis altanerías. [146] Tomé el grado el jueves de ceniza del año de mil setecientos y treinta y dos, en el que no hubo especialidad que sea digna de referirse, sólo que el martes antes, que lo fue de carnestolendas, salió a ce-

---

[145] El P. Navarro, catedrático jubilado de astrología, murió el 16 de enero de 1732; sólo entonces estuvo Torres en condiciones de percibir íntegro el salario de la cátedra que desempeñaba desde 1726, y en cuanto se enteró del fallecimiento, se apresuró a llegar a Salamanca para graduarse en la forma que prevenían los *Estatutos* y el *Ceremonial*. Recibió los grados de Licenciado y de Maestro en Artes en 28 de febrero de 1732 (*Libro de grados mayores*, AUS 793, fol. 193 v). Como lo apunta F. de Onís, "el grado de Doctor y el de Maestro eran equivalentes: la diferencia estribaba en la facultad, pues sólo eran doctores en Cánones, Derecho y Medicina, mientras que en Teología y Artes el grado superior era el de Maestro. Torres prefirió y usó siempre el título de Doctor" (p. 107 n.). Sus enemigos no le perdonaban esta preferencia.

[146] El que no se hubiera graduado le ahorraba varias molestias oficiales. Es de creer que no se le aplicó con todo rigor este artículo de los *Estatutos*: "Estatuimos que los que llevaren cátedras de propiedad en esta universidad sean obligados a se graduar dentro de dos años de licenciados y dotores y maestros respectivamente, conforme fuere la cátedra, so pena de privación della *ipso facto*" (tít. XXXI, 65). Para el detalle de las festividades que debía costear el graduado, remito a *Onís*, p. 108 n.

lebrarlo con anticipación festiva el barrio de los olleros, imitando con una mojiganga en borricos el paseo que por las calles públicas acostumbra hacer la Universidad con los que gradúa de doctores. Iban representando las facultades, sobrevestidos con variedad de trapajos y colores, llevaban las trompetas y tamborillos los bedeles, reyes de armas y maestros de ceremonias, y concluyeron la festividad y la tarde con la corrida de toros, con que se rematan los serios y costosos grados de aquella escuela. [147] Díjose entonces que yo iba también entre los de la mojiganga, disfrazado con mascarilla y con una ridícula borla y muceta azul; pero dejémoslo en duda, que el descubrimiento de esta picardigüela no ha de hacer desmedrada la historia.

Con la circunspección en que me metí, y con la mayor quietud a que me sujeté, empezaron a engordar mis humores, a circular la sangre con más pereza, a llenarse de cocimientos errados el estómago y a rebutirse los hipocondrios de impurezas crudas, de tristísimos humos y de negras afecciones. Subieron a ser males penosos todas estas indisposiciones desde el día veinte de enero del año de treinta y dos, que pasé a las inclementes injurias del aire y la nieve en el puerto

---

[147] Podía ocurrir que con la corrida no terminara realmente la fiesta, si se cree el soneto titulado *Dífine unos grados de pompa en Salamanca*:

> "En venerables bestias se montaba
> toda la escuela que Mercurio aprueba,
> y cada cual en la cabeza lleva
> señales de la ciencia que estudiaba.
>
> Viva y beba en confuso se escuchaba
> de pintados chillones en voz nueva,
> y en todo licenciado se renueva
> al escuchar el viva, tanta baba.
>
> Toda la gente y la ciudad se emboba,
> hacia la Plaza el escuadrón arriba,
> córrense toros, sórbese una cuba.
>
> Cenan y se resfrían de la soba,
> y acaba la función que dije arriba
> en baba, beba, viva, boba y buba."

(S VII, p. 24)

de Guadarrama, en los montes que tiene el conde de Santisteban entre Las Navas y Valdemaqueda. Diré brevemente el suceso. Yo perdí el camino, y, al anochecer, rogué a un pastor, que venía de una de las casas de los guardas de aquel sitio, que me pusiese en la calzada real. Recibí erradas las señas, y después de haber dejado el carril, que seguía a la distancia que el pastor me dijo, entré en otra carretera bastantemente trillada y reducida. Caminábamos sumidos en el rebozo de la capa mi criado y yo, huyendo el azote del aire y la nieve, y a corto trecho de mí oigo un grito suyo, que dijo: "Señor, que me ha tragado la tierra." Revolvíme con prontitud para socorrerle, y, al tomar media vuelta sobre la derecha, se hundió mi caballo con un estruendo terrible y dio conmigo en tierra, lastimándome con curable estrago todo un muslo. Salí como pude, y, a pesar de las obscuridades de la noche, percibí que había sacado mi caballo una pierna atravesada de unos clavos de hierro, introducidos en dos trancas horrorosas de madera, a quien llaman cepos los cazadores de los lobos. Acudí a mi criado y lo hallé tendido debajo de su animal, que estaba también cogido en otro cepo. Hice muchas diligencias para ver si podía quitarles las pesadas cormas, y, como en mi vida había visto semejante artificio, no encontré con los medios de librar de él a mis caballos. Medrosos de no caer en otras trampas, y desesperados de no poder levantar del suelo a nuestros animales, hicimos rancho, expuestos toda la larga noche a los rigores y asperezas del frío y el viento. Con los pedernales de las pistolas, pólvora y los trapos de una camisa, que saqué de mi maleta, encendíamos lumbre, pero luego se nos volvía a morir con la humedad. En esta tristísima fatiga, y con el desconsuelo de no oír ni un silbo, ni un cencerro, ni seña alguna de estar cercanos a algún chozo, majada o alquería, nos encontró la luz de la mañana, a la que vimos el estrago y pérdida de nuestros rocinantes. Cargamos con nuestras maletas a pie, y a breve rato dimos con el lobero; sacó éste los pies de los caballos de los cepos; recono-

cimos que el uno tenía cortados los músculos, nervios
y tendones de la pierna, y que el otro solamente los
tenía atravesados. Guiónos a la casa de un guarda llamado el Calabrés, y en su chimenea nos reparamos del
frío de la noche; nos dio para almorzar una gran taza
de leche, puso para comer una estupenda olla con na-
bos y tocino, y, gracias a Dios, pasamos felizmente el
día. Murió el un caballo, y el otro se curó con mucha
dificultad en Las Navas; y en dos jacos de alquiler de
este lugar proseguimos nuestra derrota hasta Avila
de los Caballeros, y en la casa del marqués de Villa-
viciosa acabé de convalecer de mi tormenta con sus
favores, sus regalos y mi conformidad.

Prólogo fue del libro de mis desgracias esta melancólica aventura, porque detrás de ella se vino paso a
paso mi ruidoso destierro, en el que padecí prolijas
desconveniencias, irregulares sustos y consideraciones infelices; pero fui, al mismo tiempo, tan afortunada-
mente dichoso, que vi sobre mí una lástima universal
de los nacionales y extraños, una aclamación increíble
y un amor tan honrado, que jamás aspirara a presumir. Si yo pudiera poner en esta escritura, sin irritar
a los actores y testigos que todavía han quedado en el
mundo, las particulares menudencias y circunstancias
que estoy deteniendo en mi pluma, creo que sería este
pasaje el único que pusiese alguna enseñanza, algún
gusto y dilatada estimación en esta historia. Yo conozco que es importante que estén ocultos los primeros
principios y muchas circunstancias de los medios y los
fines de este escandaloso suceso, por lo que determino
contentar al lector con instruirle de las verdades más
públicas, para que pueda entretenerse sin el resentimiento de los fabricantes de mi pasada penalidad. Es
cierto que en los libros de las novelas, ya fingidas, ya
certificadas, y en los lances cómicos inciertos o posibles, no se encuentra aventura tan prodigiosa ni tan
honrada como la que me arrojó a padecer los rigores
de un largo y enfadoso destierro. El que quisiere quedar instruido, registre algunos papeles míos, que con

facilidad se tropiezan en las librerías, y hallará (aunque revueltos con estudiada confusión) los motivos de mi ignominia y mi desgracia. En las dedicatorias a mis almanaques de los años de 34 y 35, hechas a los excelentísimos señores marqués de la Paz[148] y don Josef Patiño, que aún duran en el libro intitulado *Extracto de los pronósticos de Torres,* está patente mi inocencia, y embozada con los rodeos de una astucia loable la raíz principal de las conjuraciones que labraron mis desconsuelos y desdichas. En dos membretes impresos en Bayona de Francia, el uno dictado por don Juan de Salazar, compañero en la conturbación, en la fatalidad, la fuga y la fatiga, y el otro proferido por mí al rey nuestro señor, suplicando a su piedad con lastimosos y rendidos ruegos para que nos oyese su justicia, aparecen también algunas luces de la clara verdad de este suceso. En estos papeles, en la representación que los ministros hicieron a su real majestad y en la confesión de don Juan, consta solamente que, provocado este caballero de las injurias de un clérigo poco dete-

---

148 Ed prínc. y S: *marqués de Grimaldo y don Josef Patiño* | Adopto M, por ser efectivamente J. B. Orendain, nombrado *marqués de la Paz* por Felipe V, a quien fue dedicado el almanaque de 1734 (*Los sopones de Salamanca*). La larga dedicatoria, verdadero alegato autobiográfico, fue firmada en Almeida, el 4 de nov. de 1733. El único fragmento que se puede citar en los límites de esta nota, es el siguiente: "Mi delito, Excmo. Señor, no es que me encontró casualmente mi desventura siendo testigo de dos leves rasguños que hizo un caballero, disculpablemente pronto, en la cabeza de un clérigo destemplado; porque consta por la declaración jurídica del agresor que yo sólo acudí a detenerle el brazo con que gobernaba la espada; y el herido en dos memoriales, uno dado al rey, mi amo, y otro a su Real Consejo de las Ordenes, confiesa lo mismo: con que la confesión de uno y otro me hacen inculpable. Además, Señor Excmo., que este linaje de destemplanzas cada día se cometen en los cabildos, colegios y comunidades más recoletas; pero allá se castigan y se satisfacen entre ellos sus rectores, deanes y guardianes, y no acuden con tan pueriles quejas a un rey tan poderosamente ocupado. Mi delito fue mi ingenio, mi salud, mi fama, mi aplicación, mis pocos años y la quietud dichosa de mis especulaciones" (S IX, pp. 162-163). El almanaque del año siguiente, titulado *El mesón de Santarén,* fue publicado en Coimbra y dedicado a José Patiño el 16 de junio de 1734, desde Freixo d'Espada a Cinta (S IX, pp. 174 y sig.); no trae elementos que permitan aclarar el misterio.

nido, se dejó coger de las insolencias de la cólera, y, abochornado de sus azufres, tiró de la espada y abrió con ella en los cascos del provocante un par de roturas de mediana magnitud. Dicen que fue el herido con las manos en la cabeza, no a curarse, sino a solicitar la ira de un contrario poderoso, en cuya confianza y valimiento apoyaba su reprehensible temeridad. Arbitraron (para prevenir con más eficacia sus rencores y nuestras pesadumbres) que con las heridas frescas partiese quejoso a informar al presidente de Castilla. Así lo hizo el buen sacerdote, y marchó colérico, sanguino, con las dos faltriqueras [149] en los cascos, y ante su tribunal dijo que aquellas heridas se las había impreso don Juan de Salazar, y añadió, finalmente, que don Diego de Torres había tenido la culpa. Éste es todo el hecho público y ésta es la historia que se cantaba en aquel tiempo. Los antecedentes, motivos y crueles asechanzas que pusieron a don Juan en la precisión de examinar ciertas osadías del herido, y otras diligencias de sus alianzas, quedarán encubiertas hasta el fin del mundo. Lo que yo aseguro, ahora que estoy libre, y por la misericordia de Dios perdonado de las sospechas en que impusieron al ánimo piadoso del rey, es que no consentí la menor tentación ni tuve la más leve culpa en orden a las estocadas del clérigo, ni hablé jamás ni en chanza ni en veras, ni con la insinuación ni con el deseo, en semejante asunto; y en todos los ardides, probanzas y juramentos con que intentó la malicia destruir mi fidelidad, mi honor y buena correspondencia, juro por mi vida que fueron falsos, y esto juraré a la hora de mi muerte. Deseo con ansia sacar a mi discurso de este atolladero; crea el lector lo que gustare, y véngase conmigo a saber (si le agrada) lo que ya puedo decir con verdad, con descanso, sin peligro y sin ofensa.

---

[149] *faltriqueras*: burlesca metáfora indumentaria —de la misma índole que *ojales*—, que designa los "dos leves rasguños" en la cabeza del sacerdote.

Los que tomaron el coraje, la voz y los poderes del herido dieron cuenta al rey, probando el delito sin nuestra confesión, examen ni disculpa; [150] y temerosos de que la providencia regular nos pusiese en prisión, salimos de Madrid al Esquileo de Sonsoto y Trescasas, [151] en donde esperamos ocultos la resolución de la consulta. Llegó como mala nueva, breve y compendiosa, sin haber padecido la más leve detención en el viaje desde Sevilla (donde estaba a esta sazón la corte) hasta el Real Consejo. Contenía el real orden pocas palabras, porque sólo mandaba que, por ciertas causas, fuese don Juan de Salazar por seis años al presidio del Peñón, y don Diego de Torres, extrañado sin término de los dominios de España. Nos dio esta buena noticia el clérigo caritativo de la cabeza rota, que a un tiempo le hacía su buen corazón parcial con el arrepentimiento de la injuria y la venganza, y con la enemistad furiosa de nuestros contrarios y enemigos. Antes que las diligencias judiciales nos encontraran en donde pudiesen notificarnos el real decreto, huimos, aconsejados del temor y la reverencia del Esquileo de Sonsoto, con la deliberación de no parar hasta la Francia. El

---

[150] Coincide esta declaración con lo que Torres escribió al rey en el memorial del destierro:

"Yo, Señor, vibo con evidentes señales de que la acusación hecha contra mí ha sido pensada y construida por vna rencorosa conjuración que ha años que respira blasfemias, escupe maldiciones y arroja libelos verbales, y aun a inducido a las sátiras contra mi honrra y opinión, y las cláusulas que a impreso su malicia en el puríssimo ánimo de V. M. no tienen más concepto que el de vn chisme cuio primer aborto se engendró en las ociosidades de vna combersación.

Sin aver precedido corrección de Juez, auto de oficio, traslado a la parte, confesión de reo, examen de testigos ni otra judicial ni juiciosa diligencia de las que ordena la Caridad y la lei, han conducido a la presencia de V. M., en el traje de vna lisonjera hermosura, vn monstruo tan orrible que pareze que conspiraron a su generación todas las furias y los vicios, como verá V. M. luego que me permita desnudarle de sus apariencias y ficciones con las manos de la Justicia y la Verdad" (fols. 2r-2v).

[151] *Sonsoto y Trescasas:* "Sonsoto. Pueblo de la prov. de Segovia. Tiene 29 casas y un buen esquileo denominado de Salazar. A 200 pasos está Trescasas, cabeza de Ayuntamiento" (*Madoz*). Compárese el relato de la huida con lo que declara Salazar en su memorial. (Cf. *infra*, nota 155.)

día 12 de mayo, a las dos de la tarde, salimos del expresado lugar, a caballo y con el alivio de seiscientos doblones y dos criados que nos servían con puntualidad y con cariño. Llegamos al anochecer a la Granja del Paular de Segovia, donde nos regaló y consoló tres días el venerable padre don Luis Quílez, procurador de aquella silenciosa comunidad de vivientes bienaventurados. Dadas desde allí todas las prevenciones e industrias para lograr los avisos y las cartas que informasen de nuestra vida y nuestros negocios, y advirtiendo a los criados que nos tratasen como amigos y camaradas, trocados los nombres, el de don Juan de Salazar en Bernardo de Bogarín, y el mío en Manuel de Villena, tomamos la bendición de aquellos enterrados religiosos, y nuestra derrota, con alguna melancolía, pero felizmente conformes con los trabajos y el paradero con que nos tenía amenazados el odio y la fortuna. Enderezamos nuestro destino a la Francia; eran las ermitas y conventos de frailes nuestro refugio, sagrado y abrigo; y cuando estos lugares no se proporcionaban a la regularidad de las jornadas, se disponía el rancho en las campañas, y, sobre la tierra de Dios, que estaba bien mullida de las lluvias, asentábamos los catres, los aparadores y los repuestos, que lo eran las mantas y albardones de nuestros caballos, que iban bien almidonados de mataduras y costrones. Los avisos frecuentes que nos dieron de la corte eran que [152] habían salido en nuestra solicitud varias requisitorias, encargando a los intendentes, corregidores o alcaldes de cualquiera pueblo, que nos aprisionasen y detuviesen en el lugar donde pudiésemos ser habidos. En los mesones, en los conventos y otros parajes en donde nos cogía el mediodía, la noche y la gana de comer, se mezclaba nuestra astucia y curiosidad en la conversación de los peregrinos, los harrieros y otros concurrentes, preguntando qué había de nuevo en Madrid, y entre las

---

[152] Ed. prínc. y S: *Los avisos frecuentes, que nos dieron de la corte, de que* | Adopto la lección de M.

novedades salía al punto a danzar nuestra tragedia. Mormurábamos de nosotros mismos con cuantos se nos ponían delante. Afeábanse las ligerezas de los hechos, maldecíanse los escándalos de los delincuentes, y se glosaba sobre el asunto con libertad extraordinaria. Nosotros atizábamos con disimulo importante el fuego de la mormuración, y especialmente cuando el relator era algún crítico aficionado a la poca caridad, o algún hipócrita de los que quitan los créditos por amor de Dios y las honras por el bien de las almas. Divertía mucha parte de nuestros sustos y desvelos este juguete y la ridícula variedad con que oíamos referir nuestra lastimosa historia. Unos aseguraban que nos vieron ahorcados; otros, que ya comíamos el bizcocho de munición en las Alhucemas, y muchos se mantenían en la verdad de nuestra fuga. El suceso se contaba en cada sitio de diferente modo y substancia. Decíase por unos que una dama principal era el agente y motivo de nuestra desolación; por otros, que una comedia satírica representada contra el gobierno, y los más aseguraban que por haber muerto a un cura y herido a otro; y a estas mentiras las rodeaban de unas circunstancias tan infames e imposibles, que más nos producían la risa que el enfado. La ignorancia de nuestras personas puso también a muchos en una curiosidad aventurada, y a nosotros, en nuevos y evidentes peligros.

En Burgos nos marcaron por frailes apóstatas, porque en un convento de aquella ciudad nos oyeron argüir en filosofía y teología; y como esta acción era extraña del traje corto y picaresco que elegimos para disimularnos, se persuadieron los oyentes a que nuestro estudio y modestia no podía salir de otro lugar que de los claustros religiosos. Entre los que no nos trataban, pasamos plaza de contrabandistas, gobernando su presunción por los informes del vestido, del gesto y de las armas. La pesadumbre con que caminábamos no era mucha, porque la esperanza de que llegaría (aunque tarde) el conocimiento de mi inocencia y el perdón de la destemplanza de mi amigo, el gusto de ir viendo países nuevos y gentes no tratadas, el alivio de los seis-cientos doblones que llevábamos en nuestros bolsillos, y los buenos caballos que nos sufrían y autorizaban, nos iban templando la mayor prolijidad de nuestras penas, enojos y fatigas. No quiero poner aquí el mon-tón de angustias que padecimos a ratos en nuestro viaje, ya producidas del miedo de no dar en una pri-sión, ya del cuidado que nos acosaba el espíritu con la memoria de nuestras casas y familias, porque no se me aburran los lectores con la vulgaridad de la rela-ción de unos lances tan indefectibles, que se los puede presumir el más rudo; imagínelos el que lea, y que-dará menos enojado con su discurso que con la tor-peza de mis enfadosas expresiones.

Llegamos a Bayona de Francia, y en esta ciudad nos detuvimos algunos días, esperando en las cartas los con-suelos de alguna serenidad y arrepentimiento de los conjurados que se habían enardecido contra nuestra quietud. Nos certificaron los avisos de los agentes de Madrid el mal estado de nuestra libertad y las pocas esperanzas que por entonces podíamos tener en orden a reconciliarse los ánimos de los unos y los otros; y mi amigo, que llevaba al cuidado de su discreción las resoluciones de las dos voluntades, determinó que al punto partiésemos a París. Halló pronta mi obediencia, mi amistad y mi gusto; y al día siguiente marchamos, persuadidos a que el favor del señor marqués de Cas-telar, [153] que se hallaba embajador de España en aquella corte, sería el único medio y remedio contra las adver-sidades que nos empezaban a perseguir. Reconociendo con puntualidad las ciudades, caseríos y villajes inter-medios, llegamos a Burdeos, en donde nos encontró un criado de don Juan, que traía cartas más recientes que las que recibimos en Bayona. Tuvo con [154] ellas la mala

[153] *Marqués de Castelar*: Este título de Castilla fue otorgado en 1693 por Carlos II a Baltasar Patiño. Este diplomático, menos conocido que su hermano José, fue secretario del Despacho de la Guerra y embajador en París, donde murió en 1733.
[154] S: *Tuvo en ellas*

novedad de que le habían embargado sus bienes, y que los enemigos adelantaban a tal extremo sus rencores, que habían irritado sumamente a los jueces; y, por último, le persuadían a volverse a España a presentarse a la justicia, porque éste sólo era el único modo de volverse a su hacienda, casa y opinión. Con este aviso y este consejo mudó el propósito de continuar las jornadas a París, consultando conmigo sus deliberaciones; y como yo no me había quedado con más obligación ni más voluntad que la de conformarme a sus ideas, asentí en ésta sin la menor repugnancia ni disputa. Cargaron sobre don Juan todas las resoluciones y las diligencias judiciales, porque, como era público que mis muebles no podían valer para pagar un alguacil, ni mis raíces para satisfacer un pedimento, ni mi persona podía ser útil sino para añadir un estorbo a la cárcel y un comedero más a la cofradía de la Misericordia, no se acordaron de ella para nada. Don Juan embargado, y yo sin embargo, nos volvimos desde Burdeos para España con el dolor de las malas nuevas de nuestra libertad y con el sentimiento de no ver a París, adonde nos guiaba aún más el gusto que la esperanza de nuestros alivios. A entender en los medios y las astucias de no ser sorprendidos de las rondas de las aduanas, a cuya estratagema y desvelo estaba cometida nuestra prisión, y a imprimir los dos memoriales de que ya hice memoria en los párrafos antecedentes, paramos segunda vez en Bayona. Desde allí remitimos a Sevilla (donde a esta sazón estaba la corte) trescientos memoriales a diferentes señoras, señores, ministros y agentes para que solicitasen el buen despacho de nuestras súplicas, que todas se encaminaban a que el rey nos oyese en justicia que se nos examinase en el tribunal que su piedad y su rectitud se dignase de elegir. [155] La resulta fue que a don Juan se le oyese en

[155] He aquí un fragmento del memorial que Salazar redactó en Bayona, a fines de junio del 32, quizá durante la segunda estancia de los fugitivos en esta ciudad, después del efímero viaje a Burdeos, ya que Salazar alude al embargo de sus bienes, cuya noticia tuvo en Burdeos:

justicia, y mi nombre no pareció para nada en el decreto. Disfrazados en el traje de arrieros (que ésta fue la resolución que pensamos por oportuna para escaparnos de las rondas) con los vestidos de unos mercaderes de Fuentelaencina, [156] que casualmente tropezamos en Bayona, salimos de ella, capitulando llegar a un tiempo mismo a su lugar y satisfacer en las aduanas los derechos que se pagan al rey por los géneros extraños. Ellos, galanamente adornados con nuestros vestidos y caballos, y nosotros, sorbidos en unos coletos mugrientos, en mangas de camisa, con los botines abigarrados, la vara en el cinto, gobernando los ramales de seis mulos y gruñendo votos y porvidas, nos desaparecimos de Bayona por diferentes carriles, sin más diferencia que una hora de tiempo. Fuimos pasando por los lugares donde paraban las requisitorias, nos encontramos

"Examinadas mis operaciones, bolviendo los ojos y la memoria a mi obrar, hallo sólo el que el día 2 de mayo próximo passado se me avisó que me retirase, porque se avía dado quexa al Gobernador del Consejo por vn Presbítero de que yo le avía herido, a que satisfize diciendo que no tenía motibo para retirarme. Estube quatro días después en la Corte, esperando a que se me hiziese cargo para mi defensa. Pasé a mi Esquilo, en donde estube hasta que se concluió, y supe que a este Presbítero mandó el Arzobispo ir a deponer la quexa a mui pocos días de como la dio; ésta fue sólo berbal para la que fue inspirado y aconsejado con precisslón de personas a quienes no puede ni pudo faltar, como él mismo a dado a entender a barias personas, y haré constar.

Con estas seguridades tomé el camino de Francia, por vivir años ha con el deseo de ver y admirar su corte, como saben y he manifestado a quantos me conozen. En esta Ciudad de Bayona, adonde llegué a los primeros de Junio, el día 7 de dho mes tube aviso de que se hablaba en la Corte de la quexa dada y de la resolución de V. M., y me detube con el ánimo de acabar de certificarme y obedecer [la] real orn. El día 14 se me avisó, con fecha de 9, que era ya pública en Maᵈ aunque no estaba notificada, y el día 15 remití memorial ofreciendo presentarme, y aviendo tenido el día 21 el último aviso de la certeza del Rˡ decreto, no me permitió la falta de mi salud ponerme en camino, como consta de certificación y testimonio que guardo en mi poder" (fols. 1v-2r). En el Esquilo, o Esquileo, propiedad del caballero, se refugiaron después de la riña y residieron hasta el 12 de mayo (*Vida*, p. 151). En Bayona, pasaron casi todo el mes de junio, en la angustiosa espera de las informaciones que les mandaban cada semana sus agentes madrileños.

156 *Fuentelaencina*: Pueblo de la provincia de Guadalajara.

muchas veces con las rondas, y ninguno de los jueces ni los guardas nos pudo descubrir ni aun sospechar, porque es cierto que íbamos discretamente disfrazados. Con dos horas de diferencia (sin habernos acaecido aventura singular en el viaje) llegamos a Fuentelaencina, entregamos los machos, los géneros y la cuenta, y dimos mediana razón de nuestras personas y muchas gracias a los mercaderes. Despedidos de ellos, discurrió mi amigo en que el medio más seguro para empezar a tratar de nuestro negocio era el dividirnos; en esto quedamos, y don Juan se cargó con el cuidado de asistir a mi madre y darla quinientos reales cada mes, lo que cumplió como caballero y hombre de bien, que sabía mi inocencia y la injusticia que los enemigos me habían hecho en quitarme la opinión, la comida y la libertad. Engendró en los contrarios algunos celos esta liberalidad; pero sepan los que hoy viven, que, después que volví de mi destierro a mis honores y a mis conveniencias, pagué a don Juan toda la cantidad con que su garboso genio remedió la desventura en que mi madre quedaba; y aunque no lo dio con el fin de la cobranza, yo lo recibí con el deseo de la satisfacción.

Tristísimamente desconsolados, sin acertar con las palabras de la despedida ni con las voces de los consuelos, nos dividimos, tomando don Juan el camino de Madrid y yo el de Salamanca. Apenas llegó, se presentó en la cárcel de Corte, y desde ella le colocaron en el convento de San Felipe el Real, donde hizo judicialmente una declaración honrosa [157] y verdadera de todos los hechos; y vista por los señores del Real Consejo de las órdenes de quienes era súbdito, por ser el delincuente caballero de la orden de Santiago, fue absuelto de los seis años del Peñón, y nuevamente sentenciado a un año de residencia en el convento de Uclés, de la misma orden.

Mientras don Juan estaba padeciendo los enfados de los interrogatorios, las comisiones de los alguaciles, los

---

[157] *honrosa* en S | ed. prínc.: *horrorosa* (sic)

consejos de los impertinentes y la reclusión en aquella venerable casa, estaba yo paseando las calles de Salamanca, lleno de dudas y sospechas, disponiendo la conformidad a cuanto me quisiese remitir la Providencia, la desgracia o la fortuna. Un mes estuve en esta suspensión, sin que mi jefe el maestrescuela, ni el corregidor del lugar, ni otra ninguna persona me hablase una palabra en orden a mis aventuras. [158] Llegué a persuadirme que estaría perdonado o a que fue ficción de mis enemigos la voz tan válida y acreditada del destierro; y una mañana, cuando más olvidado vivía yo de mis desgracias, se entró por mis puertas el alcalde mayor don Pedro de Castilla, y me notificó la orden del rey, en que su majestad se dignaba de que fuese estrañado de sus dominios. Salí en aquella tarde con dos corchetes y un escribano, y en treinta horas me pusieron en Portugal, sujeto a las leyes del señor don Juan V, el justiciero y piadoso monarca de aquel breve mundo. Ya tengo escrito este pasaje en la dedicatoria al excelentísimo marqués de la Paz, en el pronóstico del año 1734; acudan a él los curiosos, pues es molestia demasiadamente enfadosa repetir en estos pliegos lo que ya tengo escrito en otras planas. [159] Hallé, gracias a Dios,

---

158 Interviene en el claustro pleno del 5 de octubre de 1732 (*Libros de Claustros,* AUS 199), pocos días antes del destierro a Portugal, ya que el día 24 de octubre redacta en Almeida la dedicatoria (a sus hermanas Manuela y Josefa) del pronóstico para 1733 (*Delirios astrológicos*).

159 El texto aludido es el siguiente: "El Teniente Corregidor, que en este tiempo estaba en Salamanca, me arrancó de los brazos de mi llorosa madre y hermanas, dejándolas huérfanas de un hombre en cuyas tareas y sudores habían confiado todos los alivios de su vejez y su pobreza. Entregóme media legua de Salamanca a dos corchetes, un escribano y un calesero, tan prevenidos de puñales, pistolas y blasfemias, que más pareció que conducían a Domingo Cartujo o a Pedro Ponce que a un subdiácono que volvió desde Francia a besar la soga y a buscar su dichoso destierro en las reales determinaciones. Dieron con mi pobre vida en las riberas de Valdelamuela, y, en la raya que divide los dos señoríos, escuché, besé y obedecí el Real Orden. Allí quedé solo, pobre, infame y afligido, y los ministriles se volvieron a cobrar los crecidos salarios que, sobre mis pobres mamotretos y esferas, les libró la diligencia del piadoso jurisconsulto" (S IX, p. 159).

en los políticos y los rústicos de aquel reino piadosísimas atenciones, dádivas corteses, lástimas graciosas y una caridad imponderable. Ni en el escrupuloso genio de los portugueses, ni en la delicadeza de mi estimación, produjo el más leve perjuicio el mal olor de delincuente, con que ya estaban apestados, ni el contagio de infame, con que me presenté a sus ojos, llevando sobre mí el sayo de capitalmente condenado. Recibiéronme, gracias a Dios, con un gozo y un agasajo que jamás pude presumir. Rodando las aldeas, caseríos y ermitas cercanas a las hermosas ciudades de Coimbra, Villa-Real y Lamego, anduve cuatro meses bien diver-

Ni siquiera tuvo tiempo de tomar contacto con el claustro, como lo dice en esta carta leída en el Claustro Pleno del 8 de noviembre de 1732:

"Señor. El deseo de cumplir con la posible brebedad vna orden deel Rey (Dˢ le guarde) no me dexò dar à V Sª parte de mi desgracia: aora pongo mi desuentura y mi rendimiento à su aduitrio, y ruego à V Sª me honrre y agasaje como à hijo, si mis ruegos tubieren las condiciones de justos.

La orden deel Rey mi Amo mandaba q̄ yo saliese de sus dominios por justos motiuos (Y esto es todo quanto contiene su mandamiento). Yo he examinado con todo rigor mis acciones, y ninguna ha podido despertar la indignación deel Rey.

No es mi Animo apelar à indulto, ni perdon, por que estos ruegos, aunq̄ son mas brebes, mas faciles y de menos costa, dexan acreditado el Borron de Delinquente. Yo suplico al Rey, q̄ me oiga en Justicia, y que acabe de verter sobre mi toda su Real indignacion si apereciesen (sic) mis acciònes culpadas en Juizio.

Esta es mi vltima determinación, de la q̄ doy parte à V Sª como de mi infelicidad, y ruego à V Sª encarecidamente que suplique al Rey esto mismo en mi nombre; y represente à su Rˡ Magestad la buena opinion con q̄ gracias à Dˢ he uiuido siempre, y el singular aprecio q̄ sabe hazer V Sª de sus hijos, defendiendolos de las injurias, y amparandolos en sus tribulaciones.

Si à V Sª le pareciere justa esta suplica q̄ he de hazer al Rey, y no tubiese reparo en amprarla, con el fauor de V Sª, mi inociencia, y la piedad de el Rey me prometo boluer à la apacible tranquilidad y felicissimas honrras con q̄ V Sª ha querido distinguirme.

Aora voy à rogar à Dˢ q̄ guarde a V Sª en su mayor grandeza, y q̄ la llene de venturas y felicidades q̄ todas cedan en su honor y su gloria. Almeida de Portugal oy 1 de Nobiembre de 1732." (Autógrafo inédito conservado en *Provisiones de cátedras. Ausencias y jubilaciones. Expedientes de oposición a los titulos. Grados y méritos de los concursantes a cátedras de la Univ. de Sal.*, AUS 2.109; cf. láminas entre pp. 168 y 169. Hay en el mismo legajo otra carta autógrafa escrita después del exilio, en 1735, y cuya fotocopia publiqué en *La Barca de Aqueronte*, p. 12.)

tido y regalado en las casas de los curas, los fidalgos, los jueces, los médicos y otras personas de gusto y conveniencias. Repasaba muchos ratos felizmente gustoso, con la memoria y la narración de mis anteriores aventuras, cuando me vieron aquellos montes con el ropón de ermitaño. Los recuerdos del dichoso don Juan del Valle eran frecuentes asuntos de las conversaciones, siendo gozo de los que le trataron y fatiga bien empleada de los que no lo conocieron, la repetición de sus virtudes escondidas. Parlaba con los abades y los hidalgos instruidos (de que hay abundancia en aquel reino) de los sistemas de la filosofía reciente; componíamos el mundo de los átomos, de la materia sutil, de la estriada y globulosa; regañábamos con Aristóteles, y se decía, entre nosotros, que no supo explicar un fenómeno de la naturaleza; y con la repetición de los disparates de Cartesio, de las presunciones de Regis, [160] y las vanidades de los que hoy garlan en el mundo, con sus librillos repletos de rayas, círculos y figuras, los tenía ansiosamente embelesados. Resollaba con los médicos muchas pataratas astrológicas; disculpaba los embustes, astucias y engaños de su facultad y lo dudoso de sus juicios y recetas, pero con tal advertencia que no los enojase mi poca fe y el escarnio con que me quedo contra la credulidad de los que no piensan que hay muerte y que para todo hay remedio. Echaba mis párrafos de política, de áullca, de guerra y de cuanto imaginaba oportuno a la inclinación de los oyentes. Aseguro al que lee que en mi vida he hablado ni tan varia ni tan disparatadamente como entonces; pero era disculpable mi garrulidad, porque la precisión de tenerlos gustosos y parciales hizo alborotar con demasía a mi natural silencio.

Con este trato humilde, agradable y astuto vivía en aquellos cortos lugares, hasta que, cansado de su breverdad, me mudé a Coimbra, adonde no pude detenerme

---

160 *Regis*: Pierre-Sylvain Leroy (1632-1707), excelente vulgarizador del cartesianismo, y autor de *Cours entier de philosophie ou Système général selon les principes de Descartes* (París, 1690).

sino muy poco tiempo, por causa de que aún vivía
(aunque muy viejo y postrado) el majadero celoso que
me dio motivo para dejar, la vez primera que la pisé,
aquella hermosísima ciudad. No obstante este ridículo
estorbo, y persuadido a que la mudanza de mi nombre y
traje le habrían ya borrado de su memoria los accidentes
de mi figura, quise alicionarme con el trato y la conferencia de algunos de los doctores de aquella grande, por
todos modos, Universidad. Baptizado tercera vez con
el nombre de Francisco Bermúdez, hablé de mi verdadero nombre y persona con varios sujetos de la primera
distinción, gobierno y sabiduría de aquella escuela, y
me significaron el especial honor que lograrían en que
el doctor don Diego de Torres fuese a servir la cátedra de Matemáticas, que tenían vacante por muchos
años por falta de opositor y pretendiente. Yo les aseguraba que conocía a Torres, y que estaba olvidándose
del mundo en uno de los lugares de la raya, obedeciendo al real decreto de su rey, que le tenía estrañado
de sus dominios. Prometí que le significaría lo mucho
que tenía que agradecer a sus buenos deseos, manifestando las honradas proposiciones con que procuraban
premiar sus fatigas y desvanecer sus desconsuelos. Añadieron a estas favorables promesas que perdonarían los
gastos de la incorporación del grado, el examen y ejercicios, y consultarían al rey para que, sin ejemplar,
aumentase los salarios de la cátedra. Antes que pudiese
la casualidad o la malicia descubrir que yo era el Torres que solicitaban, dejé a Coimbra y vine a parar
por otro par de semanas a Mirandela y a la Torre de
Moncorvo; [161] y de este lugar escribí a los doctores
de la comisión que don Diego de Torres sólo atendía
a los cuidados de manifestar al rey su veneración, su
inocencia y todas las operaciones de fidelísimo vasallo,
y que perdería todas las esperanzas y comodidades de
honra y de riqueza que le pudiese dar el mundo hasta

---

161 *Mirandela* y *Torre de Moncorvo*: villas de Tras-os-Montes, a
unos 180 kilómetros al NE de Coimbra; la segunda no está muy
lejos de Freixo d'Espada a Cinta.

demostrar su fidelidad, su celo y su inalterable esclavitud. Persuadílos en la carta lo agradecido que quedaba a la altísima honra de tan gloriosa universidad, y otras expresiones muy rendidas, muy reverentes y muy verdaderas.

Vago y ocioso de uno en otro pueblo vivía yo, esperando en el examen de los jueces y en la piedad del rey la restitución a mi patria, pero mi mala suerte me retardaba los alivios. Muchas veces me vi acometido de los pensamientos de ponerme en Lisboa, ya agasajado de los deseos de volver a instruirme en aquella gran corte, ya incitado de las cartas y las proposiciones con que me llamaron algunos príncipes; pero conociendo que me exponía a la infamia de ser ingrato o a la angustia de hacer imposible la vuelta a Castilla, no me determiné a consentir ni a los honrosos llamamientos de los próceres ni a los alegres gritos de mi curiosidad.

Mientras que yo andaba desocupado, sin destino seguro y lleno de indeliberaciones, ideas, arrepentimientos y propósitos, cumplió don Juan su reclusión de Uclés; y, habiéndose restituido a Madrid, continuaba con fervor incansable las diligencias y oficios de mi libertad y restitución. Escribióme que sería oportuno que alguna de mis hermanas se apareciese en la corte a besar los pies del rey y a suplicar a su real ánimo por mi libertad, por su alivio y el de mi pobre madre; y en pocos días se pusieron desde Salamanca en el camino de Valsaín [162] (adonde estaba la corte) mi hermana Manuela, mi sobrina Josefa de Ariño y mi primo Antonio Villarroel. Encontraron en el ministro un agrado piadoso, en los grandes sujetos de la corte una lástima cariñosa, y en los más ignorados una inclinación favorable y una prontitud increíble, llena de consuelos, alivios y breves esperanzas. El puro llanto de mis inconsolables parientes y la porfiada asistencia a las puertas del ministro, y la general misericordia con que

162 *Valsaín*, o *Balsaín*: residencia real en la provincia de Segovia, antes de llegar a serlo San Ildefonso.

todos miraban a mi pobre hermana y sobrina, me sa-
caron del tristísimo cautiverio al puerto de la felicidad
y la ventura. El eminentísimo señor cardenal de Molina, mi señor, de orden del rey, me volvió mejorada
la libertad y la honra en una carta que guardo para
mi confusión, mi gratitud y mi seguridad. [163] Volví a mi
patria, y en ella me recibieron muchos con contento,
algunos con desazón, y los más con una indiferencia
sospechosa y aun fuga reparable, porque juzgaban que
lo desterrado era enfermedad pestilente, y que el odio
de los enemigos podía introducirse en sus deseos, esperanzas y conveniencias. No me admiré, porque éste
es un temor común en los espíritus desdichados, y una
enfermedad incurable en todo lugar de pretendientes.

Tres años duró la privación de mi libertad; [164] y
aunque tuve en ellos la paciencia y alivios que dejo
expresados, también padecí en este intermedio otra
conjuración no tan poderosa, pero más terrible y abominable que la que fue causa del destierro. Callaré su
naturaleza, los productores y el lugar del delito, porque la caridad que debo tener con el prójimo me estor-

---

[163] Se conserva copia de la real orden en un informe de la universidad sobre la pretensión de jubilación de Torres: "El Rey ha
resuelto que Vm. se restituya a la asistencia y ejercicio de su cátedra de matemáticas, con la precisa condición de que no venga a
la corte, ni imprima almanakes ni otros papeles, sin que preceda
orden particular para ello. Lo que participo a Vm. de su real orden
para su inteligencia y cumplimiento. Dios guarde a Vm. muchos
años. Madrid, 9 de noviembre de 1734=El Obispo de Málaga=
Señor Doctor Don Diego de Torres" (AUS 217, *Libros de Claustros,
in fine*); y con evidente mordacidad, añade el redactor: "Esta carta
convence, no sólo que era culpado, sino que todavía no estaba bastante castigado su delito, y que aun sus escritos no eran tan inocentes y loables como él lo publica. No obstante esta real prohibición, ha continuado sus excursiones a la corte y en imprimir sus
almanaques y otros papeles diciendo que con un *vive vocis oraculo*
se le levantó la prohibición".
Fray Gaspar de Molina y Oviedo, Obispo de Málaga, Gobernador
del Real y Supremo Consejo de Castilla, protegerá en adelante a
Torres. Agradecido, le dedicará éste varias obras suyas: el almanaque de 1736 (*Los pobres del Hospicio de Madrid*), *Los Desahuciados del mundo y de la gloria* (1736), *Anatomía de todo lo visible
e invisible* (1738), *El soplo a la Justicia* (1739) y la edición expur-
gada de la *Vida natural y católica* (sept. 1743).
[164] En realidad, un poco más de dos años.

ba la queja y la noticia. Viven muchos que pudieran
ofenderse de mi descubrimiento, y no es justo dar que
sentir a ninguno, cuando no importa a mi opinión ni
a mi quietud que se queden en el silencio su arrojo y
mi conformidad. Sólo puedo decir, para mi confusión,
que el Real Consejo de las Ordenes tomó la providencia de averiguar la torpeza de la acción; y examinada
con muchos testigos, desengaños y papeles, halló al reo
oculto, encontró con mi inocencia ahogada, y fue so-
brecogido de una lastimosa compasión de ver los crueles enojos y facinerosas asechanzas con que daba en
aborrecerme la fortuna.

Padecí en este tiempo, en extremada [165] soledad, con
mucha pobreza y riguroso desabrigo, dos enfermedades
agudas, que me asomaron a la boca del sepulcro. Fue
la una un soberbio garrotillo, que me agarró bien des-
cuidadamente en una miserable aldea de Portugal, en la
casa de un pobre pescador honrado, piadoso y diligen-
te. En el angosto cubierto de su estrecha habitación,
resumida toda a un negro portal y a una cocina poco
ahumada, y sobre un desmembrado jergón, compuesto
de los destrozos de sus viejas redes, estuve lidiando con
las zozobras de tan maligna y traidora enfermedad.
Fui, en un tomo, el dotor, el cirujano y el enfermo; y
quiso la providencia de Dios que, en un sitio tan retirado, tan mísero y tan inculto, no me faltase lo con-
ducente para detener las atrevidas prontitudes del afecto. Tenía mi ángel pescador, arrojadas sobre unos
tablones, muchas simientes de calabaza y de melón, que
reservaba su economía y su industria para sembrar en
un pedazo de terreno que tenía arrendado, y una ca-
zuela barrigona de barro zamorano más que mediada
de azúcar (provisión indispensable en la casa más pobre de aquel reino); y con estas simientes me disponía
unas horchatas medianamente frescas en la garapiñera
del sereno, las que bebía por tarde y por mañana. Dá-
bame en las horas oportunas unos caldos de coles y

165   S: *en extrema soledad*

tocino; y con aquella golosina y remedio, estas substancias y seis sangrías que repartí entre los brazos y las piernas, me libré de morir ahorcado entre las garras de tan violento e implacable verdugo. Nunca fui tan agradecido ni tan apasionado a los cortos elementos de la medicina como en esta ocasión, y el haber leído que a esta idea de achaque se ocurre con las sangrías y los refrescos, me sirvió de un notable alivio y una confianza saludable. Para que al lector no le quede confusión alguna en orden al modo y la prontitud de ejecutar las evacuaciones de sangre, sepa que ha muchos años que llevo en mi bolsillo, y especialmente a los viajes, un estuche con herramientas de cirugía, pluma, tintero, hilo y abuja, y otros trastos con que divertir y remendar la vida y el vestido.

Fue la otra enfermedad una calentura ardiente, que me asaltó en el convento de san Francisco de Trancoso, [166] en la que fui asistido dichosamente de un confesor sabio y devoto y de un médico necio e ignorante. En este peligro libró con más ventajas mi conciencia que mi cuerpo, porque en aquélla no quedó rastro ni reliquia de escrúpulo, y de mi humanidad aun no he podido ver sacudidas las maldades que dejó en ella o plantó de nuevo, con sus malaventuradas zupias y brebajes. Después de diferentes recaídas vino a parar en una destilación al pecho, que me puso en las agonías de una tísica [167] incipiente, y hubiera pasado a la tercera especie, [168] a no haber escapado de sus uñas. Desesperado con la asistencia y la ignorancia de este bruto dotor, determiné que un lego enfermero de la casa me diese un botón de fuego entre tercera y cuarta vértebra del espinazo, para que, abriendo una fuente en este

---

[166] *Trancoso*: pueblo de la Beira Alta, al pie de la Serra da Lapa, a 27 kilómetros al norte de Guarda.
[167] *tísica* en M | ed. prínc. y S: *physica*
[168] *hubiera pasado a la tercera especie*: 'hubiera muerto', sentido más probable, que parece confirmar una frase en que se lee la misma expresión: "...era yo pobre de los de tercera especie, y desamparado de cuarta anatema..." (*Ultimo sacudimiento de botarates*, S X, p. 234).

sitio, se viniese a este conducto la destilación que corría precipitada a los pulmones. Con la esperanza de esta medicina, dictada por mi antojo, y sin temor a mi flaqueza ni a las injurias del temporal, me mudé a Ponte de Abad, [169] lugar en donde, por la misericordia de Dios, no había médico ni boticario. Con la falta de estos dos enemigos, con mucha paciencia y el consuelo de ir palpando las buenas noticias que me daba mi albañal, me vi libre en pocos días de tan rebelde y desesperada dolencia. Otros trabajos y desdichas sufrí en esta larga y penosa temporada, pero los suavizó mucho mi conformidad y los deleites que no dejaban de encontrarme a cada paso, de modo que iba corriendo mi vida como la del más dichoso, el más rico y el más acompañado, pues para todos vienen las pesadumbres y los gustos, la salud y la enfermedad, el ocio y el entretenimiento, la miseria y la abundancia, porque la vida del más feliz y el más desgraciado está llena de sobras y faltas, alteraciones y serenidades, tristezas y alegrías, y con todo, se vive hasta la muerte.

Gozando de la quietud de mi casa, de la compañía dulce de mi madre y hermanas, de la conversación de mis amigos y de las adulaciones de mi tintero y de mi pluma, me estuve un año en Salamanca, hasta que con la licencia del eminentísimo cardenal de Molina, mi señor, vine a Madrid. Aposentóme (con admiración y susto de los contrarios y honrado gozo de los afectos) don Juan de Salazar en su casa, y con esta acción volcó muchos juicios y arruinó mil conjeturas poco favorables a nuestra amistad y confianza; corrimos en su coche paseos públicos, visitamos con ancha alegría a nuestros apasionados, con política estrecha a nuestros enemigos, y con reservada prudencia a los indiferentes en las noticias y acciones de nuestros trabajos y sucesos. Nuestra presencia y amistad produjo muchos desengaños, desató muchas dudas y puso respeto a no

---

[169] *Ponte de Abad*: o *Ponte do Abade*, pueblecito situado a 20 kilómetros de Trancoso, a orillas del río Távora, en la carretera de Lamego (cf. *infra*, nota 172).

pocas jactancias y mentiras. Con esta diligencia y la demostración de la constancia inseparable de nuestro cariño, se serenaron las inquietudes y se enterraron todas las ideas y máquinas de los genios revoltosos, noveleros y desocupados. Pasé con mi amigo felizmente todo el verano, y pocos días antes de san Lucas [170] me volví a Salamanca a cumplir mis juramentos y mis obligaciones; y al año siguiente, que fue el de 1736, después de finalizadas mis tareas, empecé a satisfacer varios votos que había hecho por mi libertad y mi vida en el tiempo de mi esclavitud y mis dolencias. Fue el más penoso el que hice de ir a pie a visitar el templo del apóstol Santiago, y fue sin duda el más indignamente cumplido, porque las indevotas, vanas y ridículas circunstancias de mi peregrinación echaron a rodar parte del mérito y valor de la promesa. Salí de Salamanca reventando de peregrino, con el bordón, la esclavina y un vestido más que medianamente costoso. Acompañábame don Agustín de Herrera, un amigo muy conforme a mi genio, muy semejante a mis ideas y muy parcial con mis inclinaciones, el que también venía tan fanfarrón, tan hueco y tan loco como yo, afectando la gallardía, la gentileza y la pompa del cuerpo y del traje, y descubriendo la vanidad de la cabeza. Detrás de nosotros seguían cuatro criados, con cuatro caballos del diestro y un macho donde venían los repuestos de la cama y la comida. Atravesamos por Portugal para salir a la ciudad de Túy, y en los pueblos de buenas vecindades nos deteníamos, ya por el motivo de descansar, ya por el gusto de que mi compañero y mis criados viesen sin prisa los lugares de aquel reino, que yo tenía medianamente repasado. Divertíamos poderosamente las fatigas del viaje en las casas de los fidalgos, en los conventos de monjas y en otros lugares, donde sólo se trataba de oír músicas, disponer danzas y amontonar toda casta de juegos, diversiones y ale-

---

[170] El día de San Lucas (18 de octubre) reanudaba el curso universitario.

grías. Convocábanse, en los lugares del paso y la detención, las mujeres, los niños y los hombres a ver el *Piscator*, y, como a oráculo, acudían llenos de fe y de ignorancia a solicitar las respuestas de sus dudas y sus deseos. Las mujeres infecundas me preguntaban por su sucesión, las solteras por sus bodas, las aborrecidas del marido me pedían remedios para reconciliarlos; y detrás de éstas, soltaban otras peticiones y preguntas raras, necias e increíbles. Los hombres me consultaban sus achaques, sus escrúpulos, sus pérdidas y sus ganancias. Venían unos a preguntar si los querían sus damas; otros a saber la ventura de sus empleos y pretensiones; y, finalmente, venían todos y todas a ver cómo son los hombres que hacen los pronósticos, porque la sinceridad del vulgo nos creen [171] de otra figura, de otro metal o de otro sentido que las demás personas, y yo creo que a mí me han imaginado por un engendro mixto de la casta de los diablos y los brujos. Este viaje le tengo escrito en un romance que se hallará en el segundo tomo de mis poesías, [172] y en el *Extracto de pronósticos,* en el del año de 1738, [173] en donde están con

---

171 *creen*: No corrijo este plural, aunque es gramaticalmente incorrecto.

172 *Peregrinación al glorioso Apóstol Santiago de Galicia,* romance editado en Salamanca (nov. 1737) y recogido en S VIII, pp. 58-77, sarta larguísima de retruécanos burlescos. Esta relación tiene por lo menos el mérito de indicarnos el itinerario de nuestros romeros: Almeida - Pinhel - Trancoso - Ponte do Abade - Lamego - Braga - Valença (do Minho) - Túy - Santiago. Cuando Torres habla del "segundo tomo de [sus] poesías", aludirá a *Juguetes de Thalía,* Salamanca, por A. Villarroel, 1738 (cf. Introducción, nota 15).

173 Todas las ediciones dan la fecha errónea de 1736; el *Extracto de los pronósticos del Gran Piscator de Salamanca desde el año de 1725 hasta el de 1739* (Salamanca, por A. Villarroel, 1739) incluye el de 1738, titulado *La romería a Santiago* (S IX, pp. 213 y sig.); la dedicatoria es del 10 de nov. de 1737. El astrólogo parece pedir perdón por las exageraciones burlescas que desparramó como siempre en este almanaque: "...tomamos el camino de Santiago por la hermosa y florida provincia de Túy. Las demás especialidades de la peregrinación las pondré en un romance. Y ahora sólo digo que a los sabios, devotos e ilustrísimos prelados, a sus nobilísimos caballeros, comunidades religiosas y plebeyos de todo el reino, debí singulares honras, favores, piedad e imponderable aclamación. Cantaron villancicos a mi nombre, imprimieron versos laudatorios, e hicieron mil demostraciones que me tienen confuso y esclavizado.

más individualidad referidas las jornadas; aquí sólo expreso que sin duda alguna hubiera vuelto rico a Castilla, si hubiese dejado entrar en mi desinterés un poco de codicia o un disimulo con manos de aceptación; porque, con el motivo de concurrir a la mesa del ilustrísimo arzobispo de Santiago, el señor Yermo, el médico de aquel cabildo don Tomás de Velasco, hombre de mucha ciencia, mucha gracia y honradez, hablaba de mí en todos los concursos (claro está que por honrarme) con singularísimas expresiones de estimación hacia mi persona y mis bachillerías. Agregáronse a su opinión y su cortesanía los demás médicos, y no hubo achacoso, doliente ni postrado que no solicitase mi visita. Atento, caritativo y espantado de la sencillez y credulidad de las gentes, iba con mi dotor sabio y gracioso a ver, consolar y medicinar sus enfermos, los que querían darme cuanto tenían en sus casas. Agradecí sus bizarrías, sus agasajos, y les dejé sus dones y sus alhajas, contentando a mi ambición con la dichosa confianza y el atentísimo modo con que me recibieron. Mucho tendría de vanidad y quijotada este desvío en un hombre de mi regular esfera, pero también era infamia hacer comercio con mis embustes y sus sencilleces, no teniendo necesidad ni otro motivo disculpable.

Dejando contentos a los médicos, y muy distraídos de aquel error común que me capitula de enemigo grosero y rencoroso de las apreciables experiencias de su facultad, y consolados a los enfermos, aquietando a unos sus aprehensiones y realidades con remedios dóciles, y persuadiendo a otros que la carestía de los medicamentos era el más oportuno socorro para sus dolencias, pasé a la Coruña, en donde me sucedió el

En la introducción pongo algunas pinturas ridículas; pero sólo lo he hecho por seguir el tema de la jocosidad, pues confieso el bellísimo trato, crianza, ingenio, aplicación y piedad de todos sus moradores. Y ruego a Dios les premie el aprecio que hicieron de mi indigna persona, extraordinario humor y ridículo ingenio..." (*ibid.*, pp. 224-225).

Señor. 1732

Claustro pleno de 8 de
8bre de 1732.

Carta de D. Diego de Torres
Villarroel y anunciando el destierro
ni experiencia de Rey

Si Dios de Cumplir con la posible bre
vedad una orden deel Rey (que le guar
de) no me dexò dar à Vs.ª parte de mi des
gracia: aora pongo mi desventura y mi
rendimiento à su arbitrio, y Ruego à
Vs.ª me honrre, y agasaje como a hijo,
si mis ruegos tubieren las condiciones
de Justos.

La orden deel Rey mi Amo mandaba,
q. yo Saliese de Sus Dominios por Justos
motiuos: (Justo es todo quanto contiene su
mandamiento). Yo he examinado Conto
do rigor mis acciones, y ninguna he po
dido despertar la indignación deel Rey.

No es mi Animo apelar à
indulto, ni Perdon, porque estos ruegos
aunq. son may breues, mas faciles
y de menos Costa, dexan acreditado el
Borron de Delinquente. Yo Supli
co al Rey, q. me oiga en Justicia, y
que acabe de verter sobre mi toda

Carta autógrafa, inédita, de Diego de Torres, diri-
gida al Claustro de la Universidad de Salamanca.
(Almeida, nov. 1732)

Archivo Universidad de Salamanca

su Real Indignación si aparecieren
mis acciones Culpadas en Juizio.

Haver mi Vltima determinación
de lo que doy parte à Vsª como de mi
felicidad, y ruego à Vsª encarecida
mente, que suplique al Rey esto mis
mo en mi nombre: y represente à
su Alteza Magestad la buena opinión
con que graves à Vsª he merecido siempre
y el singular aprecio que sabe hazer
Vsª de sus hijos: defendiendolos de
las injurias, y amparandolos en sus
tribulaciones.

Si à Vsª le pareciere Justa essa
suplica que le de hazer al Rey, y no
tubiese reparo en ampararla; con
el favor de Vsª, mi inocencia,
y la Piedad de el Rey me prome
to bolver à la apacible tranqui
lidad, y felicissimas honrras
con que Vsª ha querido distinguir
me.

Ahora voy à rogar à Dios que guarde
à Vsª en su mayor grandeza, y que
la llene de venturas, y felicidades,
que todas ceden en su honor y su gloria.
Almeida de Portugal oy 8 de Noviem
bre de 1732.

Señor

De Vsª su amantissimo
hijo y fidelissimo Servidor q
El Baron de ...

El Dr Dn Diego de Torres Vi
llarroel

Dios le ... Secretª y mas ... ... nuestro.

Continuación de la carta autógrafa precedente.
(Véase nota 159 de esta edición)

aplauso y el honor de aquellos honradores genios con el mismo alborozo que en Santiago. Desde aquel alegre y bellísimo puerto de mar tomé el camino de Castilla por distintos lugares, en los que merecí ser huésped de las primeras personas de distinción, agasajándome en sus casas con las diversiones, los regalos y los cariños. En medio de estar ocupado con los deleites, las visitas y los concursos, no dejaba de escoger algunos ratos para mis tareas. La que me impuse en este viaje fue la *Vida de la venerable madre Gregoria de Santa Teresa*, [174] la que concluí en el camino, con el almanak de aquel año, antes de volver a Salamanca, adonde llegué desocupado para proseguir sin estrañas fatigas las que por mi obligación tengo juradas. Cinco meses me detuve en este viaje, y fue el más feliz, el más venturoso y acomodado que he tenido en mi vida, pues, sin haber probado la más leve alteración en la salud ni en el ánimo, salí y entré alegre, vanaglorioso y dichosamente divertido en mi casa. En la quietud de ella cumplí el *cuarto trozo* de mi edad, que es el asunto de esta historia; y desde este tiempo hasta hoy, que es el día veinte de mayo del año de 1743, no ha pasado por mí aventura ni suceso que sea digno de ponerse en esta relación. Voy manteniendo, gracias a Dios, la vida sin especial congoja ni más pesadumbres que las que dan a todos los habitadores de la tierra el mundo, el demonio y la carne. Vivo, y me han dejado vivir desde este término los impertinentes que viven de residenciar las vidas y las obras ajenas, quieto y apacible, y ocupado sin reprehensión y sin molestia. Me ayudan a llevar la vida con alguna comodidad y descuido, la buena condición y compañía de mis hermanas y mis gentes, y mil ducados de renta al año, que con ellos y las añadiduras de mis afortunadas majaderías junto para que descansen mi madre y mis hermanas, ayuden a nuestros miserables parientes y den algunas limosnas a los pobres forasteros de nuestra familia.

174 Primera edición en Salamanca, por A. Villarroel (1738); reeditada en S XI y XII.

Vivo muy contento en Salamanca, y con los propósitos de dar los huesos a la tierra donde respiré el primer ambiente, y a la que me dio los primeros frutos de mi conservación. Varias veces me ha acometido la fortuna con las proposiciones de bienes más crecidos y más honrados que los que gozo, pero conociendo mi indignidad y la mala cuenta que había de volver de sus encargos, me he hecho sordo a sus gritos, sus promesas y sus esperanzas. Hago todos los años dos o tres escapatorias a Madrid, sin el menor desperdicio de mi casa, porque en la de la excelentísima señora duquesa de Alba, mi señora, logro su abundantísima mesa, un alojamiento esparcido, poltrón y ricamente alhajado, y, lo que es más, la honra de estar tan cercano de sus pies. Por los respetos a [175] esta excelentísima señora, me permiten las más de su carácter y altura la frecuencia en sus estrados, honrando a mi abatimiento con afabilísimas piedades. Los duques, los condes, los marqueses, los ministros y las más personas de la sublime, mediana y abatida esfera, me distinguen, me honran y me buscan, manifestando con sus solicitudes y expresiones el singular asiento que me dan en su estimación y su memoria. No he tocado puerta en la corte ni en otro pueblo que no me la hayan abierto con agasajo y alegría. El que imagine que este modo de explicar las memorables aficiones que debo a las buenas gentes, es ponderación o mentira absoluta de mi jactancia, véngalo a ver, y le cogerá el mismo espanto que a mí que lo toco. Véngase conmigo el incrédulo pesaroso de mi estimación, y se ahitará de cortesías y buenos semblantes. Lo que más claramente descubre esta relación es una vanidad disculpable y un engreimiento bien acondicionado, porque sabiendo yo que no merece mi cuna, mi empleo, mi riqueza ni mi ingenio más expresiones que las que se hacen por cristiandad y por costumbre, no deja de hacerme cosquillas en el amor proprio de que esta casta de general y venerable

175   S: *Por los respetos de*

agasajo se endereza a mi persona, a mi humildad y a mi correspondencia. También creo que me habrá dado tal cual remoquete cortesano la extravagancia de mi estudio; pero otros hacen coplas y pronósticos, y los veo aborrecidos y olvidados. Confiesen mis émulos y envidiosos que Dios me lo presta, y que yo me ayudo con el respeto y buen modo con que procuro hacerme parcial [176] a todo género de gentes; que yo también confieso que escribo estas escusadas noticias por darles un poco de pesadumbre y un retazo de motivo para que recaigan sobre mí sus murmuraciones y blasfemias. Guardo con especial veneración, respeto y confusión mía, las cartas y la correspondencia con algunos cardenales, arzobispos, obispos, duquesas, duques, generales de las religiones y otros príncipes y personas de la primera altura y soberanía. Éstas son las alhajas y preciosidades que venero especialísimamente, y las que mandaré a mis herederos que muestren y vinculen por única memoria de mi felicidad y para testigos del honor que sabe dar el mundo a los desventurados que procuran vivir con desinterés, abatimiento de sí mismos y respeto a todos. No me faltan algunos enemigos veniales y maldicientes de escalera abajo, aunque ya tengo pocos y malos, y siento mucho que se me haya hundido este caudal, porque a estos tales he debido mucha porción de fama, gusto y conveniencia, que hoy hace feliz y venturosa mi vida.

Ésta es la verdadera historia de ella. Espero en Dios acabar mis días con la serenidad que estos últimos años. Estoy en irme muriendo poco a poco, sin matarme por nada. Discurro que ya no me volverán a coger las desgracias ni los acasos memorables, porque mi vejez, mis desengaños y mis escarmientos me tienen retirado de los bullicios y con el ojo alerta a las asechanzas y los trompicaderos; y si me vuelven a agarrar las persecuciones, consolaréme con la consideración de lo poco

---

176 *parcial*: "Por extensión, vale amigo, familiar y estrecho. [...] Significa también sociable, comunicable, y que trata afablemente con todos" (*Aut.*).

durable que será mi desdicha, porque la muerte ha de
acabar con ella, y ya no puede estar muy lejos. Y en
fin, venga lo que Dios quisiere, que todo lo he de pro-
curar sufrir con paciencia y con resignación y con alegría católica, que éste es el modo de adquirir una buena
muerte después de esta mala vida.

✠

QUINTO TROZO
DE LA VIDA,

ASCENDENCIA , NACIMIENTO , CRIANZA,

Y AVENTURAS

DE EL

D.ᵒᶜᵗ D. DIEGO DE TORRES,

CATHEDRATICO DE MATHEMATICAS
en la Univerſidad de Salamanca.

DEDICADO

A LA EXC.ᴹᴬ SEñORA

D.ñᴬ MARIA TERESA

ALBAREZ DE TOLEDO , HARO , SILVA,
Guzman , Enriquez de Ribera , &c.

DUQUESA DE ALBA , MARQUESA DE EL
Carpio , Condeſa de Olivares , Duqueſa de Ga-
liſteo , y de Montoro , &c.

ESCRITO

POR EL MISMO DON DIEGO DE TORRES.

En Salamanca . Por Pedro Ortiz Gomez , año de 1750.

A LA EXCELENTÍSIMA SEÑORA
DOÑA MARÍA TERESA

Álvarez de Toledo, Haro, Silva, Guzmán, Enríquez
de Ribera, etc., duquesa de Alba, marquesa del
Carpio, condesa de Olivares, duquesa
de Galisteo y de Montoro, etc. [177]

EXCMA. SEÑORA:

DESDE aquella hora apacible en que la piedad de
V. Exc. permitió que echase a sus pies los cuatro trozos
primeros de mi trabajosa y desdichada Vida, cambié
a felicidades y quietudes todos sus tristes pasos y peligrosas estaciones. Desde aquella hora empecé a burlarme de las asechanzas de la pobreza, de las industrias
de la persecución, de la ojeriza de la fortuna y del
coraje de todos mis enemigos y contrarios. No quedó
en mi espríritu el más leve sentimiento de las urgencias
miserables ni de los porrazos terribles que padecí en
mi edad difunta, porque en la benigna aceptación de
V. Exc. perdieron mis aventuras su ingratitud y su inconstancia, y yo no volví a ver las pesadumbres ni los
desabrimientos a que me arrastraron mis fatalidades
y mis vicios; antes ahora suelo repetir, dichosamente
vano, cuanto arrojé entonces de mi memoria y de mi
pluma, lleno de dolor y de vergüenza. Yo aseguré con
esta ventura quitar el semblante espantoso de mi pasada
vida, y poner en mi opinión más apetecibles sus dudo-
sas o desacreditadas operaciones, y a la presente, añadir

177 En S, la dedicatoria va precedida de esta advertencia: *Quinto*
trozo de la Vida de Don Diego de Torres. Empieza desde los cua-
renta hasta los cincuenta años, va interrumpido con su dedicatoria y
prólogo, porque así lo pidió el tiempo y la estación (p. 112).

felices esperanzas, muy confiado en que ni en ésta ni en la futura, que Dios quiera darme, me faltará la piedad de V. Exc., porque no se ciñen a términos sus liberalidades, y porque, habiéndome permitido envejecer en sus honras, creo que me ha de conceder finalizar en su gracia mi carrera.

Suplico a V. Exc. permita que se junte a los demás miembros de mi vitalidad este quinto trozo, para que no caiga sobre mí la desproporción desmesurada de que ande cada pedazo por su lado, y para que corra debajo de la excelentísima protección que pasaron los primeros, que con este felicísimo socorro proseguirá aleando por los aires del mundo esta pesada Vida, que siempre los cortó con trabajo prolijo y ahora los rompe con debilidad inevitable. Lo que he vivido, lo que estoy viviendo y lo que me falta que vivir, pongo nuevamente a los pies de V. Exc., para que mande sobre lo que fui, sobre lo que soy y sobre lo que me falta que ser, que puede ser mucho, si la bondad de V. Exc. me permite emplear la vida que me falta en la servidumbre y observancia de sus preceptos.

Nuestro Señor guarde a V. Exc. muchos años, como me importa y le ruego. Salamanca, 12 de junio de 1750. [178]

---

[178] S: *Salamanca, etc.*

SARTENAZO [179] CON HIJOS,

porque lleva sus arremetimientos, moquetes y sornavirones [180] de prólogo; mosqueo ochenta y cinco, particular y general, hacia los cigarrones porfiados que no cesan [181] de dar zumbidos a mis orejas y encontrones a mis costillares; y, finalmente, aparejo que debe echarse encima el lector, antes de meterse en el berenjenal de esta historia, para resistir el turbión de mis aventuras y sucesos. Agacharse, que allá va lo que es; y u Dios y a dicha llámese

PRÓLOGO

A H O R A que tengo más oreada la imaginación de las lluvias y terremotos, y los sesos más sacudidos de las aplopejías [182] y letargos; y ahora que está el discurso menos abotagado [183] y aturdido de la algazara y el aguacero de los coplones, las acertujas [184] y las demás tempestades que se levantan del cenagal de mi fantasía a

---

179 *sartenazo*: Así tituló Torres varios prólogos suyos; éste debía ser el ochenta y cinco, como lo repite p. 186. Llevaba una cuenta exacta de sus prólogos, y el que redacta unos meses después se presenta así: "Otro sartenazo, y es el ochenta y seis, a los murmuradores incansables" (*Aventuras en la abadía del Duque de Alba*, almanaque de 1751, S X, p. 89).

180 *sornavirón*: "el golpe pronto y fuerte que se da a otro con la mano vuelta" (*Aut.*).

181 S: *que no dejan de dar*

182 *aplopejías* en ed. prínc. y S (*apoplejías* en M): conservo esta forma corriente bajo la pluma de Torres (cf. *Barca*, p. 350, l. 20).

183 *abotagado* en ed. prínc. | *abotargado* en S (forma salmantina registrada por *Lamano*).

184 *acertujas*: forma salmantina de *acertijos* (Martín Alonso, *Encicl. del Idioma*).

177

corromper mis reportorios; [185] y ahora, pues, que el del
año que viene estará ya, a buena cuenta, trocando por
reales verdaderos los falsos chanflones [186] que le puse
en las alforjas de sus lunas, para que comercie con los
carirredondos del mundo; y ahora, también, que siento
más hundidos en las cavernas de mis hipocondrios unos
humazos que se suben a temporadas a descalabrarme
el juicio y a traerme la consideración al retortero; [187]
y ahora, en fin, que a puros rempujones de mis desenfados me he desasido de una importuna tristeza que
tuvo agarrado muchos días por la mitad del cuerpo a
mi espíritu; y ahora, últimamente, que me da la gana,
y que sospecho que me [188] ha de ser más útil y menos
impertinente esta idea que otra alguna de las que andan
zumbando mis oídos y arremetiendo a mis ociosidades, quiero escribir el quinto trozo de mi Vida, sin
pedir licencia a ninguno, porque cada pobre puede
hacer de su vida un sayo, y más cuando la diligencia
puede acabar en hacer un sayo para su vida.

Ya, gracias a Dios, han trotado sobre mis lomos los
cincuenta del pico; ya doblé la esquina de este término
fatal, que lo cuenta Galeno por el más melancólico de
los críticos; y aunque me han magullado la humanidad los años y otros cigarrones [189] que vienen de reata
con los días, aun me rebullo y me reguilo, [190] aunque
es verdad que he quedado de las sobaduras algo corvo,
tiritón y juanetudo; pero aún me estoy erre que erre
y remolón entre los vivos, y he de hacer [191] porra en
el mundo lo que Dios quisiere, a pesar de la rabiosa

---

[185] *reportorio:* "lo mismo que calendario o tratado de los tiempos" (*Aut.*).
[186] *chanflón:* "la moneda mal formada, tosca y falsa, que no
pasa ni se recibe" (*Aut.*).
[187] S: *descalabrarme el juicio; y ahora, en fin*
[188] S: *sospecho que ha de ser*
[189] *cigarrones:* En todas las ediciones hay *ciparrones,* que considero una errata (cf. al principio del prólogo los *cigarrones porfiados,* y el frecuente uso metafórico de *zumbidos, zumbar, moscones, moscardos*).
[190] *reguilarse:* 'rehilarse' (*Lamano*); sinónimo de *rebullirse* o
moverse.
[191] S: *hacerme porra*

agonía de mis incontinencias, de la furia de mis ansiones [192] desordenados, de la desazonada cólera de los alimentos, de los empellones de las pesadumbres, de los impulsos de las pedradas y tejazos repentinos, de las congojas de la frialdad, de las apreturas del calor, y, finalmente, a pesar de los buenos, malos y medianos médicos, que son, sin duda, los enemigos más valientes y armados que tienen en la tierra nuestras tristes y rematadas vidas.

Yo debía poner una ansia cuidadosa en moralizar y en inquirir por qué la clemencia de Dios me ha permitido durar tanto tiempo en el mundo, siendo el escándalo, la ojeriza y el mal ejemplo de sus moradores. Pero por ahora no me detendré en esta meditación ni solicitud, porque estando ya tan cerca el terrible día en que ha de salir a juicio lo más menudo de mis pensamientos, obras y palabras, entonces lo sabré todo; y pues es indefectible esta salida, tengan conformidad mis deseos hasta aquella hora, que ya está para caer, pues, por vida mía, que no pasa minuto en que no me zumben sus campanadas las orejas. Mi malicia y mi obstinada ligereza no me permiten parar en estas consideraciones, pero algunas memorias pasajeras, que transitan por mi imaginación, me bruman, me acongojan y confunden, al presentarse en mi espíritu la inmensa e incomprehensible misericordia de Dios, pues, mereciendo mis operaciones más castigos y más crueles que los que justísimamente padecen los condenados infernales, me retiene su piedad en la vida, y en ella me deja gozar de la salud, de las abundancias, los festejos, las risas, los aplausos y las ociosidades. Es imposible a mis fuerzas penetrar este misterio. ¡Dios me alumbre, Dios me asista y Dios me perdone!

Cuando me puse a escribir los pasados trozos de mi Vida, llevaba conmigo dos intenciones principales, y

---

[192] *ansiones*: Cf. *supra*, nota 117.

aunque sospecho que estarán declaradas en aquel cartapacio, importa muy poco repetirlas. La primera fue
estorbar a un tropel de ingenios hambreones, [193] presumidos y desesperados, que saliesen a la plaza del mundo
a darme en los hocicos o en la calavera con una vida
cuajada de sucesos ridículos, malmetiendo a mis costumbres con las de Pedro Ponce, el hermano Juan y
otros embusteros y forajidos de esta casta. La segunda,
desmentir con mis verdades las acusaciones, las bastar-
das novelas y los cuentos mentirosos que se voceaban
de mí en las cocinas, calles y tabernas, entresacadas de
quinientos pliegos de maldiciones y sátiras que corren
a cuatro pies por el mundo, impresas sin licencia de
Dios ni del rey, y añadidas de las bocas de los truha-
nes, ociosos y noveleros; y crea el lector que mi fortuna estuvo en madrugar a escribir mi Vida un poco
antes que alguno de estos maulones lo pensara, que si
me descuido en morirme o en no levantarme menos
temprano, me sacan al mercado hecho el mamarracho
más sucio que hubieran visto las carnestolendas desde
Adán hasta hoy. Logré, gracias a Dios, las dos intenciones, y ahora se me han pegado de añadidura otras
cuantas, y entre ellas, una firmísima de responder con
la pluma o la conversación a cualquiera reparo o duda
que los asalte (sobre este o los pasados trozos de mi
vida) a los curiosos, a los impertinentes, a los bien in-
tencionados, y aun a los atisbadores malignos de mis
obras y palabras; y recibiré sin espanto, sin aturdimiento y con los propósitos de sufrir con paciencia, las
hisopadas repetidas del *bárbaro, truhán, tonto, bribón*
y los demás aguaceros con que me han rociado a cán-
taros el nombre y la persona, pero con la condición
de que me hablen con la cara descubierta o me escriban
con sus verdaderos nombres y apellidos, porque si se
me vienen, como hasta aquí, arrebujados en el capirote
de lo anónimo o engullidos en la carantoña del Pedro

---

[193] *hambreón*: 'hambrón', forma salmantina corriente en Torres
(cf. *Barca*, p. 410, n. 182); Lamano indica también *hambrión*.

Fernández, los rechazaré como siempre con el desprecio y la carcajada. [194]

He deseado con ansia que entre los censores que me han arremetido o entre los ceñudos que están inclinados a revolcarme, saliera alguno, hombre de mediana crianza o de tal cual carácter, que, poniéndome en el burro de mi ignorancia y colgándome al cuello mis brutalidades, me sacudiese de buen aire las costillas de mi vanidad, y de la soberbia que me han puesto en los cascos los mismos émulos que procuran mi ruina y la desestimación de mis papeles; porque crea Vmd., seó lector, que estoy borracho de altanerías, y no acierto a desechar de mi consideración los moscones de la vanagloria, porque estoy creyendo firmísimamente que valen algo mis tareas, y que me tienen mucho miedo y mucha envidia los traidores que me disparan tapados los pedruscos de sus sátiras y maldiciones. A la verdad, puede disculparse en algún modo mi vano consentimiento, porque entre más de ochenta satíricos que me han tirado desde lejos y a obscuras tantos bodocazos de patochadas, no ha habido uno solo que se haya arrojado a hablarme con su cara verdadera, ni a escribirme con su pluma patente, y también es estraña casualidad que entre tantos no se haya descubierto un hombre de mediana fortuna, de intención sana, de genio dócil o de un juicio festivamente aleccionado. Cuantos ha enfaldado mi curiosa diligencia, todos han sido unos pordioseros, petardistas, tuertos de razón, despilfarrados, sin arrapo de doctrina ni de

194 Cf. los títulos de los capítulos IV a VIII de la segunda parte de las *Visiones*, reveladores de cierta manía persecutoria. La "carantoña de Pedro Fernández" podría ser la del P. Isla, quien publicó en 1726 las *Glosas interlineales puestas y publicadas con el nombre del Licenciado Pedro Fernández a las Postdatas de Torres, en defensa del Dr. Martínez y del Teatro Crítico Universal, dedicadas al mismo señor bachiller Don Diego de Torres* (1726; cf. Feijoo, *T. C. U.*, Clás. Cast., n.° XLVIII, p. 57, n.° 10). Un cuarto de siglo después de la controversia astrológica, se acuerda Diego de aquella satirilla... Russell P. Sebold señala que el P. Isla pensó publicar en un principio el *Gerundio* bajo el seudónimo de Pedro Fernández (cf. su edición de *Fray Gerundio Campazas*, Clás. Cast., n.° CXLVIII, p. XXVIII n.).

juicio, con mucho miedo y poca vergüenza. Vuelvo a decir que me alegraré mucho y encomendaré a Dios a cualquiera crítico que me cure esta maldita vanidad que me tiene cogido, como la de ver que nunca me ha castigado en público ni en secreto ningún catedrático, doctor, religioso grave, escolar modesto, repúblico decente, ni hombre alguno de opinión y enseñanza; [195] y mientras no tome el látigo alguno de éstos, ni yo he de sanar de esta locura desmesurada, ni he de sujetarme a recibir los avisos ni los recetarios de los curanderos salvajes que han tomado a su cuenta trabajar un enfermo, que si tiene alguna hipocondría de disparates, se halla bien con ella, y que, finalmente, ni los llama ni los consulta ni los cree ni los necesita para vivir largo y gustosamente divertido.

Estoy seguro de que no se hallará en estas planas, ni en las de los trozos antecedentes, suceso alguno ponderado, disminuido o puesto con otra figura que pueda asombrar o deslucir la verdad que gracias a Dios acostumbro. También estoy cierto de que va delante de mis expresiones la rectitud de la intención, pero también sé que es imposible contener la furia de los comentadores maliciosos. Poco sentimiento tendré en que cada uno discurra lo que se le antojare, ni de que arrempuje mis oraciones hacia el sentido que le diere la gana. Estoy satisfecho de que puedo hablar con esta especie de soberbia y sencillez, porque es verdad pura lo que dejo confesado, y lo será cuanto ponga en los cuadernos que tengo ánimo de escribir. Sé también que hasta ahora me ha tenido por su mano la piedad de Dios, para que no haya dejado de ser hombre de leal correspondencia con todos. Sé que he venerado a mis superiores, y que he sido apacible y tratable con las demás diferencias de gentes. Sé que no he puesto la más leve sospecha en la opinión de persona alguna. Sé que no he hecho juicio falso, sino los de mis reportorios. Sé que a ninguno le pedí prestado su dinero, su

---

[195] ¿No sería acaso un "castigo público" la expurgación de la *Vida natural y católica*, de la cual pronto nos hablará?

vestido, su caballo, su casa ni otra cosa, ni le he procurado la más leve incomodidad; y, finalmente, sé que ningún bergante puede referir con verdad acción que se oponga al buen trato y honradez entre los hombres a quien debo servir, obedecer y tratar con respeto, cariño, llaneza o confianza; y si hubiere alguno que tenga que pedirme algún pedazo de su opinión o su caudal, hable o escriba, que aún vivimos, y juro a Dios de satisfacerle y de volverle, del modo que me mande, cuanto por mi culpa haya perdido.

Me he reído muchas veces a mis solas de ver el empeño que han tomado mis émulos en querer hacerme sabio y silencioso, que ésta ha sido la porfía más temeraria con que han procurado echar a rodar mi paciencia. Yo no puedo fundirme la humanidad ni formarme otro espíritu, ni sé dónde comprar otra cabeza; lo que discurre, lo que cavila y lo que contiene la que Dios me ha puesto en los hombros es lo que doy al público; si esto es majadería, ignorancia o simplicidad, no debo pena, porque Dios no ha querido ponerme otro caudal en ella, ni ha permitido que entren ni salgan de mis sesos las discreciones, las sutilezas ni las ingeniosidades. Dícenme que pudiera dejar de escribir; y es verdad que puedo; pero no quiero, que así paso muy buena vida, con sobrada comodidad, con quietud, con esparcimiento, sin sujeción, sin peligros, sin petardos, sin deudas, sin pretensiones, sin ceremonias y sin el más leve deseo hacia las dignidades ni a las abundancias; además que a mí ninguno me da nada porque esté callado y silencioso, y me lo dan cuando hablo y escribo; y así, quiero hablar y escribir a pesar de soberbios y tontos, que haciéndolo yo (como lo he hecho hasta ahora) con licencia de Dios y del rey, me burlaré de cuantos quieren poner candados a mi boca y cotos a mi fantasía. Yo me hallo muy bien con mis disparates, y por dar gusto a los antojos de cuatro presumidos, no he de soltar mis comodidades, risas y quietudes; primero soy yo que su dictamen y su soberbia, púdranse ellos, y vamos al caso.

A mí me parece que no soy tan bobo como me hacen ellos y el sayo; y si me tomaran juramento, afirmaría que puedo pasar en el montón de los engreídos y discretones, porque, a lo que toco, no está hoy el mundo tan abundante de Quevedos y Solises para que me saquen la lengua, ni es razón hacer tantos ascos de un doctor que ha padecido sus crujías en Salamanca, además de que lo que veo escrito y escucho hablado por acá se diferencia muy poco de lo que yo hablo y escarabajeo; y si he de decirlo todo, aseguro que nunca creí ni esperé salir tan discreto y tan letrado, pues en acordándome de mi crianza, de mi pobreza y de la libertad escandalosa con que he vivido, me aturdo cómo he llegado a saber tanto, y cómo o por qué me he hecho memorable entre las gentes; pues yo conozco a muchos que, después de destetados con mejor doctrina, y comiendo después a costa del papa, del rey, de las fundaciones, de las limosnas, de las capellanías, de los parientes, de los mayorazgos y otros depósitos, han consumido cincuenta y sesenta años en las universidades, pagando decuriones, [196] ayos y libreros, y se han quedado más lerdos y comedores que yo, sin que nadie en el mundo se acuerde de ellos, y mantienen una vanidad de doctores tan endiablada, que se la apuestan a la de Lucifer.

Tengan sabido mis desafectos que yo sé algo; es verdad que es muy poquito; pero esto poco me sobra y me embaraza. Unos pingajos que tengo de medicina, no los he menester para nada, porque ni la vendo ni la tomo ni la doy ni la aconsejo. Algunos arrapiezos de la física que agarré en los filósofos, ni los uso ni los persuado ni los necesito, porque estoy cierto de que en ellos no hay verdad, conveniencia ni capacidad en que se pueda resolver un ochavo de cominos. Otras raspas

---

[196] *decurión*: "En los estudios de gramática, se llama así al estudiante a quien por más hábil se encarga el cuidado de tomar las lecciones a diez estudiantes, y a veces menos o más, según ocurre el haber pocos o muchos" (*Aut.*). Hasta existía el *decurión de decuriones*, "estudiante destinado a tomar las lecciones a los demás decuriones" (*ibid.*).

de jurisprudencia, que no sé de dónde se me han pegado, me sobran más que todo lo demás, porque ni armo pleitos ni los recibo, ni ofendo ni me defiendo: paz conmigo y quietud con todo el mundo es la ley que me he impuesto, [197] y a las demás les bajo la cabeza, doblo la rodilla y procuro guardar sin interpretaciones ni comentos. La matemática, la música, la poesía y otras pataratas que andan también conmigo, se las daré a cualquiera por menos de seis maravedís, de modo que, quedándome yo con mis zurrapas astrológicas, que me dan de comer sin daño de tercero y me divierten sin perjuicio de cuarto, todo lo demás ni me sirve ni me aprovecha ni lo estimo, y el que quisiere cargar con ello me hará una gran honra en quitármelo de encima.

Los maldicientes, que estaban al atisbo de mis tareas, ya para desahogar su presunción, ya para poner a la sombra de un reparo inútil muchas mentiras y disparates contra la estimación que de caridad me han dado las gentes piadosas, se atragantaron y enmudecieron al punto que les puse a los ojos (es verdad que con una humildad muy solapada) los elementos de mi ascendencia y mi crianza, y la confesión de mis travesuras y necedades; y desde entonces se les ha helado la pluma en los dedos y las palabras en la boca. Yo he celebrado mucho su enmienda, pero he sentido la falta de sus entretenimientos y los míos, porque a costa de cuatro picardigüelas y veinte salvajadas que me escribían, me daban que comer, que reír y que trabajar. Todos se echaron a tierra, y ya sólo me ejercitan las carcajadas de una docena, poco más o menos, de presumidos corajudos, que desde sus tertulias me arrojan cartas sin firmas, apestadas de torpezas, incivilidades y rabia descomunal; pero, gracias a Dios, las trago con serenidad envidiable. No hay duda que debían escusar las blasfemias que me tiran o arrojarlas contra aquellas personas que digan que yo soy sabio o inteligente, pero no contra mí, que ni lo presumo, ni jamás he dejado de afirmar (remítome a mis ochenta y cinco prólogos) mis boberías e ignorancias, pues en lo tocante a mi necedad siempre fui muy de acuerdo con cuantos me lo han querido echar en la cara y en la calle.

Ahora, señores míos, no se cansen Vmds. en volver a repetirme lo tonto; y para que de esta vez tengan fin sus ideas, vamos cortando los motivos de sus irritaciones. Quedemos en que yo no sé nada. Quedemos en que el rey permite que se mantenga un ignorante en el empleo de maestro en la más gloriosa de sus universidades. Quedemos en que la de Salamanca ha jurado falso de mi suficiencia, y que, en perjuicio de los dignos, consiente que le hurte los salarios y las propinas [198] un ignorante. Quedemos en que soy también un hombre de tan depravada conciencia, que estoy engañando a mis discípulos, y que en lugar de los preceptos matemáticos, les doy a beber cieno de locuras y despropósitos; y quedemos en que cada día he de ir metiéndome la necedad hasta la guarnición, porque, como viejo, ya voy juntando lo chocho con lo mentecato; y quedemos en todo lo que Vmds. quisieren que quedemos, y retiren sus remoquetes, que ya basta; tomen Vmds. otro camino de divertirme y malquistarse, y crean que no tienen el apoyo que piensan sus porfías, porque también he oído decir a muchos discretos que más brutos son los que se aporrean en hacer tan furiosa oposición a un pobre necio, que deja a todo el mundo con sus presunciones y no se mete en deslindar sabidurías ni ignorancias. Déjenlo, por su vida, y déjenme ahora que particularice los sucesos de la mía, y vamos al caso del quinto trozo siguiente; y si en las narraciones de sus sucesos y aventuras pudiere corregir el estilo (que ya conozco que va molesto y desenfadado) sin incomodarme mucho, desde ahora lo prometo. Dios me guíe y permita que sean tolerables y de fácil perdón los desatinos que se caigan de mi pluma.

---

[198] *propina*: Cf. *supra*, nota 16.

DOCTOR DON DIEGO DE TORRES

DESPUÉS que murió el *cuarto trozo* de mi vida y
que enterré los huesos de mis cuarenta años en Madrid,
donde los atrapó la guadaña del tiempo que nos per-
sigue y nos coge en todo lugar, ocasión y fortuna; y
después que escucharon mis zangarrones [199] en la tumba
del *nulla est redemptio* el último *requiescat* de mi olvido; y después, finalmente, que concluí con todas las
exequias de mi edad difunta, predicando al mundo la
oración fúnebre de mis aventuras y fechurías, [200] continué con mi vitalidad, lleno de salud, de alegría, de
estimación y de bienes a borbotones, asegurados todos
en las honras de estar en la casa y a los pies de la
excelentísima señora duquesa de Alba, mi señora. Gozaba de esta felicidad con la serena añadidura de hallarme sin deudas, sin pretensiones, sin esperanzas y
otros petardos enfadosos que se meten por nuestra inocencia o los busca nuestra codicia sin saber lo que se
hace, para tener siempre al espíritu revuelto y enojado.
Asistía a todas las diversiones cortesanas con que tiene
comúnmente dementados a sus moradores aquel lugar
indefinible. Lograba coche, Prado, comedias, torerías y

---

199 *zangarrón*: El autor ortografía así muy a menudo la palabra
zancarrón, influenciado quizá por un vocablo usado en la comarca
de Ciudad Rodrigo: "*Zangarrón*. El que hace de gracioso en el
juego o festejo de la danza" (*Lamano*). Cf. también *Barca*, notas
57 y 218.

200 *fechurías*: sinónimo burlesco de *hazañas* (cf. *Quijote*, ed. *cit.*,
VII, p. 264 n.).

los demás espectáculos adonde concurren los ricos, los ociosos y los holgones, pero con la gran ventura de que ni me costaba el dinero ni la solicitud ni la vergüenza ni otros desabrimientos que vuelven amargas y regañonas las dulzuras y los agrados de las huelgas y las festividades. Así poseía los embelesos de Madrid sin el más leve susto, sin la memoria de las muertes que me dejaba atrás, y mirando muy lejos a las amenazas de la que me espera. En fin, yo me hacía sordo a los porrazos que daba la eternidad a las puertas de mi consideración, y atrancaba por las fantasmas y holgorios del mundo, muy erguido y muy consolado con la imitación y conformidad de los demás vivientes, pues yo no he visto que ninguno deje de comer ni de holgarse a todo, ni que se haya tirado a morir porque se le pasó lo vivido, porque se le pasa lo que está viviendo, ni porque empieza a acabarse lo que le falta que vivir.

Corrían a esta sazón, con licencia de Dios y del rey, los papeles impresos de mi alcurnia, mi vida y mis quijotadas; y contribuyó mucho a mis recreos la buena cuenta de su despacho venturoso, porque además de haber ahogado las ideas mal intencionadas, las mormuraciones atrevidas y los pronósticos desconcertados de mis enemigos, me dejaron tantos reales, que aseguré en ellos, para más de un año, la olla, el vestido y los zapatos de mi larga familia; entresaqué cien ducados para mi entierro, por si les tocaba la china de la última sepultura a mis trozos, y aun me sobraron chanflones con que pude redimir la laceria de algún par de sopistas de los más envidiosos al buen acogimiento de mis trabajos y tareas. Cinco impresiones se hicieron de mi Vida desde el día tres de abril de 1743, hasta últimos de junio de dicho año. Las tres salieron con las recomendaciones de la justicia y la gracia del rey nuestro señor, como consta del pasaporte de sus ministros, dado en Madrid y refrendado en la primera impresión, que se hizo en la imprenta de la Merced. La segunda impresión se hizo en Sevilla, en casa de

Diego López de Haro, y la tercera, en Valencia, en casa de Vicente Navarro. Las otras dos impresiones fueron hechas a hurto de la ley y de la razón, contra los estatutos reales y el derecho que tiene cada trabajador a sus fatigas: la primera se hizo en Zaragoza, y la gaceta de aquella ciudad pregonó al público su venta, citando a los compradores a un sitio que no quiero nombrar, ni tampoco descubrir las circunstancias de la ratería, porque no hace al caso de esta historia y porque quiero que me agradezcan los delincuentes la moderación. No era gente que necesitaba los réditos de esta miserable rapiña para vivir, y por esta razón di soplo del contrabando al eminentísimo señor cardenal de Molina, actual gobernador del Consejo, y su providencia dispuso que fuesen sosprehendidos [201] por el regente de la audiencia de Zaragoza los reos, y les embargasen los libros existentes y las monedas que hubiesen redituado los vendidos. Así se cumplió, y de su orden vinieron a la mía doscientos y cincuenta reales de plata y trescientos ejemplares. Esto percibí, y lo demás lo perdono para aquí y para delante de Dios. La otra impresión se fabricó en Pamplona, en casa de una señora viuda a cuyo estado, sexo, pobreza y sencillez rendí mi razón; rogué a la justicia que no la asustase con sus diligencias y alguaciles, y logré que me vendiera la *Vida,* con mucho placer de mi alma, en el lugar y precio que fue de su agrado.

Entre las huelgas sucesivas y las alegres ociosidades que lograba mi ánimo en este tiempo, aseguro que no fue la menos graciosa la que me produjo la variedad de los pareceres de los lectores que malgastaron algunas horas en leer mis aventuras y mis disparates. Unos afirmaban que era tener poca vergüenza y ruin respeto al mundo haberme arrojado a sacar a su plaza, en tono de extravagancia ingeniosa, las porquerías de mi ascendencia, las mezquindades de mi crianza y los disparatorios y locuras de mi disolución. Otros inferían

---

[201] *sosprehendidos:* 'sorprendidos', con disimilación vulgar.

un abatimiento loable en la propria máxima en que muchos fundaban mi libertad escandalosa. Algunos capitularon a mi determinación, ya de necesidad urgente, ya de codicia rebozada; y otros decían que era gana pura de recoger cien doblones por los ardides de una trampa inculpable, porque en ella era yo solo el facineroso, el ofendido y el robado; y los demás discurrieron que fue una maña cautelosa para demostrar la inocencia de algunos pasos y acciones de mi vida, que andaban historiados por cronistas desafectos y mentirosos, y que quise aprovecharme del tiempo en que estábamos vivos los acusadores y el acusado, para que, a la vista de su confusión y su silencio, quedase probada mi moderación y su abominable ligereza. Yo me reía de ver que todos acertaban, porque, si he de decir la verdad, de todo tuvo la viña; y si se han detenido a rebuscar, hubieran encontrado con otras intenciones y cautelas, porque es cierto que yo la escribí por eso, por esotro y por lo de más allá.

Sólo se engañaron de medio a medio los que afirmaban que fue humildad exquisita la diligencia de descubrir al mundo los entresijos de toda mi raza, pues confieso ahora que fue la altivez más pícara y la vanagloria más taimada que se puede encontrar en todos los linajes de la ambición y la soberbia; porque aunque yo conocía que mis abuelos no eran de lo mejor que escribió don Pedro Calderón de la Barca (porque no hicieron más papel en el mundo que el que dije en los primeros trozos de mi *Vida*), estoy creyendo firmísimamente que hay otros infinitos que los tienen de peor catadura y de más desdichadas condiciones, y que suelen hacer gestos al mismo don Carlos Osorio; [202] y por ahogarles en el cuerpo los borbotones y bravatas de la sangre, y por zumbar también a otras castas de linajudos que andan alrededor de mí apestándo-

---

[202] *Osorio*: Una de las más ilustres y antiguas familias españolas, cuyo origen, según parece, se remonta a la época de la Reconquista. Hay frecuentes alusiones a su nobleza en la literatura clásica.

me de generaciones, les puse la mía delante de sus
ojos para ver si tenían valor de desarrollar la suya, y
a fe que el más erguido de raza y el más tieso de pos-
teridades anduvo tartaleando sin saber dónde esconderse.

Locura muy vieja y aun maña incurable es ésta,
que generalmente padecen aun los más bien humorados
de seso, pues sin más adelantamiento ni más mudanza
que la de charramudarse [203] de un país a otro, calzarse
unos pelillos crespos y enharinados, vestirse una angoarina [204] en donde relucen algunos hilos de plata, y
ponerse a una ociosidad diferente del oficio que tuvieron sus padres, se estiman y se creen de la alcurnia de
los centuriones, y hunden y entierran de tan buena
gana a sus parientes, que ni el nombre, la memoria ni
el paradero de alguno de ellos quieren que salga a sol
ni a sombra; y si alguna vez dicen que tuvieron abuelos, los ponen en la noticia de las gentes con otra
carne, con otra ropa, con otro oficio y con otras costumbres muy distantes de las que tuvieron al nacer, al
vivir y al finalizar con la vida. Confieso también que
mi soberbia, por otro lado, fue la que me arrempujó
a hacer el descubrimiento de mis principios, con el
ánimo burlón de aburrir a muchos bergantes genealó-
gicos que viven con el consuelo infernal y la maldita
rabia de sosprehender y asustar a los bien quistos y
afortunados del mundo, amenazándolos con la mormuración de sus pobres elementos; y porque no presu-
miese algún hablador que yo era de los espantadizos
que se avergüenzan y asustan de los piojos, les mostré
las camisas de mis antepasados y presentes con gran
vanidad mía, porque conozco con mucha evidencia que,

---

203 *charramudarse*: Lamano registra este verbo con la acepción
de 'remudarse, mudarse de ropa interior'; pero aquí tiene el sentido evidente de 'trasladarse'. Onís señala que en tierra de Salamanca se usan hoy [1912] las frases *andar a la charramúa* y *andar
a la charrúa*, "andar de pueblo en pueblo ejerciendo el tráfico en
pequeña escala, andar a comprar y vender" (p. 151 n.).
204 *angoarina*: gabán de paño burdo. *Aut.* da la forma *ungarina*,
con esta observación: "Llámanla también vulgarmente *anguarina*".

aunque estamos plagados de algunas chanfarrinadas [205] e inmundicias, puedo desafiar a limpieza de sucesiones a más de medio mundo y, especialmente, a todos los que al tiempo del nacer nos hallamos en la tierra sin posesiones, casas ni otros títulos, y que nos envía la Providencia a buscar, desde que nos apeamos de nuestras madres, a la madre gallega. Venga, pues, el más pintado de casta con su abolorio, que aquí está el mío, que yo le prometo que ha de sudar mucha tinta si quiere quedar tan lucio y tan escombrado como Dios me ha puesto.

Si yo fuera hombre que tuviera razón para aconsejar y algún juicio para instruir, diría a mis lectores que por ningún caso ni en ningún tiempo escondan a sus padres ni nieguen sus abuelos, por pobres y desventurados que sean, porque es mucho menos penosa la vergüenza que pasa el espíritu en confesarlos desde luego, que la que produce el temor sólo de que los descubra y los pregone (y quizá con lunares añadidos) alguno de tantos ociosos cronistas malvados de razas, que consuelan a su envidia y dan pasto a su genio con la tarea de maldecir fortunas y ajar prosperidades, pareciéndoles que se desquitan de sus miserias, manchas y desestimaciones con la relación de la pobreza o desgracia que otros han padecido. Consuélese felizmente el que vea que le buscan los delitos y los borrones en sus muertos y sus atrasados, que es señal que se pasó de largo la malicia, porque no encontró en los movimientos, pasos y acciones de su vida materiales negros con que deslucir su estimación y su bondad. A mí me valió mucho la confesión de mi abolorio, porque al primer maldiciente que me dio en los hocicos con el engrudo y la cola de mi buen padre, le dejé colgado de las agallas [206] los esfuerzos de su ojeriza y mi des-

---

205 *chanfarrinadas*: *chafarrinadas*.
206 *colgado de las agallas*: Cf. *Aut.*, s. v. *agalla*: "*Quedarse de la agalla, Quedarse colgado de la agalla, o dejar de la agalla*. Frases tomadas de que los pescados se quedan muchas veces presos del anzuelo o de la red por la agalla, para dar a entender que alguno se quedó burlado, y desvanecida alguna esperanza en que estaba fundado".

Isidoro Ortiz Gallardo, sobrino de Diego de Torres.
(Retrato que encabeza el almanaque *Los Ciegos*,
1759, del *Pequeño Piscator de Salamanca*)

LOS CIEGOS.
PRONOSTICO DIARIO
DE QUARTOS DE LUNA,
CON LOS SUCESSOS
Elementares, Aulicos, y Politicos
de la Europa, para el año
de 1760.

SU AUTOR
EL PEQUEÑO PISCATOR DE SALAMANCA
el Doctor Don Isidoro Francisco Ortiz Gallardo de
Villarroèl, del Gremio, y Clauſtro de la Univerſidad,
y Cathedratico actual de Mathematicas.

DEDICADO
A LA EXCELENTISSIMA SEÑORA
DOÑA MARIANA DE SYLVA,
Meneſes, Sarmiento de Soto-Mayor,
Duqueſa de Hueſcar, &c.

CON LICENCIA.

Madrid : Por Joachin Ibarra, calle de las Uroſas.
Año de MDCCLIX.
Se hallarà en la Libreria de Bartholomè Ulloa, calle de
la Conception Geronyma.

Los Ciegos, 1759, del Pequeño Piscator de
Salamanca

precio, porque después de haberle besado la sátira,[207] me arremangué de linaje, canté de plano cuanto sabía de mis parentescos, y quedé enteramente sacudido de este malsín y de los demás tontos hurones que sacan de los osarios injurias hediondas con que apestar las familias descuidadas. En fin, con esta picarada logré que colase por humildad mi soberbia, logré la confusión de unos, el agasajo y la lástima de otros, el respeto de infinitos que me tenían por peor engendrado, y, finalmente, experimenté duplicadas las comunicaciones, más bien quistas las parcialidades[208] y más dilatados los deseos de las gentes en orden a tratarme y conocerme. Yo no le digo a persona alguna que se gobierne por esta máxima, porque tiene sus visos de desenvoltura y poco respeto al señor mundo en los zancos que hoy se ha puesto; lo que afirmo es que en esta feria gané un ciento por ciento de estimación con el contrabando de esta mercadería; el que quisiere cargar con ella, dentro de su casa la tiene; buen provecho le haga, y Dios y el mundo le den tan buena venta y tan dichosa ventura como yo recogí.

Pasaban por mí los días alegres de este tiempo, dejándome una sosegada templanza en los humores, una tranquilidad holgona en el ánimo y unas recreaciones muy parciales a mis ideas y mis pensamientos. Vivía en Madrid sin agencia, sin cuidado y sin pretensión alguna, felicidad que no logra el hombre más rico, el más ostentoso ni el más desinteresado de los que cursan por política, por precisión, por soberbia o por ociosidad las aulas de su especiosa y despejada escuela. Hallábame ligero, fácil en las acciones, sin remordimientos ni escrúpulos en la salud y sin la más leve alteración en el espíritu, porque ni yo me acordaba de que había justicia, ladrones, cárceles, médicos, calenturas, críticos, maldicientes, ni otros fantasmas y

---

207 *besar la sátira*: giro calcado en *besar el azote* ("manifestar haber merecido el castigo", *Aut.*).
208 *parcialidad*: "amistad, estrechez y familiaridad en el trato" (*Aut.*); cf. *supra*, nota 176.

cocos que nos tienen continuamente amenazados, inquietos, y sin seguridad ni confianza en los deleites. Duróme este sosiego hasta el mes de agosto del mismo año de 1743, y uno de sus días (cuya fecha no tengo ahora presente) amaneció para mí tan amargo y regañón, que trocó [209] en desazones y desabrimientos las serenidades, y aun me arrancó de la memoria los recuerdos de los placeres y los gustos sabrosos que tuvieron en mi retentiva una posesión bien radicada. Jamás vi a mi espíritu tan atribulado, y puedo asegurar que habiendo tenido por huéspedes molestos y pegajosos muchas temporadas a la pobreza, a la persecución, a las enfermedades y otras desventuras que se cacarean y lloran en el mundo por desdichas intolerables, no había visto facha a facha el rostro de las pesadumbres y las congojas hasta este día. El caso fue el que se sigue, si es que acierto a referirlo.

Yo entraba a cumplir con el precepto de la misa en una de las iglesias de Madrid; y cuando quise doblar las rodillas para hacer la reverencia y postración que se acostumbra entre nosotros, me arrebataron la acción y los oídos las voces de un predicador que desde el púlpito estaba leyendo, en un edicto del Santo Tribunal, la condenación de muchos libros y papeles; y mi desgracia me llevó al mismo instante que gritaba mi nombre y apellido y las abominaciones contra un cuaderno intitulado *Vida natural y católica,* que catorce años antes había salido de la imprenta. [210] Exquisita-

---

209   S: *tocó*
210   En Madrid, por Antonio Marín, con todas las licencias necesarias (1730). En la edición enmendada de este libro, escribe Torres: "Mandó el Santo Tribunal de la Inquisición en el edicto del día 25 de julio de este año [1743] que se recogiese este libro hasta que se expurgase" (*Manifiesto que tiene la piel de prólogo...,* S IV, p. sin numerar). No he podido encontrar el expediente inquisitorial, pero sí referencias exactas a los trámites de dicha expurgación por el tribunal de Valladolid: El 24 de julio, Pablo Antonio Sotelo, secretario del Consejo, manda al P. Francisco Izquierdo el expediente formado por los PP. Ignacio Josef de Urquijo y Josef Ignacio de Bazterrica, de Valladolid, para que redacte "una minuta separada de la dhas proposiciones y borradas". El 29 de julio, F Izquierdo remite el legajo con sus observaciones y nuevas pro-

mente atemorizado y poseído de un rubor espantoso, me retiré desde el centro de la iglesia, donde me cogió este nublado, a buscar el ángulo más obscuro del templo, y desde él vi la misa con ninguna meditación, porque estaba cogido mi espíritu de un susto extraordinario y de unas porfiadas y tristísimas cavilaciones. Buscando las callejas más desoladas y metiéndome por los barrios más negros, me retiré a casa. Parecíame que las pocas gentes que me miraban, eran ya noticiosas de mis desventuras, y que unos me maldecían desde su interior por judío, que otros me capitulaban de hereje, y que todos apartaban su rostro de mí, como de hombre malditamente inficionado. Muchas veces se vino a mi memoria la consideración de la gran complacencia que tendrían mis enemigos y mis fiscales con esta desgracia, y sentía no poco no poder burlarme de sus malvados recreos y tuertas intenciones, porque, a la verdad, conocía que en este golpe habían cogido una poderosa calificación de mis ignorancias y desaciertos.

Tan brumado como si saliera de una batalla, de lidiar con esta y otras horribles imaginaciones, llegué a mi cuarto, y, cogiéndome a solas, empecé a tentarme lo católico, y me sentí, gracias a Dios, entero y verdadero profesor de la ley de Jesucristo en todas mis coyunturas. Alboroté nuevamente a mi linaje, revolví a mis vivos y difuntos, y me certifiqué en que los de setecientos años a esta parte estaban llenos de canas y arrugas de cristiandad, y que todos habían sido baptizados, casados, muertos y enterrados, como lo manda

---

posiciones. El 1.º de agosto, P. A. Sotelo manda otra vez a F. Izquierdo el expediente completo "para que revea con toda reflexión y cuidado las proposiciones dignas de expurgarse en él, además de las ya borradas y expurgadas como las que apunta en su escrito de 29 del pasado mes". Y en fin, el 19 de agosto, el secretario comunica todos los documentos a Fr. Benito Tizón y al P. Josef Velázquez, para que los examinen y den su opinión en última instancia (*Libro de registro de los libros remitidos para calificar a la Junta de calificadores del Consejo y a calificadores en particular de 1705 a 1800*, AHN, Libro 657). Uno de los censores iniciadores del proceso en Valladolid, J. I. de Bazterrica, era catedrático de la universidad de Salamanca y jesuita: extraña coincidencia...

la Santa Madre Iglesia. Sonsaqué a mi conciencia y pregunté a mis acciones, y no percibí en ellas la más leve nota que pudiese afear el semblante de la verdadera ley que he profesado con todos los míos; y viéndome libre de malas razas, de delitos y fealdades propias y ajenas, me afirmé con resolución en que yo no podía ser notado más que de bobo o ignorante, y en esta credulidad hallé el desahogo de la mayor parte de mis congojas. Yo quedé sumamente consolado, porque ser necio, ignorante o descuidado no es delito, y donde no hay delito, no deben tener lugar las afrentas ni las pesadumbres; además, que estas condenaciones han cogido y están pescando cada día a los sabios más astutos y a los varones más doctos, y sobre éstos regularmente se arrojan las advertencias y los recogimientos; que a los que no escriben libros, jamás se los recoge tribunal alguno, siendo creíble que muchos cuadernos se mandan retirar, no por castigo de los autores, sino por no exponerlos a la malicia de los que los pueden leer. Con estas reflexiones, y consuelo de saber que habían caído en las honduras de estos descuidos e inadvertencias los mayores hombres de la cristiandad, me serené enteramente, y volví a abrigar en el corazón las conformidades y consideraciones que habían hecho sosegado y venturoso a mi espíritu.

Determiné manifestar al Santo Consejo, en un reverente memorial, mi desgraciada inocencia, rogando por él, con humildes súplicas, que me declarase la temeridad de mis proposiciones, sólo para huirlas y blasfemarlas; y que mi ánimo no era darles defensa con la explicación, ni disculpa con el discurso de algún nuevo sentido, ni las deseaba otra inteligencia que la que había producido su condenación; porque nada me importaba tanto como salir de mis errores, aborrecer mis disparates y rendir toda mi obediencia a sus determinaciones y decretos. Examinaron los piadosos ministros mi sencillez, mi cristiana intención y las ansias de mi católico deseo, y a los quince días me volvieron el libro, el que imprimí segunda vez, juntamente con el memorial presentado y un nuevo prólogo, lo que podrá ver el incrédulo o el curioso en la reimpresión hecha en la imprenta de la Merced de Madrid, el mismo año de 1743, y no se quedará sin él el que lo buscare, pues aun duran algunos ejemplares en casa de Juan de Moya, frente de San Felipe el real. [211] Conseguí con esta desgracia aumentar la veneración a este santo y silencioso tribunal, acordarme sin tanto susto de aquel miedo que producen las máximas de su rectitud, y perder aquel necio horror que había concebido de que mis obras fuesen a su castigo y residencia. Ahora deseo con ansia que mis producciones sufran y se mejoren con sus avisos, porque éste es el único medio de hacer felices mis pensamientos y tareas, pues su permiso y su examen habrá de acallar a los murmuradores que se emplean en criticar sin detenerse en la inocencia de las palabras. Tanto deseo que me acusen mis obras, que regalaré a cualquiera que así lo ejecute, porque así consigo quedar satisfecho, enseñado, y sin los escrúpulos de que puedan ocasionar la ruina más leve mis trabajos indiscretos.

Apenas había convalecido de este porrazo, cuando me brumó la resistencia y la conformidad otro golpe, cuyas señales durarán en mi espíritu, si puede ser, aun más allá de la vida y de la muerte, y fue la repentina que sosprehendió al eminentísimo señor cardenal de Molina, a quien debí tan piadosos agasajos y tan especiales honras, que me tienen, de puro agradecido, reverentemente avergonzado. Cuantos oficios sabe hacer la piedad, la inclinación, la justicia y la gracia, tantos me hizo patentes su clemencia. No llegó a sus pies súplica de mi veneración, que no me la volviese favorablemente despachada. Pedía para todos los afligidos, y para todos me daba, como no se metiese, por medio de mis ruegos ignorantes, la justicia, de quien fue siempre tan enamorado, que jamás hizo, ni a su sombra, el más leve desaire. Fueron muchas las veces que me brindó ya con canonicatos, ya con abadías y otras prebendas, y nunca quise malograr sus confianzas y echar a perder con mis aceptaciones las bondades de su intención y bizarría; es verdad que fue también industria de mi cautela por no descubrir mis indignidades con la posesión de sus ofrecimientos. En alguna ocasión que me vi acosado de sus clementes ofertas, le respondí con estas u otras equivalentes palabras: "Yo me conozco, señor eminentísimo, que estoy dentro de mí, y sé que no soy bueno para nada bueno, porque soy un hombre sin crianza, sin economía interior, sin autoridad para los oficios honrosos, sin rectitud para su administración y sin juicio para saber manejar sus dependencias y formalidades. Mis calendarios me bastan para vivir; a la inocente utilidad de sus cálculos, a las remesas de mis miserables papelillos y a los florines [212] que me da la Universidad de Salamanca, tengo atada toda mi codicia, mi ambición y vanagloria. Vuestra eminencia me perdone, y le ruego, por Dios, que no me ponga en donde sean conocidas mis infames inmoderaciones e ignorancias, y permítame tapar con esta fingida modestia y astuto desinterés las altanerías de mi seso ambicioso."

[212] *florines*: Los salarios universitarios se calculaban con arreglo a una moneda ficticia llamada *florín*, que valía aproximadamente 275 maravedís. Cada catedrático titular cobraba dos rentas diferentes: la primera, llamada *florines antiguos*, la constituía una cantidad fija. Cuando se había descontado el total de los *florines antiguos* de los ingresos generales de la universidad, y una vez cubiertos los diversos gastos administrativos, se dividía el remanente en dos partes iguales: una, el *arca*, que servía para pagar a los sustitutos, o *regentes*, y otra, llamada *florines nuevos*, que se prorrateaba entre los catedráticos titulares.
Bien sabida es la desigualdad que entonces había entre las diferentes rentas: En 1739, el catedrático de prima de cánones cobraba 272 1/2 *florines antiguos* y una cantidad de *florines nuevos* equilente a 583.705 mrs., o sea un total de 19.292 reales; el de música —igual que el de matemáticas— debía contentarse con 60 *florines antiguos*, y el sueldo completo no pasaba de 5.247 reales (cf. George M. Addy, "The reforms of 1771: First steps in the salamancan enlightenment", en *The Hispanic American Historical Review*, XLI (aug. 1961), p. 343; y García Boiza, *op. cit.*, p. 206 n.).

No le satisfizo esta confesión de mi inutilidad a su eminencia; y una tarde, después de haberse levantado de la mesa, me arrimó a uno de los ángulos de su librería el reverendísimo padre fray Diego de Sosa, su confesor, y me dijo que su eminencia le mandaba que me dijese si quería ser sacristán, que me colaría [213] la sacristía de Estepona, que le había vacado en su obispado de Málaga, ya que mis encogimientos no me dejaban aspirar a más altas prebendas. Le di mil gracias, jurando hacer desde aquella hora pública vanidad de sus recuerdos, de sus honras y las felicidades en que me ponía su piedad, pues para mí era la mayor añadir a lo suficiente a mis situados y negociaciones lo que sin duda me sobraría para repartir en su nombre a mis pobres agregados. Hoy soy sacristán de Estepona, y estoy tan contento con mi sacristía como lo deben estar con la suya los sacristanes de Santorcaz y de Tejares. [214] Seis años ha que gozo esta prebenda, y de los seis, sólo he comido los tres los santos bodigos, y los tres restantes se los engulló el sirviente que acudía a los entierros y las bodas; y aunque hice alguna diligencia para que me restituyese mis derechos, se subió al campanario, y no han bastado las persuasiones ni las pedradas para que se baje a la razón; yo le perdono la deuda y la terquedad, y por mi parte se puede ir al otro mundo sin los miedos ni las obligaciones de la restitución.

Ya no me amanecían los días tan risueños, porque mi corazón, desde estos dos envíones, sólo encontraba amarguras en los placeres, ingratitud en los concursos, desabrimientos en los espectáculos y un enojo terrible a cuanto se me proponía deleitable. Mi espíritu estaba poseído de ilusiones corrompidas; la conciencia, de remordimientos; y la humanidad, tan brumada y perezosa, que no la podía conducir sin gemidos a las in-

213 *colar*: "conferir canónicamente la capellanía, beneficio, etc." (*Aut.*).
214 *Santorcaz* es un pueblo de la provincia de Madrid, y *Tejares* de la provincia de Salamanca.

escusables asistencias de las obligaciones cristianas y
civiles. Arrastrado de la tristeza o persuadido de la
esperanza de mejorar de mis enfados, determiné volver
a Salamanca; pero como tenía la paciencia floja, la
conformidad debilitada, y la melancolía que se me iba
colando por los huesos, todo cuanto hallé de novedades me sirvió de acrecentamiento a mis enojos. Este
sinsabor interno me iba arruinando a toda prisa la salud, y la acabó de echar por tierra el desconsuelo y
la gravedad que puso en mi alma el último dolor pleu-
rítico que llevó hasta los umbrales de la muerte al
excelentísimo señor don Josef de Carvajal y Lancaster,
cuya infausta noticia me arrancó todas las señales de
viviente, dejándome hecho un tronco en poder de las
congojas y los desmayos. Sólo me quedó una fervoro-
sísima advertencia de acudir a Dios con mis votos y
ruegos para que permitiese al mundo la vida que tanto
nos importaba. [215] Por las repetidas oraciones de las comunidades religiosas, por los clamores del reino des-
consolado, por las súplicas ardientes de los particulares
o por otro motivo de los inescrutables a nuestra limitación, permitió la misericordia de Dios que volviera a
retirarse hacia su vida el excelentísimo señor don Josef, concediendo alivio a las ansias generales, y dándo-
me a mí tiempo y proporción para cumplir mis promesas, las que, gracias a Dios, tengo concluidas; ojalá
haya sido de su agrado y su satisfacción, que yo no
fío nada de mis fervores ni de mis cumplimientos.

Las negras aflicciones, las tristísimas congojas y la
imponderable flojedad que dejó en mi espíritu este último porrazo, plantaron en mi cuerpo una debilidad tan
profunda que hoy es, y no he podido arrancar las rebeldes raíces que se agarraron en sus entrañas. El estómago empezó a hacer impuros sus cocimientos, los
hipocondrios a no saberse sacudir de los materiales cru-

215 S: *que tanto nos importa*. No carece de interés esta enmienda. El ilustre ministro figura en la primera lista de suscriptores de
las *Obras completas*. Torres le había dedicado el almanaque de 1741
(*El Hospital de Antón Martín*). D. José de Carvajal y Lancaster
murió en 8 de abril de 1754.

dos que caían en sus huecos, y el ánimo a no acertar
con el esparcimiento y la diversión. En fin, todo paró
en una melancolía tan honda y tan desesperada, que
no se me puso en aquel tiempo figura a los ojos, ni
idea en el alma, que no me aumentase el horror, la
tristeza y la fatiga. Recayó este montón de males en
una naturaleza a quien habían descuadernado [216] a pistos los médicos, pues para sosegar las correrías de una
destilación habitual, que acostumbraba coger el camino de los lomos y los cuadriles, no acertaron a dete-
nerla sino con las sangrías continuadas, y en el tiempo
que la edad lo pudo resistir me abrieron ciento y una
vez las venas. No es ocasión ahora, ni es del asunto
de este papel, abominar de esta práctica en las curaciones de los flujos porfiados; lo que de paso encar-
garé a los profesores médicos es que atiendan con más
cuidado a la variedad de los temperamentos y la diferencia de las destilaciones, y no se confíen en que la
resistencia brutal de algunas naturalezas haya sufrido
sin sensible daño las faltas de la sangre, pues hay otras
que aunque al pronto aguantan, a pocos años se dan
por agraviadas y rendidas: un mismo remedio no puede encajar a todos. La solicitud de la medicina debe
ser buscar las proporciones, pero sin perder de la vista
las generalidades.

Yo pasé muchos días de este tiempo con tan rabiosas desazones, que me vi muchas veces muy cerca de
los brazos de la desesperación. ¡Nunca se me represen-
taron mis delitos tan horribles! ¡Nunca tan desconfiados de la misericordia! ¡Nunca la eternidad se puso
en mi consideración tan terriblemente dilatada! ¡Y
nunca vi a mi espíritu tan rodeado de ansias y agonías! A pesar de estos desmayos furiosos y de los
golpes repetidos que me daba la memoria de mis rela-
jamientos, quiso la inmensa piedad de Dios que no me
faltase en la razón alguna luz, para que no perdiese
de vista los alivios del alma, ya que caminaba hacia
la ruina, indispensablemente, mi cuerpo; y fuese guia-

216 *descuadernar*: 'estropear' (cf. *supra*, nota 52).

do de las inspiraciones preternaturales o conducido de mi humor negro, yo me paré a mirar a mis interiores con algún cariño, y me puse a entretener a mi alma con algún despacio en el convento de los padres capuchinos de Salamanca. Al mes de haber estado en su compañía, salí con la deliberación de ponerme en la banda de los presbíteros; y habiendo dado parte de mis pensamientos al ilustrísimo señor don Josef Sancho Granado, [217] alentó mis propósitos con santas doctrinas, prudentes avisos y encargos devotos, y el día cinco de abril del año de 1744 me imprimió en el alma el carácter sacerdotal. [218] Honróme su ilustrísima con singulares distinciones, no siendo la menor de su piedad haberse animado contra los dolores y postración de la gota, que le tenía en la cama, a hacer las órdenes, para que yo lograse de su clemente potestad tan elevado beneficio. Así lo expresó su ilustrísima, en el acto de las órdenes, al concurso, reprehendiendo con esta honrosa expresión a mis enemigos, que unos creyeron y todos [219] pregonaron que la detención en recibir este felicísimo estado no era miedo reverente a la perfección de su instituto, sino ojeriza de este piadosísimo prelado. Día segundo de Pascua de Resurrección del mismo año recé la primera misa en la santa iglesia catedral, mi parroquia, en una capilla dedicada a Nuestra Señora de la Luz. Fue mi padrino el señor don Enrique Ovalle Prieto, canónigo, dignidad y prior de dicha santa iglesia, que ya descansa en paz, y debo encomendarle a Dios por muchos y especiales beneficios y por la caridad con que me aleccionó en las sagradas ceremonias.

Manteníame a esta sazón con mis dejamientos, tristeza y algunos dolores capitales, los que sufría como

---

[217] Josef Sancho Granado fue obispo de Salamanca de 1730 a 1748.

[218] Se ordenó en 1745, y no en 1744, como consta en los documentos consultados por A. García Boiza (op. cit., p. 102). El obispo, que estaba enfermo como lo dice Torres, escribió en el acta: "Me levanto para ordenar al Doctor D. Diego de Torres".

[219] *todos* en ed. prínc. y S. | *otros* en M.

todos los doloridos, unos ratos con paciencia, otros regañando y otros con una modorra ceñuda e implacable. Hacía mil propósitos de aburrir la medicina y los médicos, y otras tantas me entregaba a sus incertidumbres, antojos y presunciones, con una ansia inocente y una credulidad tan firme, que nunca la esperé de mis desengaños y mi aborrecimiento. Finalmente, como hombre sin elección, atolondrado de melancolías e ignorancias, me eché a lo peor, que fue a los dotores, los que hubieran concluido con todos mis males y mi vida, a no haberse echado encima de la furia de sus récipes y sus desaciertos la piedad de Dios, que quiso (no sé para qué) guardarme y detenerme en este mundo. La mayor parte de este trozo de mi vida se la llevó esta dilatada enfermedad, por lo que será preciso detenerme en su relación.

Encaramaron mis males los médicos a la clase de exquisitos, rebeldes, difíciles y de los más sordos a los llamamientos de la medicina; y sin saber el nombre, el apellido, la casta ni el genio de las dolencias, las curaban y perseguían, a costa de mi pellejo, con todos los disparates y frioleras que se venden en las boticas. De cada vez que me visitaban, discurrían un nuevo nombre con que baptizaban mi mal y su ignorancia; pero lo cierto es que nunca le vieron el rostro, ni conocieron su malicia ni su descendencia. Muchas veces la oí llamar hipocondría, otras coágulo en la sangre, bubas, ictericia, pasión de alma, melancolía morbo, obstrucciones, brujas, hechizos, amores y demonios; y yo —¡tan salvaje crédulo!— aguanté todas las perrerías que se hacen con los ictéricos, los hipocondríacos, los coagulados, los obstruidos y los endemoniados; porque igualmente me conjuraban y rebutían de brebajes, y con tanta frecuencia andaba sobre mí el hisopo y los exorcismos como los jeringazos y las emplastaduras. Lo que no consentí fue que me curaran como a buboso (única resistencia que hice a los médicos y conjuradores), porque aunque yo ignoraba como ellos la casta de mi pasión, yo bien sabía que no eran bubas, porque estaba cierto que ni en herencia ni en hurto ni en cambio ni en empréstito había recibido semejantes muebles, ni en mi vida sentí en mis humores tales inquilinos. Por un necio refrán, que se pasea en la práctica de los médicos, que dice que *todos los males que se resisten, que hacen porra* [220] *en los cuerpos y que se burlan de otras medicinas, se deben conocer por bubas y curar con unciones,* me quisieron condenar a ellas; pero yo me rebelé y me valió quizá la vida, o a lo menos, haberme libertado de la multitud de las congojas y dolores que lleva detrás de sí este utilísimo medicamento. [221]

No tiene remedio: me parece que es preciso informar al que haya llegado aquí con los ojos, de los pasos y estaciones de mi dolencia, los que referiré con verdad y sencillez; y las planas que escriba, creo que serán las útiles de este cuaderno, porque de ellas constará la razón que tenemos para burlarnos de la medicina, y se demostrará el poco juicio con que nos fiamos de sus promesas, disposiciones y esperanzas, las que sólo se deben poner en Dios, en la naturaleza y en el aborrecimiento a los apetitos de la gula. Mi cabeza servirá de escarmiento también a los que se quieran curar de males no conocidos, a los que se curan de prevención, de antojo, de credulidad a los aforismos, y a las golosinas y embustes de los boticarios; y humíllense también los que viven de las recetas, y no quieran atribuir a las ignorancias, vanidades y astucias de su oficio lo que sólo se debe a Dios, a la sabiduría de la naturaleza y a las moderaciones de la templanza.

Día catorce de abril del año de 1744 [222] confesé general y particularmente los vicios, ocasiones próximas y actuales pecados de mis humores a los catedráticos de Salamanca. Fue el confesonario una de las aulas de

---

[220] S: *que se hacen porra*
[221] El que quiera informarse más a fondo sobre la curación del *mal francés* puede acudir a los *Desahuciados* (S III, p. 76); cf. *Barca*, p. 158.
[222] Si esta enfermedad es posterior a la ordenación, debe ser el año de 1745, v no el de 1744.

Leyes del patio de la Universidad, y allí les desbroché [223] mis delitos, y sujeté a su absolución todas mis venialidades, reincidencias y pecados gordos. Hice puntual acusación de mi vida pasada y mi estado presente, en su idioma médico, para que me entendieran; y quedé satisfecho de la diligencia que envidiaba mi alma, y apetecía, para las confesiones de sus enfermedades, el examen, la claridad y la expresión con que había declarado las del cuerpo. Después de historiado mi mal (que sólo fue, como dejo dicho, un dolor de cabeza) con la relación de sus causas, señales y pronósticos, concluí mi confesión, diciéndoles estas u otras parecidas palabras: "Yo bien sé, señores, que la medicina tiene aplicadas definiciones, divisiones, causas, pronósticos y medicamentos para todos los achaques; pero también sé de sus incertidumbres y equivocaciones. Yo estoy más cerca de mí que Vmds., e ignoro el actor de mis inquietudes y dolencias, ni sé el paradero de su malicia, ni acierto a percibir si está en el estómago, hipocondrio o mesenterio, ni si esta pasión está esencialmente en la parte dolorida, o padece, como Vmds. dicen, por consentimiento. Vmds., como más sabios, lo sospecharán mejor: lo que yo puedo sólo asegurar es que, si este dolor se detiene algunos días más en mi cabeza, he [224] de parar en una aplopejía o en una de las especies de locura furiosa; y así, yo hago a Vmds. dejación absoluta de mi cuerpo para que lo sajen si lo contemplan oportuno, y prometo ser tan obediente a las recetas y a las voces de Vmds., que ha de llegar el día en que los escandalice mi obediencia, mi silencio y mi resignación". Consoláronme mucho, y entre otras esperanzas, me dieron la de haber curado muchos dolores de cabeza de la casta del que yo padecía. Añadieron que mi mal tenía más asiento en mi aprehensión que en mis humores; que me procurase divertir, que a ellos no les daba cuidado mi dolor; y esto se lo creí al punto, y aun se estendió mi malicia a consentir que quizá no

---

223 *desbrochar*: 'desabrochar, confesar'.
224 S: *ha de parar*

les pesa de nuestros males y sus dilataciones, porque
ellos son su patrimonio y su ganancia. Conformáronse,
y quedaron, como regularmente se dice, de acuerdo en
que mi enfermedad era una hipocondría incipiente, con
una laxitud en las fibras estomacales, y que la cabeza
padecía *per consensum*. [225] Rociáronme de aforismos,
me empaparon en ejemplares y esperanzas; y yo, hecho
un bárbaro con su parola y el deseo de mi salud, admiré como evidencias sus pataratas y ponderaciones.
Descuadernóse la junta, y ellos marcharon cada uno
por su calle a ojeo de tercianas y a montería de cólicos,
y yo a la cama, a ser mártir suyo y heredad de sus
desconciertos; y al día siguiente empezaron a trabajar
y hacer sus habilidades sobre mi triste corpanchón con
el método, porfía y rigor que verá el que no se canse
de leer o de oír.

Bajo de la aprehensión de ser hipocondríaco el afecto
que yo padecía, dispusieron barrer primeramente los
pecados gordos de mis humores con el escobón de algunos purgantes fuertes, para que como prólogos fuesen abriendo el camino a las medicinas antihipocon-
dríacas y contraescorbúticas, que andan revueltas las
unas con las otras. La primera purga fue la regular
del ruibarbo, maná, [226] cristal tártaro [227] y el agua de
achicorias, cuya composición se apellida entre los de la
farándula el *agua angélica*. [228] Detrás de ésta, siguieron

---

[225] *per consensum*, o *por consentimiento*, como Torres acaba de
decir en romance unas líneas más arriba: "por la correspondencia y conexión que en el cuerpo humano tienen unas partes con
otras" (*Ac.*).
[226] *maná*: "el licor blanco o amarillo que naturalmente por sí
mismo, o por incisión, mana del tronco, ramos y hojas de los fres-
nos, y se cuaja en ellos a modo de goma y en forma de canelones
de cera. Es de naturaleza de azúcar y miel, y de un gusto dulce
y meloso. Cógese con grandísima abundancia en Calabria y Sici-
lia, y es uno de los purgantes más benignos y proprios que usa la
medicina" (*Aut.*).
[227] *cristal tártaro*: "las heces que el vino deja en las cubas,
purificadas al fuego, hasta que se coagulan y solidan en forma de
cristal" (*Aut.*).
[228] *agua angélica*: "purga muy usada hoy, que principalmente
se compone del maná clarificado en agua de chicorias, borrajas, u
otra semejante" (*Aut.*).

de reata cuatrocientas píldoras católicas; [229] y pareciéndoles que no había purgado bien sus delitos mi estómago, a pocos días después me pusieron en la angustia de cagar y sudar a unos mismos instantes, que estos oficios producen las aguas de Escrodero, [230] cuya virtud o malicia llaman los doctores *ambidextræ*. [231] Finalmente, yo tragué en veinte días, por su mandado, treinta y siete purgantes, unos en jigote, otros en albondiguillas, otros en carnero verde y en otros diferentes guisados, y el dolor cada vez se radicaba con mayor vehemencia. Dejáronme estas primeras preparaciones lánguido, pajizo y tan arruinado, que sólo me diferenciaba de los difuntos en que respiraba a empujones y hacía otros ademanes de vivo, pero tan perezosos, que era necesario atisbar con atención para conocer mis movimientos; si intentaba mover algún brazo o pierna, no bien les había hecho perder la cama, cuando al instante se volvía a derribar, como si fuera de goznes. Viéndome tan tendido y tan quebrantado, mudaron los médicos la idea de la curación, y a pocos días pegaron detrás de mí, y los materiales delincuentes que habían buscado en el estómago e hipocondrios, los inquirieron en la sangre, a cuyo fin me horadaron dos veces los tobillos; y estas dos puertas en el número de las antecedentes hacen las ciento y una sangrías que dejo declaradas. Parecióles corta la evacuación, y me coronaron de sanguijuelas la cabeza y me pusieron otras seis por arracadas en las orejas y por remate un buen rodancho de cantáridas en la nuca. Yo quisiera que me hubieran visto mis enemigos, pues no dudo que se hubieran lastimado sus duros corazones al mirar la figura de mi espectáculo sangriento. El rostro estaba empapado en la sangre que habían escupido del celebro

---

[229] *católicas*: 'universales', de acuerdo con la etimología (A. Martín, *Encic. del Idioma*).
[230] *Escrodero*: Johann Schröder (1600-1664), médico alemán conocido como autor de *Pharmacopoeia medico-chymica, sive Thesaurus pharmacologicus* (Ulm, 1641). Torres aludió a su obra en *El Ermitaño y T.* (S VI, p. 35 b).
[231] *ambidextrae*: estas aguas producen dos efectos simultáneos.

las sanguijuelas que mordían de su redondez; la gorja, los hombros, los pechos y muchos retazos de la camisa, disciplinados a chorreones con la que se desguazaba [232] de las orejas. Cuál quedaría yo de débil, desfigurado y abatido, considérelo el lector, mientras yo le aseguro que ya no podía empujar los sollozos y que llegué a respirar cuasi las últimas agonías; yo me vi más hacia el bando de la eternidad que en el mundo. Yo perdí el juicio que tuve que perder, que, aunque era poco, yo me bandeaba con él entre las gentes. La memoria se arruinó en tal grado de perdición, que en más de dos meses de esta gran cura, no pude referir el padrenuestro, ni otra de las oraciones de la iglesia, en latín ni en romance. En fin, todo lo perdí, menos el dolor de cabeza; antes iba tan en aumento, que pareció que las diligencias de la curación se dirigían más a mantenerlo que a quitarlo.

Estudiaban los médicos, en los capítulos de sus libros, disculpas para sus disparates. Palpaban con sus ojos mi estado deplorable y sus errores. Conocían las burlas que, de sus recetas, sus aforismos y sus discursos, les hacía mi naturaleza y mi dolor, y, con todos estos desengaños, jamás los oí confesar su ignorancia. Avergonzábanse a ratos de ver sus cabezas peores que la mía, y de que ya no encontraban apariencias, astucias ni gestos con que esconder su rubor y su incertidumbre. Hallaban cerrados todos los pasos de sus persuasiones y escapatorias con las evidencias y mentises con que los rechazaba mi figura y mi tolerancia; y, en fin, su mayor desconsuelo era no poder echar la culpa de mi postración a mis desórdenes ni a mis rebeldías, pues fui tan majadero en abrazar sus votos y sus emplastos, que consentí que me aplicasen los que con justa causa presumía que me serían inútiles

---

[232] *desguazarse*: 'caerse de bruces', en el dialecto salmantino (*Lamano*). Pero Torres usa frecuentemente este verbo en el sentido de 'desprenderse', o, como aquí, 'correr, destilar', quizá bajo la influencia de *desaguar*. Cf. *infra*, p. 235, otro empleo característico.

y aun quizá dañosos. Mi debilidad y mi tormento continuaban, cada día con rigor más implacable, pero como ellos no habían acabado de decirle a mi cuerpo todo lo que habían estudiado en la Universidad, no quisieron dejarme descansar hasta concluir con todos sus aforismos y recetas, las que me iban embocando, ya en bebidas, ya en lavatorios, ya en emplastos, y en las demás diferencias de martirios con que acometen a los enfermos miserables. Las gentes del pueblo, unas de piadosas, otras de aficionadas, y las más poseídas de la curiosidad de ver la lastimosa y exquisita duración de mi dolencia, me visitaban y consolaban, y todas me echaron encima sus remedios, sus gracias, sus reliquias y sus oraciones. Acudieron a verme otros cinco doctores que había en Salamanca, algunos cirujanos y unos pocos de exorcismeros, [233] y, gracias a Dios, todos me trabajaron a pasto y labor, porque para todos había campo abierto en mi docilidad y resistencia. Lo que unos y otros leían o soñaban de noche, me lo echaban a cuestas por la mañana, y así siguió la cura hasta el día veinte de agosto, que les cortó los aceros la aplopejía, que yo temí y había pronosticado en el primer informe y confesión, que hice a los primeros doctores, de mis males. Quédome por ahora aplopéctico, y mientras le digo al lector los medios con que la piedad de Dios me restituyó al sentido y movimiento, referiré antes, con la verdad y sencillez que procuro, las demás medicinas, brebajes y sajas con que me ayudaron, pues aun le faltan que saber muchas más perrerías de las que ejecutaron conmigo.

En el discurso del tiempo que hay desde el día 15 de abril, que empezaron los médicos a rebutirme de pócimas y a sajarme a sangrías, sanguijuelas y cantáridas, hasta el día 20 de agosto, que me pusieron en el accidente de la aplopejía, me iban encajando, entre los dichos venenos y lanzadas, los rejonazos siguientes. En el día 4 de mayo se hizo un extraordinario consejo

[233] *exorcismeros*: ¿neologismo torresiano?

de guerra contra mi atenazada humanidad, al que concurrieron seis médicos, dos cirujanos y un conjurador, que tenía voto en estas juntas, [234] y por toda la comunidad salí condenado a diez ventosas todas las noches, las que se habían de plantar en mis lomos, costillas, muslos y piernas; así se ejecutó, durando su repetición hasta el día diez o doce de junio, que por cuenta matemática salen trescientas y doce ventosas a lo menos, porque desde el día 4 de mayo, hasta el día doce de junio, van treinta y nueve días; con que multiplique el curioso ocho a lo menos por treinta y nueve, verá lo que le sale en el cociente. Es verdad que descansé algunas noches, pero por los días de descanso doy en data las ventosas que me echaban más de las ocho, pues muchas veces me espetaron diez y doce; y si me detuviera a contar con rigor aritmético, había de sacar a mi favor otro par de docenas, pero por la medida menor no le quitaré una de las trescientas y doce. Fui jeringado ochenta y cuatro veces con los caldos de la cabeza de carnero, con girapliega, [235] catalicón, [236] sal, tabaco, agua del pozo y otras porquerías, que la parte que las recibía las arrojó de asco muchas veces. Los estregones y fregaduras que aguanté, sin las que van siempre reatadas a las ventosas, serían, a buen ojo, ciento y cincuenta. Recibí los pediluvios de Jorge Baglivio [237] siete veces; y, por fin, se ordenó otra junta entre los mismos comensales para condenarme a las unciones, y aunque los más de los votos fueron contra mí, yo me rebelé, haciéndoles el cargo que mi mal no había hablado palabra alguna por donde se le conociese ser francés,

---

[234] "Consejos de guerra" parecidos a éste menudean en las obras de Torres. Citaré sólo el divertido almanaque *La junta de médicos* 1740, S IX, p. 245); cf. también Luis S. Granjel, *La medicina y los médicos en las obras de T. V.*, pp. 38 y sig.
[235] *girapliega*: "especie de electuario compuesto de diversos ingredientes [...] Sirve para purgar el estómago, para quitar las obstrucciones y para purificar la sangre" (*Aut.*).
[236] *catalicón*, o *diacatalicón*: otro purgante, "cuyo nombre se le dio por la virtud que tiene de purgar todos los humores" (*Aut.*).
[237] *Jorge Baglivio*: Giorgio Baglivi (1669-1707), ilustre médico italiano, divulgador en su país de las teorías yatromecánicas.

ni constaba por mi confesión haber tenido malos tratos con ninguna persona de esta nación ni con otra
alguna de España que hubiese comerciado con estas
gentes ni con estos males. Viendo mi resistencia, los
doctores prorrumpieron contra mi escusa en estas malditas palabras: "Señor, ¿no hemos de hacer algo?
Hasta ahora nadie se ha curado sin medicinas. Sujétese
Vmd., pena de que perderá la vida y le llevará el diablo". ¡Quisiera no ser nacido cuando escuché tan terribles necedades y tan bárbara persecución! ¿No hemos
de hacer algo? ¿Pues qué, es nada treinta y siete purgas,
trescientas y doce ventosas, ochenta y cuatro ayudas,
y haberme dejado el pellejo como un cribo, cubierto
de los desgarrones y las roturas de las sangrías, sanguijuelas y cantáridas? Vive Dios, que todo el poder
del infierno y toda la rabia de los diablos no pudiera
haber hecho más crueldades con los que cogen en sus
abismos, ¡y me salen ahora con que no hemos de hacer algo! Confieso que me dejé irritar de la expresión
hosca y desabrida, y que sólo el disimulo con que se
deben recibir los desvaríos de los enfermos pudo también salvar el mal modo de mis respuestas; ya les pedí
perdón, ya me lo aplicaron, con que no tengo más que
pedir.

Por no descaer de su ciencia y de su negocio, toman
estos hombres el empeño de perseguir a los que cogen
en las camas, hasta dar en tierra con sus cuerpos.
Nunca aciertan a desviarse de su confianza y erronía. [238]
Unos se dejan gobernar de la necia fe que dieron a
sus aforismos; otros, de la vana credulidad de sus experimentos, sostenida en cuatro ejemplares, que si los
examinan con juicio, hallarán que son triunfos más
ciertos de la naturaleza que de su arte, su conocimiento
o de su astucia; y muchos son sobrecogidos de alguna
ambición que les tapa la boca para no hablar con el
desengaño que nos manda la buena civilidad de la
honradez. Afirmo que puede ser codicia, terquedad,

---

[238] *erronía*: 'terquedad, testarudez' (Cf. Corominas, *Dic. etim.*,
s. v. *ironía*).

presunción, estudio, maña, experiencia y rectitud presumida, la continuación y la porfiada multitud de sus medicamentos; por lo que soy de sentir (si valen algo para aconsejar mi vejez y mis atisbos) que a las primeras visitas se le paguen con adelantamiento sus pasos y estaciones que éste es el único medio de salir menos mal y quedar mejor todos los interlocutores de las enfermedades: porque el doctor recibe desde luego sus propinas sin cansancio, sin pasar por los sofiones y las burlas que le hacen las medicinas y las dolencias, sin oír los gritos, relaciones y argumentos de los postrados y los asistentes, y sin tener que buscar disculpas a sus desaciertos, sus ignorancias, inobediencias de las aplicaciones y rebeldías de los achaques; el enfermo logra de este modo unas vacaciones tan útiles, que en ellas [239] está muchas veces la cobranza de su descanso y su salud, y si se muere, muere a lo menos con más quietud, con más comodidad y más limpieza; y finalmente, sus domésticos y agregados logran los gastos de su entierro en el ahorro de la botica, que es una cantidad muy suficiente para surtir [240] mucha porción de lo que se engulle en el mortorio [241] y se desparrama entre los sacristanes, monaguillos, campanilleros y otros tagarotes de calavernario.

Antes que prosiga la historia de mis males (que aun me falta mucho que vomitar), me insta la conciencia a prevenir al lector que siempre que lea las libres expresiones con que escribo, cuando trato de la curación y extravagancia de mis males, no debe creer que mi ánimo es enviarlas a satirizar ni a herir a alguno de los doctores que me curaban; de modo que siempre que vea en este cartapacio las palabras de *errores, falsedades, ignorancias, embustes* y otras que valen lo mismo, no quiero que piense que las digo por la intención, conducta ni estudio de estos médicos, a quienes hoy vivo agradecido, sino por lo conjeturable, lo in-

---

[239]   *ella* en todas las ediciones.
[240]   *surtir* en ed. prínc. y M | S: *surrir*.
[241]   *mortorio*: 'mortuorio' (*Lamano*).

cierto y lo desgraciado de la facultad de la medicina;
y cuando se tropiece con las voces de *codicia, presunción, vanidad* y otras de esta casta, entonces debe creer
que no las tiro a particular alguno, sino que las dis-
paro a todo el gremio, pues esta comunidad tiene lo
que todas las nuestras: hombres vanos, codiciosos, en-
gañadores, presumidos y llenos de otras malicias y cautelas culpables. Éste es mi sentir inocente y verdadero;
y afirmo que, a los médicos que me asistían, debí una
piedad cristiana imponderable, una aplicación oficiosa
a mis alivios y un deseo muy desinteresado de mi salud; y estoy creyendo firmísimamente que la ansia con
que anhelaban a sostenerme la vida y recobrarme la
salud fue la que los puso en la repetición de tantos y
tan raros medicamentos, sospechando que, en cada uno
que me aplicaban, habían de ver en mi sanidad los
efectos de su buena intención, de su estudio y su cariño. Así lo debe creer el lector, porque así lo creo yo
y así lo juro, y vamos adelante.

Continuaron, y yo —¡bárbaro de mi!— continué be-
biendo sus recetas, y desde las unciones descendieron
a la quina, con la especialidad de que en toda la duración de mis males jamás asomó la calentura; antes
bien, procedían los pulsos tan remolones, que contaban
por uno de los signos de mi muerte su pereza. Yo no
sé con qué razón, con qué discurso ni con qué causa
me aplicaron este específico; el que lo quiera saber
puede preguntárselo a ellos, que no tengo duda en que
responderán, porque son doctos y han estudiado todo
cuanto se enseña en la Universidad de Salamanca.
Quedó burlada y sin mostrar su valor esta corteza,
porque, a la verdad, su enemigo estaba cien leguas de
mi cuerpo; acá me la tengo, y puede ser que sirva
para espantar las fiebres futuras, o para no dejar venir [242] las que se preparan con los días en nuestras
ocasionadas humanidades. Desde la quina pasaron a

---

[242] *venir: unir* en todas las ediciones; adopto la corrección de
Onís (p. 174).

recetarme la triaca, la que tomé ocho días sin intermisión, y sin haber percibido el más leve daño ni alivio de su virtud tan decantada; y en fin, porque había huído el sueño, enteramente enojado de los dolores y los medicamentos, le buscaron con el láudano fluido y macizo; y aunque di, con mis gestos, señales de alguna resistencia a este narcótico, se me echaron encima, con la predicación y las amenazas de la conciencia, unos frailes entre curanderos y agonizantes, y a puros gritos me lo embocaron, y yo lo tragué, persuadido a que iba a despertar en la presencia de Dios. Ya me canso de escribir las diferencias y cantidades de remedios que me hicieron tomar; y por no producir más molestia a los lectores, les digo, resumidamente, que no dejaron hoja, resina, leño, simiente, ni los demás simples y mezclados, que están presumiendo del sánalo todo en las boticas, que no me diesen, ya en sorbos, ya en bocados y ya en unturas; pero todo perdió su virtud o no era del caso contra mis achaques, porque ni lo mucho ni lo poco dieron la más remota señal de los efectos que les juran las fanfarronadas de la medicina.

Aburridos enteramente los doctores, y confesando que ya no sabían ni encontraban, en el chilindrón [243] de sus tres reinos animales, vegetables ni minerales, con que socorrerme, me entregaron cuasi difunto a los conjuradores, los que me recogieron en su jurisdicción algunos días. El primero que me asaltó con los conjuros fue un devoto capuchino, que cuidó de mi alma en los primeros enviones de la enfermedad; y a veces, en el estado sano del cuerpo, la levantaba de las profundidades, en que muy a menudo caía, con los socorros de sus avisos y sus absoluciones. Asistió a mi cabecera con caridad, lástima y tolerancia inalterable

---

[243] *chilindrón*: "Metafóricamente se dice de cualquiera cosa que consta de tres diferentes, a imitación del juego del chilindrón, sota, caballo y rey" (*Aut.*).

todo el tiempo que me tuvo tendido en su estrechez la pesadumbre y la violencia de mis raros y desconocidos accidentes, siendo la dulce sencillez de sus palabras el único consuelo de mis aflicciones, el solo alivio de mis penas y el particular despertador de mis conformidades. Llámase este venerable varón fray León de Guareña, natural de este pueblo en Extremadura, y hoy vive siendo vicario en el convento de los capuchinos de Cubas. Esforzaba su celo, su voz y su devota confianza cuanto era posible el caritativo padre, pero el dolor de cabeza parecía el diablo mudo, porque callaba y dolía, dándose por desentendido a las voces, las cruces y las rociaduras del hisopo. Entró después el rmo. padre fray Adrián Menéndez, mi congraduado y hoy general de la religión de san Bernardo, y hízose también sordo el dolor a sus oraciones y conjuros; y —yo no sé si sería la eficacia de sus ruegos o el singular amor con que siempre he venerado a este reverendísimo— conocí entonces mayor alegría en sus palabras y más conocido consuelo en su presencia. Entraron, finalmente, a espantarme los diablos, las brujas, los hechizos, o lo que era (porque todos lo conjuraban y maldecían a salga lo que saliere), otros clérigos, tonsurados y frailes recientes, llenos de fervores, y todos me santiguaron a su satisfacción; pero los diablos, las brujas o lo que fue, acá me lo han dejado, porque yo no lo he visto salir por parte alguna; es verdad que tampoco lo había visto entrar, pero como eran hombres doctos, tratantes en espíritus y revelaciones los que me lo aseguraban, me fue preciso asentir de botones afuera, y dejarme crucificar por vía de sufragio y medicina.

Pasados veinte días, con poca diferencia, volvieron los médicos a ver el estado en que me tenían los conjuradores, y viendo que sus oficios tampoco sacaban una mella a mis males, pensaron en el mayor delirio que se pudo imaginar desde que hay locos en la tierra. Dieron orden a los asistentes que retirasen a fray León de mi cabecera, asegurando que su semblante, su virtud y su predicación producían y aumentaban mis suspiros, [244] mis agonías y mis amargas cavilaciones, afirmándose de nuevo en que no era otro mi mal que el de una honda y funesta melancolía. El pobre religioso, es cierto que tiene una figura estrujada, cetrina, grave y pavorosa, y un semblante ceniciento, aterido y ofuscado con el pelambre mantecoso y desvaído de su barba, a cuyo aspecto añadían duplicados terrores las broncas obscuridades del sayal y la negra gruta de su capuz sombrío y caudaloso: teníalo regularmente empinado, y escondidas las manos en los adustos boquerones de las mangas, de modo que parecía un Macario penitente que respiraba muertes y eternidades por todas sus ojeadas, coyunturas y movimientos; pero como yo estaba ya familiarizado con su rostro, su vestido y su conversación, me producía muchos consuelos aquel bulto que sería a otros formidable, por lo cual, sumamente irritado contra la idea de esta nueva cura, me rebelé contra ella, como contra las unciones; revolviéndome a los médicos, les dije que ya que me quitaban o no me podían detener la vida, que no me estorbasen los medios de mi salvación, los que tenía afianzados en la asistencia, doctrina y consuelos de aquel venerable hombre. Dejáronme en paz, y yo me quedé con mi padre León, al que no quise soltar de mi lado hasta después de tres meses convalecido.

Ni el peligro tan cercano a morir, ni la continua porfía con que rogaba a los médicos que me mandasen confesar y recibir los santos sacramentos que da la Iglesia, nuestra Madre, a los fieles católicos que llegan a tener su vida en los arrabales de la muerte, donde yo vi la mía aposentada, pudo moverlos a que se celebrase con juicio y en sazón esta cristiana diligencia. Decían que la enfermedad daba muchas treguas; que ellos conocían las tretas y zorrerías de los enfermos; que yo no anhelaba por confesarme, ni mi deseo era

hijo puro de la obligación de un cristiano devoto, sino
de una curiosidad medrosa con que intentan los enfermos certificarse del estado de gravedad en que el
médico los imagina; que estas agachadas[245] y otras
marrullerías las tocaban a cada instante, pero que no
hacían caso; que su gobierno era el pulso, las fuerzas,
las orinas y el mayor o menor apartamiento del estado
natural; y que sabían muy bien cómo estaba yo y lo
que a ellos les tocaba. Finalmente, muy de prácticos y
muy de maestros respondían con estas y otras presuntuosas y desacreditadas experiencias; y ello, sucedió
que atropelladamente me mandaron confesar pocas horas antes de haberme cogido toda la razón la aplopejía.
Dicen que me confesé, que recibí a Dios sacramentado
y que puse en buena disposición mi testamento; pero
yo no he podido acordarme de cuando pasaron por mí
tales preparaciones. Los que asistieron a los actos piadosos y mis domésticos estaban muy edificados de la
conformidad que notaron en mi espíritu. En las conversaciones se referían como prodigiosas las expresiones
de amor y penitencia en que casualmente prorrumpí al
tiempo que recibía la sagrada comunión. Todos envi-
diaban el santo aliento de mi espíritu, y el más edifi-
cado fue don Josef Zapatero, cura de mi parroquia, que
salió de mi cuarto repitiendo algunas palabras que el
carácter de católico y la crianza de cristiano (sin saber
la más mínima de ellas el juicio) envió a mi boca desde el alma. Sólo por las relaciones he sabido que me
confesé, pues ya estaba sin rayo de racionalidad cuando hice esta y las demás preparaciones para morir; y
si en ella no apareció alguna de las inmoderaciones de
mi vida, fue sin duda porque la piedad de Dios no
permitió que escandalizase en aquella hora el que había consumido todas sus edades en escándalos y delitos
contra Su Majestad. Creo que ha pasado por muchos
muertos, y por muchos que viven, lo que pasó por mí,
que los mandan confesar cuando tienen trabucada la

---

245 *agachadas*: 'tretas, astucias'.

razón, amontonado el juicio, perdida la memoria, y todo el discernimiento distraído hacia las agonías, las congojas, las angustias y dolores más cercanos.

No es ésta ocasión de reprehender este abuso y confianza en los médicos; lo que afirmo es que su conciencia y la de sus enfermos peligra enteramente en la tardanza de estas disposiciones, y que los que tienen este oficio deben tener muy presentes estos daños, las traiciones de los achaques, los asaltos repentinos, los movimientos impensados y la falsedad de las robusteces de la naturaleza, y, finalmente, deben vivir escarmentados de las mentiras, de las equivocaciones de sus principios y de las historias desgraciadas con que a cada momento son argüidas sus necias seguridades. [246] Yo creeré que pongan alguna meditación en este importante asunto. Y ahora voy a salir del accidente, que ya es tiempo, y de finalizar el quinto trozo, pues considero que estará el lector, como yo estoy, enfadado con las menudas, vulgares e impertinentes circunstancias de un suceso que, sobre cortas diferencias, pasa por todos los vivientes del mundo.

Día de san Bernardo, a las cinco de la tarde, fui agarrado de la aplopejía, la que me mantuvo en sus privaciones hasta las dos de la mañana del día siguiente. No puedo asegurar si fue a beneficio de cuatro cantáridas que me encajaron en las tablas de los muslos y en lo más gordo de las piernas, o a instancias de un vómito voluntario que se le antojó hacer a mi naturaleza, que es el primero que ha hecho en mi poder, o si fue milagro, como repetían a voces los asistentes. Yo volví a cobrar el sentido y movimiento que me había embargado el accidente, y creo que, si no fue absolutamente milagro, fue por especial beneficio de la divina Providencia la restitución a mis sentimientos, porque yo me hallé, cuando abrí los ojos, con alguna luz en el juicio, menos obscuridad en la memoria, más usual

---

[246] Sobre la obligación, para el médico, de mandar confesar a los enfermos de gravedad, y la preocupación de Torres por ella, cf. *Barca*, p. 392, n. 74, y Luis S. Granjel, *op. cit.*, p. 32, n. 77.

para los movimientos, mejor despabilada la cabeza, y aunque el dolor se mantenía, no guardaba la gravedad y ruido antecedente. Luego que me reparé, vi a una de mis hermanas a la cabecera, y la rogué encarecidamente que no permitiese que médico alguno volviese a pisar mi cuarto, y que sólo como a vecino piadoso del pueblo le podía conceder la entrada, y que no me dejase tomar medicina alguna, aunque yo la recetara, que quería morir sin tener que lidiar con las fatigas de los doctores y los remedios. Así me lo otorgó, y, desde este punto, empecé a sentir una indubitable mejoría.

Veinte y siete días estuve mantenido solamente de los caldos, y al fin de dicho tiempo, salí de la cama como un esqueleto, tan descarnado, que sólo me faltaba la guadaña para parecer la muerte. Sostenido por los alones de una muleta y de los brazos de mi padre León, empecé a formar algunos pinos por la corta capacidad de mi cuarto, y a pocos días, salí a pisar la calle, acompañado del padre y de mi amigo don Josef Nájera, catedrático de cirugía en Salamanca y hoy platicante [247] mayor del nuevo colegio de Cádiz, que uno y otro me conducían a la campaña y a los paseos, procurando con imponderable caridad mis diversiones y mi alivio. Parecióme oportuno buscar el esparcimiento de la aldea, y luego que pude subir a caballo, marché nueve leguas de Salamanca a una villa que se dice Torrecilla de la Orden, en donde me detuve todo el mes de octubre, hospedado en la casa del señor don Domingo Hernández Griñón, presbítero, de quien recibí cuantas clemencias y agasajos pudo imaginar mi deseo. [248] Más recobrado, menos melancólico y con señales de buena convalecencia, volví a Salamanca a los primeros de noviembre, y con la observancia de una dieta rigurosa que me impuse, me hallé al año restituido

---

247 *platicante*: "el que practica la medicina o cirugía para tener experiencia, adestrado o enseñado de algún médico o cirujano experto. Dícese también y con más propiedad *practicante*" (*Aut.*).
248 Torres le dedicará el almanaque de 1753, *Los enfermos de la Fuente del Toro*, el último de la colección recogida en S X.

a mi salud, a mi genio, a mi juicio y a mi memoria. El dolor en la cabeza aún me dura, pero es más remiso y más tolerable, aunque en algunas temporadas me acomete con la furia antigua, de modo que, poco o mucho, raro es el día en que no tenga que padecer y que dar a Dios en descuento de mis culpas.

Ya más robusto y con disposición para sufrir los caminos y mesones de España, empecé a pagar a Dios los votos y los prometimientos con que procuré desde mi cama aplacar las suavidades de su justicia, y fue la primera visitar a su Madre Santísima de Guadalupe, adonde partí a pie desde mi casa el día veinte de junio de 1745, [249] en cuyo devotísimo santuario estuve dichosamente detenido quince días, al fin de los cuales volví a Salamanca a cumplir otras deudas y obligaciones de mi oficio. Por el mes de noviembre de dicho año pasé a Madrid, donde fui recibido de unos con admiración, de otros con agasajo y de los más con susto, porque unos me miraban como aparecido, otros como muerto, y los que estaban mejor informados de las disposiciones de mi vida, me acogieron con piedad y con buena intención, saludándome con muchas enhorabuenas y alegrías. Nació la variedad de estos afectos de los desesperados pronósticos que me habían echado encima los doctores, pues los unos firmaron mi muerte, cuyo despacho remitieron los crédulos ociosos a las estafetas, y los otros aseguraban que si sacaba la vida de las garras del accidente, sería arrastrando y para representar el papel de loco entre las gentes del

---

[249] Diego trae de esta romería el tema del almanaque para 1747, *La Gran Casa de Oficios de Nª Sª de Guadalupe*, que dedica rendidamente al rey Fernando VI (Felipe V murió el 9 de julio de 1746). Una vez más, se debe corregir la fecha consignada en la *Vida* (1745), y admitir la de 1746, según lo que el autor mismo declara en el prólogo de este almanaque: "... mal convaleciente, tomé el portante de mi peregrinación el día tres de julio del año pasado, sin el menor susto a los calores del estío, ni el más leve miedo a los bochornos de la ardentísima Estremadura, considerando que nunca podría asaltarme tanto daño con las destemplanzas del tiempo y el país, como la que me produjeron los ocho doctores que, a quema ropa, avanzaron a sangre y fuego contra la débil plaza de mi vida" (S X, p. 29).

mundo; y todos mintieron (como me sucede a mí
cuando pronostico), porque aún soy viviente, y en cuanto al juicio, me tengo el que me tenía, y aun más ali-
viado, porque el rigor del accidente debió de verter
alguna flema en mi sangre, y ésta me ha puesto más
remilgado de palabras, menos liberal de movimientos,
algo más sucio de figura, y me parece que un poco
zalamero y ponderado, que me pesa bastante, pero
como se usan así los juiciosos, lo sufro con conformidad. En los cronicones de mis desafectos y enemigos
son innumerables las veces que me escriben loco y mentecato, y en las historias de los noveleros y ociosos que
viven atisbando mi vida, ésta es mi cuarta muerte,
como lo dicen las exequias que me hizo en unas coplas
el año pasado un poeta macarrónico, tan hambriento,
que no encontró para comer él con otra invención que
la de matarme a mí. En mi falta de juicio, pueden tener mucha razón, aunque poca caridad; pero en la
historia de mis mortorios, juro por mi vida que mien-
ten de cabo a rabo, y que el poeta es un poeta, y unos
embusteros los demás bergantes que me han sacado en
andas por ese mundo.

Perdieron el espanto y la credulidad las gentes con
la visión de mi figura y de mi vida, y yo me volví a
mis antiguas correspondencias con la satisfacción de
que no habían de maldecirme ni asustarse. Recibióme
(es verdad que con algún susto prudente a los movimientos de mi locura presumida) la excelentísima señora duquesa de Alba, mi señora, y en breve tiempo
debí a su discreción el desengaño, y entonces sí que
me puso venerablemente loco la consideración de la
gran honra que debí a su excelencia, pues quiso padecer aquel recelo por no negarme la dichosa ventura de
rendirme a sus pies. Ya que he llegado a tocar el punto
venturoso de las apacibles clemencias con que me han
ensoberbecido las personas de más alta jerarquía, quiero
atormentar un poco a mis enemigos, poniéndoles a los
ojos, en breve relación, las honras y aplausos que estoy
debiendo a su sola piedad, especialmente desde que di

a luz el cuarto trozo de mi Vida hasta hoy; y con el
conocimiento de que es la sátira más fuerte que puedo
dar a su envidia irremediable, recojan en cuenta de sus
ingratas altanerías mis apacibles sumisiones, y púdranse
un poco, mientras yo me regodeo con la memoria de
sus necias pesadumbres y mis honrados regocijos. El
excelentísimo señor don Josef Carvajal me ha llevado
en su coche y a su derecha por las calles y públicos
paseos de Madrid algunas veces, me ha mandado sentar a su mesa infinitas, y me ha conducido a la del
excelentísimo señor marqués de la Ensenada, [250] en donde me vi más de cuarenta veces poseído de una vergüenza venerable, arguyendo interiormente a mi indignidad con la posesión de una fortuna tan distante de
mis locas esperanzas y tan irregular a las ruindades
de mi mérito, y dando gracias a Dios de contemplar al
pobre Diego de Torres (que ha sido y es el escarnio
de los más asquerosos pordioseros) empinado adonde
aspiran las heroicidades más soberbias y las ambicio-
nes más terribles. Los excelentísimos señores duque de
Huéscar y marqués de Coria ha muchos años que de-
rraman sobre mi agradecimiento respetuoso especiales
abundancias, beneficios y distinciones; me permiten que
penetre a todas horas hasta sus retirados gabinetes, dis-
pensándome de la dichosa obligación de detenerme en
su antesala. Los excelentísimos señores de Medinasido-
nia, Veraguas, Miranda y otros, igualmente agasajan
mis humildes reverencias y me excusan de las mismas
precisiones. A la verdad, es raro el gran señor de España, el presidente, el ministro y el gobernador a quien
no deba cuantas señales de piedad puede producir su
magnificencia, su crianza y su política honradora, y
todos me han franqueado su casa, su mesa, su coche
y su apacibilidad.

Pocos son los ilustrísimos señores obispos de España
que no tengan noticia de mis respetos, y muy raro

---

[250] Torres le dedicó el almanaque de 1745 (*Los mayorales del
ganado de la Mesta*, S X, p. 3). El marqués de la Ensenada fue
suscriptor de las *Obras completas*.

el que no recibe mis cartas, mis rendimientos y mis súplicas con alegre paciencia y clementes concesiones. Los estranjeros y peregrinos que vienen a Salamanca, ha muchos años que no preguntan por la Universidad ni por la plaza [251] ni por las cuevas donde enseñaban los diablos [252] (salvo sea el embuste), sino por don Diego de Torres, pensando encontrar con un monstruo estupendamente afable, o un oráculo deforme, predicador de misterios, adivinanzas, fortunas, desdichas o despropósitos; y es cierto que el bedel, que cela la prontitud y la detención de los catedráticos, me llama más veces para que me vean los forasteros, que para dictar a mis discípulos. [253] Esto se siente por acá, y se hace burla alguna vez, con un poquito de escozor entre cuero y carne, de la sencillez y curiosidad de los inocentes o mamarones que anhelan a conocerme y tratarme; pero yo no puedo estorbarle a ninguno sus entripados; encójase y aguante como pudiere, hasta que Dios tome la providencia de quitarme del medio. En los pueblos más distantes y más breves donde me ha llevado mi negocio o mi extravagancia, me han recibido sus moradores con agradable curiosidad, con algazara festiva, y con las ofertas y dones en la mano, de

251 Terminada pocos años antes, la plaza Mayor debía atraer ya a los turistas de la época.

252 *las cuevas donde enseñaban los diablos*: Hay bibliografía abundante sobre este sitio privilegiado de las artes mágicas españolas; cf. M. García Blanco, "El tema de la Cueva de Salamanca y el entremés cervantino de este título", en *Anales cervantinos* (Madrid), I (1951), pp. 71-109; J. Ruiz de Alarcón, *Obras completas*, México, F. C. E., I, p. 383. En *Cuevas de Salamanca y Toledo y mágica de España* (B. A. E., LVI, pp. 374-381), Feijoo inserta una nota redactada por Juan González de Dios, el catedrático salmantino de quien se ha hablado *supra*, nota 39. El viaje fantástico de *Anatomía de todo lo visible e invisible* empieza por una visita a la famosa cueva, durante la cual Torres da a sus compañeros y discípulos noticias que "a la chimenea de [sus] padres [oyó] decir a [sus] decrépitos abuelos" (S I, p. 10).

253 "El bedel llamaba a los catedráticos y certificaba de su asistencia. Su testimonio era irrecusable; eran, por lo menos, hidalgos y con ejecutoria de nobleza, y por eso se decía que tenían palabra de nobles, a fin de no ofender a los catedráticos, dando preferencia a la palabra de aquéllos sobre la de éstos" (*Onís*, p. 184 n., donde se puede leer el texto de una certificación de bedel).

modo que para haber vuelto rico de mis romerías, no
me faltó más que aquella aceptación que saben componer otros con su vergüenza, con su genio o con su
disimulo. El afecto que deben a la tropa mis ingenui-
dades, lo dirán los soldados, y sólo aseguro que vivo
agradecido a la franqueza, despejo y libertad de sus
graciosas expresiones.

Algunos enemigos (de los que conozco y trato de
más cerca) dicen, y se consuelan allá entre sus compa-
dres y tertulianos, que quizá por bufón me vienen a
mís estas remuneraciones y piedades, que por públicas
no las puede negar su malicia; yo no les puedo sacar
de esta duda. Lo que les aseguro es que soy para bufón patente más frío que un carámbano; lo que confieso es que, a mis solas y desde mi bufete, y para la
gente desautorizada y ociosa, echo en la calle algunas
de las que ellos nombran bufonadas, que a la vuelta de
alguna risa me han traído el pan y la estimación; pero
en las conversaciones de las personas de todo carácter,
será un maldiciente el que diga que ha visto asomar a
mis labios expresión que no sea severamente humilde,
aun cuando me han dado permiso y confianza para
delirar. Ténganme lástima, que soy más digno de ella
que de la crítica insolente, pues a esta casta de escri-
turas me ha obligado la necesidad y el bobo deleite
del vulgo; y como nunca he tenido más sueldos ni más
situados que mis continuas tareas, me ha sido oportuno poner a mis papeles las gaiterías del más pronto y
breve despacho; y por no pedir, por no petardear y por
no pretender, he querido antes pasar por los sonrojos
de bufón envergonzante, que por las frecuencias de petardista desvergonzado, pretendiente importuno o pedigüeño entrometido. El curioso que quiera apurar el
por qué los héroes primeros del mundo político hacen
tanta caridad a un hombre tan indigno de ella, pueden
echar sus memoriales preguntándolo; que yo sólo [254]
me atrevo a continuar los medios de conservarme en

[254] S: *yo solamente*

su clemencia, a poner todas las señales de ser agradecido, a responder con verdad a lo que me pregunten, y a detenerme en un silencio natural, mondo de misterios y ademanes; y en fin, para ponerme entre los hombres más señalados, me sobran muchos grados de esta piedad, y, dénmela por bufón o por el título que quieran decir mis contrarios, me bastan para mis elogios las irrisiones de sujetos de tanta altura; y también hasta de mortificación a mis enemigos, que ya conozco que es fuerte la carda que les doy.

Ni mis aventuras ni mis penas ni mis cuidados ni mis melancolías ni el continuo dolor de cabeza, me han permitido la más leve vacación de mis trabajos y tareas, como lo demuestra el mediano bulto de mis obras, pues sin faltar a las obligaciones de mi cátedra y de mi estado, he escrito los borrones, las copias y traslados de los libros y papeles siguientes:

En primer lugar los pronósticos, desde el año de 1743 hasta el presente, que son ocho.

La vida del padre don Jerónimo Abarrategui y Figueroa, clérigo teatino de san Cayetano. [255]

Un tratado de los terremotos y de sus diferencias. [256]

Un arte de colmenas, con el modo de conservar y curar las abejas. [257]

Unas exequias mentales a la muerte del rey nuestro señor don Felipe V. [258]

Otra expresión fúnebre a la traslación de los cadáveres de los excelentísimos señores condes de Monterrey al convento de las madres agustinas de la ciudad de Salamanca. [259]

[255] *Vida ejemplar y virtudes heroicas del venerable Padre D. Gerónimo Abarrategui y Figueroa, clérigo reglar teatino de S. Cayetano...*, Salamanca, imp. Antonio Villarroel, 1749; S XIII.

[256] *Tratado de los temblores y otros movimientos de la tierra llamados vulgarmente terremotos, de sus causas, señales, pronósticos, auxilios e historias*, Madrid, imp. del Convento de la Merced, 1748; S V, pp. 1-48.

[257] *Arte nuevo de aumentar colmenas, reglas seguras para gobernar abejas...*, Madrid, imp. del Convento de la Merced, 1747; S V, pp. 96-288.

[258] Salamanca, 1746; S VII, pp. 286-304.

[259] Salamanca [1744]; S VII, pp. 304-323.

Otro papel sobre el asunto de haberse visto sudar el cadáver de un guardia de corps, en el hospital general de Madrid. [260]

Otro papel (que no he querido imprimir) sobre la figura del mundo. [261]

Otro papel respondiendo a la sociedad médica, sobre cuál es la causa de producir picazón en la nariz las lombrices que anidan en los intestinos. [262]

Dos cartas impresas al anónimo que escribió contra mí con el pretexto de criticar el papel de terremotos. [263] Esto todo en prosa.

En verso están impresos los papeles siguientes:

[260] *Desengaños razonables para sacudir el polvo del espanto y del aturdimiento que ha producido en los espíritus acoquinados el cadáver de Don Roberto Le Febvre Dumoulinel, Cadete de las Reales Guardias de Corps, por haberle visto flexible y sudando después de algunos días, expuesto en un salón del Hospital General de Madrid,* 1747; S IV, pp. 284-302. Este opúsculo fue dedicado a su amigo Antonio González, Pintor del Rey, de quien se conserva un retrato de Torres.

[261] Supongo que se trata de las *Prevenciones que le parecen precisas a D. Diego de Torres antes de entrar a la narración de las observaciones con que se intenta persuadir que es elipsoides la figura de la tierra, y dificultades que se le ofrecen para no consentir en negarle su demonstrada redondez* (S IV, pp. 303-312, que sería la príncipe). Este texto, relacionado con la expedición geodésica en la cual tomaron parte Jorge Juan y Antonio de Ulloa (narrada en *Relación histórica del viaje a la América meridional, hecho de orden de S. M., para medir algunos grados del meridiano terrestre y venir por ellos en conocimiento de la verdadera figura y magnitud de la Tierra,* 1748), es de sumo interés para apreciar la actitud de Torres frente a Newton y a la ciencia moderna.

[262] *Respuesta de D. D. de T. V. a la pregunta que hacen los médicos socios establecidos en Madrid en la Real Congregación de Nra. Señora de la Esperanza,* la cual es: "¿*Por qué siendo el regular domicilio de las lombrices el canal intestinal, comúnmente producen picazón en las narices?*", Salamanca, P. Ortiz Gallardo, 1750; S IV, pp. 254-283. La pregunta había sido publicada en la *Gaceta* del martes 6 de enero de 1750.

[263] Referencia a *Resurrección del Diario de Madrid, o Nuevo Cordón Crítico General de España,* dispuesto contra toda suerte de libros, papeles y escritos de contrabando, cogido, por su desgracia, el papel de D. D. de T. V. sobre los Temblores de la Tierra..., escrito por Santiago Álvaro Luazare, Pedro Pablo Romero y Raymundo Antonio Landabore, Madrid, 1748. El autor (Bernardo Ibáñez de Echavarri, según Uriarte, *Catálogo,* n.º 4416) acusaba a Torres de plagio. Éste replica con dos cartas en nov. y dic. de 1748 (S X, pp. 260-271).

Treinta y seis villancicos a la Natividad del Señor y Santos Reyes. [264]

Un romance en estilo aldeano, relación de las fiestas que hicieron los números de Salamanca a la exaltación al trono del rey nuestro señor don Fernando el Sexto. [265]

Otro papel en prosa al mismo asunto.

Otro romance en idioma portugués, a la reina nuestra señora doña María Bárbara. [266]

Otro romance, que es un razonamiento en nombre del alcalde de Tejares al rey nuestro señor, [267] que no está impreso, como ni otros sonetos y varias poesías.

Y tengo trabajados todos los eclipses de sol y luna hasta el año de mil y ochocientos, que se los daré de muy buena gana a los astrólogos en cierne que andan arrastrados para componer sus almanaques; y les hago una gran caridad, porque ya se les murió Eustaquio Manfredo, [268] en cuya tienda feriaban sus lunas; y ahora, si no se valen de mi socorro, temo que se han de quedar capones de oficio.

Además de estos trabajos de cabeza, he bordado una alfombra que tiene diez varas de largo y cinco de ancho, y un friso de la misma longitud y una vara de ancho, que se hallarán en mi casa, un frontal y una casulla, que reservan para los días clásicos los padres capuchinos de Salamanca, diez chupas, una cortina, y otras diferentes piececillas. He hecho en este tiempo seis viajes a Madrid, uno a Coria, y repetidas salidas a los lugares y pueblos vecinos, y con todo eso, es más el tiempo que vivo ocioso que ocupado. En estos viajes,

264   Cf. S VIII, pp. 108 y sig.
265   S VII, pp. 103-110.
266   S VII, pp. 110-113.
267   S VII, pp. 98-102. Los romances en estilo aldeano y las otras poesías integran el tomo VII de las *O. C.*
268   *Eustaquio Manfredo*: Eustachio Manfredi (1674-1734), astrónomo y poeta italiano, fundador del Instituto de Bolonia, autor de *Ephemerides motum coelestium ab anno 1715 ad annum 1750, cum introductione et variis tabulis, Elementi della cronologia, Istituzioni astronomiche*. Su hermano, Gabriele Manfredi (1681-1761), fue un célebre matemático.

trabajos, entretenimientos y dolencias, se me ha huído [269] el quinto trozo de mi vida; ahora voy apuntando las desdichas del sexto, y si Dios quiere que yo lo cumpla, lo echaré a la calle con los demás, para que unos rabien, otros rían y yo me divierta; y si me atrapa la muerte en el camino, entregaré los mamotretos al fraile que le toquen mis agonías y mis boqueadas, para que me haga la caridad de publicarlo antes que salga algún coplero tiñoso a plagarme los zangarrones de mentiras y la calavera de despropósitos y bobadas. Yo espero en Dios que ya de cansados o de arrepentidos me dejen vivir difunto los que no me han dejado respirar viviente, y que he de conseguir, con la vida eterna de mi muerte, hacer felices todas las muertes de mi vida. Amén.

* * *

[1752] [270]

Hame caído en este quinto trozo de mi vida la aventura de mi jubilación; y aunque estaba determinado a desechar por enfadosa e impertinente la relación de este suceso, me ha parecido importante ponerla en el público, porque no quiero que, a las espaldas de mi muerte, le plante algún parchazo a mi memoria la mala intención o la ignorancia, y más, cuando puede coger alguna tinta de un informe que la Universidad de Salamanca retiene en sus archivos. [271] Pongo el caso,

---

[269] S: *se me va huyendo* | puede explicarse esta enmienda por el deseo de atenuar el carácter adventicio del fragmento añadido en 1752 (Cf. nota siguiente).

[270] La parte del *trozo V* que empieza ahora fue publicada por la primera vez en S XIV, 1752 (Cf. la noticia bibliográfica y mi artículo en *Mélanges offerts à M. Bataillon*, 1962). En todas las ediciones de la *Vida*, se pasa sin solución de continuidad de "...las muertes de mi vida. Amén". a "Hame caído en este quinto trozo..." Una innovación tipográfica da cuenta de un intervalo cronológico hasta ahora inadvertido.

[271] Al final del *Libro de Claustros de dic. 49 a nov. 50* (AUS 217).

ahora que vivimos los actores y los concurrentes, para que ni en este ni en otro tiempo se vuelva contra la verdad y contra mi opinión la corrompida inteligencia, el furor de las edades u otro de los infinitos contrarios que deslucen y trabucan la fidelidad de las historias. El caso fue el que se sigue.

Yo confesé al Real Consejo de Castilla, en un memorial, todas las faltas que había cometido en veinte y cuatro años de catedrático, producidas de las barrumbadas de mi genio, de mis infortunios, de mis perezas y mis enfermedades. Para descuento de mis pecados escolásticos y para mover la real clemencia, até al remate de mi confesión una lista de otros trabajos, aplicaciones y tareas, más extrañas que las que regularmente imprimen y gritan en sus títulos mis compañeros escolares. Con esta mi fiel confesión, y la confianza de no haber sido jamás licenciado petardista ni pretendiente majadero, supliqué a su Alteza me absolviese de las idas y venidas, vueltas y revueltas a los patios y generales de la Universidad, concediéndome en la jubilación de mi cátedra la quietud y el reposo a que me instaban mis años y fatigas. Mandó su Alteza remitir todo el contenido de mi petición a la Universidad, y que, después de bien visto, informase cuanto sobre el asunto de jubilaciones contenían los estatutos, las costumbres y los ejemplares, y cuanto fuese digno de notar en la malicia o en la inocencia de mi ruego.

Juntáronse en el claustro que llaman pleno todos los doctores, y, sin faltar un voto, decretaron que se representase al rey, con todo esfuerzo, la irregularidad de mi súplica, manifestando a su justificada clemencia los perjuicios y descaecimientos que se siguen a la Universidad con el ejemplo de una jubilación violenta, y que la que yo pretendía era contra todas las leyes y costumbres. Confió el claustro la extensión de su decreto a cuatro doctores de los más fecundos, los que con admirables párrafos y estupendas palabras adornaron la representación, que hoy dura y reserva para crédito de sus circunspecciones mesuradas y reprehensión de mis imprudentes ociosidades y deseos. Apareció el trabajado papel en el Real Consejo, pero sus ponderaciones y discursos no pudieron mover hacia el sentimiento de la Universidad el dictamen de aquellos justificados señores, ni retraer su juicio de la reputación que habían dado a mis procedimientos y desgracias. La verdad es que aquellos señores me conocían de trato más clemente, y vivían mucho antes informados de mis oficios, ya por su examen, ya por las voces de la publicidad, que ésta es (sin duda) el fiscal y el informante menos apasionado y más verdadero que cuantos andan trompicando por el mundo, al atisbo de los dichos y los hechos de los que buscan, con sus diligencias, sus fortunas.

Yo no sé si los señores del Real Consejo me desnudaron enteramente del sayo que me echó encima la Universidad, o si sobre esta sotana me tendieron otro sobretodo más lucido que cubrió los manchones de la primera ropa, que estas particularidades no puedo yo saberlas, porque son arcanos de su justicia; lo cierto es que su piedad me puso tan aseado, tan merecedor y tan digno a los pies del rey, que su Majestad fue servido de darme la jubilación con todos los emolumentos, honras y exenciones que están concedidas por las mercedes reales y pontificias a los que han cumplido exactamente con el tiempo y las condiciones que decreta la Universidad en sus estatutos y sus leyes. Jubilé (bendito sea Dios), y, a la hora que escribo este cartapacio, llevo ya consumidos dos años de reposos y felicidades. La Universidad guarda su informe para testimonio de su entereza y mis distraimientos, y cuanto puede asombrar a mi crédito la pintura de sus expresiones, lo notará el que lo leyere. Yo guardo el real decreto para desvanecer las sombras del informe, y cuanto puede añadir de honores y vanidades a mi humildad la solidez de sus palabras, lo dirán cuantos las lean en el original que retengo y en la copia que tiene la Universidad, y cuantos viven y gozan de la justicia inalterable del rey y de la rectitud, ciencia y piedad de su Real Consejo. [272]

Muchos ceños me ha tirado a los ojos, y muchas pelladas de desaires me ha echado en los hocicos la severidad regañona de estos patios, pero las dejo de referir por muchas y por impertinentes. Yo disculpo en la Universidad el poco amor con que me ha tratado: lo primero, porque yo soy en sus escuelas un hijo pegadizo, bronco y amamantado sin la leche de sus documentos. [273] En sus aulas no se consienten ni se crían escolares tan altaneros ni tan ridículos como yo, ni en ellas se especulan ni practican los disparates y fantasías que yo agarré al vuelo por el mundo, cuando lo vagaba libre y alegre; y, a la verdad, nunca me hallé con gusto ni me sentí con humor de aprender los arrebatamientos, profundidades y tristezas con que hacen los negocios de su sabiduría. Lo segundo, porque mi temperamento y mi desenfado es enteramente enemigo a la crianza y al humor de sus escolares, porque ellos son unos hombres serios, tristes, estirados, doctos, llenos de juicio, penetraciones y ambigüedades; y yo soy un estudiantón botarga, [274] despilfarrado, ignorante, galano, holgón, y tan patente de sentimientos que, siempre que abro la boca, deseo que todo el mundo me registre la tripa del cagalar.

Yo voy aguantando, con una conformidad floja y taimada, sus disgustos desdichados, y mi paciencia y mi consideración me dan puntuales los consuelos y los recobros. La venganza que busco de sus reprehensiones,

---

272 Torres publicará en el *trozo VI* el texto íntegro del real decreto, fechado en 22 de mayo de 1751 (Cf. *infra*, p. 245).

273 *documento*: "Doctrina o enseñanza con que se procura instruir a alguno en cualquiera materia, y principalmente se toma por el aviso o consejo que se le da para que no incurra en algún yerro o defecto" (*Aut.*).

274 *botarga*: vestido ridículo, y también "el sujeto que lleva este vestido en las mojigangas y entremeses que se hacen en los teatros para la diversión común" (*Aut.*). Es una palabra predilecta del vocabulario burlesco de nuestro autor (En *La Barca de Aqueronte*, p. 156, aparece un "opositor botarga"). *Estudiantón* fue objeto de un comentario (*supra*, nota 9).

es referirlas y preguntarles por la causa. Y el consuelo a que me agarro, es a hacer riguroso examen de mi corazón en la presencia de sus desaires y asperezas. Este conato ha producido muchas alegrías a mi alma, y especialmente dos, que la rellenan de gusto y de ventura. La primera es averiguar que a ninguno de ellos he dado el menor motivo para sus desafecciones. Mírenme todo, y hable o escriba el licenciado que hubiere padecido por mí el más leve estorbo o perjuicio en sus altanerías. Hable el hombre de cualquiera estado que sea (y pónganse en este montón mis mayores émulos, contrarios y enemigos) a quien yo haya hecho el más pequeño daño con mis obras, palabras o deseos. Hable (ahora que vivimos todos) el sujeto a quien yo haya negado mi casa, mi dinero, mis pasos, mis cartas y los oficios que se le han antojado oportunos para sus pretensiones o adelantamientos. La segunda alegría es el gozo admirable que tengo de ver que saben ellos que soy, en esta Universidad y en todas las de España, el doctor más rico, el más famoso, el más libre, el más extravagante, el más requebrado de las primeras jerarquías y vulgaridades de este siglo, el más contento con su fortuna, el menos importuno, el menos misterioso, el menos grave, el menos áspero y el menos desvelado por las capellanías, las cátedras y los empleos, cuyas solicitudes ansiosas los tienen tan locos como a mí los pensamientos de mis disparates; y salga el que quisiere a poner tachas a mis mases y a mis menos, que a bien que han de abogar a mi favor cuantos nos conocen, nos tratan y nos sufren.

Finalmente, con una paciencia mojarrilla que tiene doble caudal de chanzas socarronas que de conformidades apacibles, con un temperamento alegre, sabroso, rebellón [275] a las glotonerías, los enfados proprios y las inquietudes estrañas, y con una templada ligereza que me pone el corpanchón a pie, a caballo y en carreta,

[275] *rebellón*: 'rebelde, indócil' (*Lamano*).

sin el menor desabrimiento de sus lomos, voy atrancando (gracias a Dios) hacia el sexto trozo de mi vida; y aunque todavía pueden atraparme en el camino muchas aventuras de todas calañas, no quiero esperar a padecerlas para escribirlas. Aquí me quedo, mudando enteramente los propósitos con que me sentía de continuar su relación, y si la piedad de Dios permitiere que sea más larga mi detención en la tierra, y que los acasos prósperos o desventurados, o la torpeza de mi vejez, o la terquedad u ojeriza, me hagan hocicar en otros desconciertos de tan villano linaje como los que me pillaron en la juventud, creo que no faltarán cronistas que los ahupen a jácaras, ni berreones [276] que los griten por los cantillos; y por mí, desde ahora tienen todos el perdón y la licencia para gruñir y entrometer en los fracasos, las mentiras y ridiculeces que se les vengan a la boca y a la pluma. Yo arrojo la mía, quiebro mi zampoña, y me escondo a reír a mis anchas de muchos y de muchas cosas; y los primeros gritos de la burla los echaré encima de mí, pues, a la verdad, estoy persuadido que no hay, en todos los entremeses, sayos de bobo [277] y cagalasollas [278] del mundo, despertador más poderoso de mis carcajadas que yo mismo, y más cuando me acuerde de lo cacareado y famoso que ha sido mi nombre desde los veinte años hasta hoy, y que antes de muerto, y muchas centurias después de difunto, he de ser citado por hombre insigne, y como quien no dice nada, por autor de libros, habiendo sido en todos los pedazos de mi vida un ignorante, holgazán, sin sujeción y sin escuela. Reiréme sin término siempre que vea a mis descuadernados

276 *berreón*: 'gritador, chillón' (*Lamano*). Esos *berreones* son los ciegos que pregonaban los almanaques en las calles.
277 *sayo de bobo*, o *sayo bobo*: "vestido estrecho entero que llega hasta los pies, todo abotonado, de que usan comúnmente los graciosos en los entremeses" (*Aut.*).
278 *cagalaolla*: "el que va vestido de botarga, con máscara o sin ella, en algunas fiestas en que hay danzantes" (*Ac.*; no registrado por *Aut.*).

disparates subidos a ser tomos en las mejores librerías de
España, hombreando de volúmenes, haciendo de doctores, y jurándolas, desde los estantes y desde sus títulos, de ciencia, erudición y documentos; y aunque no
hay en todas sus hojas un arrapo de utilidad, mientras
estén cerrados se las han de apostar a presunción y
fantasía a los autores más cogotudos y severos.

Ahora, por cierto, no me deja la risa tener la pluma
en la mano, porque se me viene a la consideración el
estupendo chasco que he dado al mundo con mis patochadas y sandeces, e imagino que ninguno de los mo-
nederos falsos, embaidores y charlatanes (entrando en
esta recua los hipócritas, que son los embusteros más
astutos para encajar sus maulas, sus chanflones y sus
picardías, por virtudes de buena moneda) le ha puesto
parchazo tan asqueroso y tan horrible. Ojo alerta, cri-
ticones, presumidos y discretazos, que con estas y semejantes burlas os están hiriendo los ojos y el juicio cada
día, sin que tantos ejemplares os hayan alborotado el
escarmiento; y para que otro vagamundo farandulero
no os pegue otra garrapata tan gorda como la que yo
os he plantado con las algazaras y las ilusiones de mis
tonterías, aconsejo a todos, como vejancón aporreado
de fingimientos, espantajos y embustes, que examinen
con recato y quietud la opinión de los hombres famosos y aplaudidos, especialmente la de las dos castas de
doctos y de santos, que las más veces se hallará, debajo
de una reputación desmesurada de sabiduría y experiencia, un idiota terco, un hablador vacío, un misterioso extravagante, un impertinente caprichudo, o un
maulón ponderado con las letras tan garrafales como
las mías, y, revuelto con el capote del *Deo gracias* y
el *Dios sobre todo,* un bergante, comilón, ocioso, re-
pleto de avaricia y de lujuria. Las poblaciones altas y
bajas verbenean en tontos y embusteros, y los más rela-
midos de ciencia y devoción son unos fantasmones, que
estudian en deslumbrarnos para que no sea columbra-
da su ambición, su gula y su pereza. No hay desen-

gaño más feliz que hurgarles su estudio, su melancolía, su gravedad, su retiro y su encogimiento, y a pocos tirones saldrá claro y patente el negocio, el vicio, la vanagloria, la soberbia y otros enredos que estaban tapados con el nebuloso cortinón de unas revelaciones, arrebatamientos y parolas sombrías y aparentes.

Concluyo, volviendo a imprimir en mis enemigos la pesadumbre de que aún soy viviente, y que llevo mi ancianidad por las calles, los campos y los concursos, sin pesadez, sin asco, sin hedentina y sin especial irrisión de los mirones: mis sólidos retienen la fortaleza y la figura, sin encontrones ni carcomas, y mis líquidos corren por sus determinados canales con pausa discreta, sin desguazarse[279] a hacer balsas ni hinchazones malquistas de las entrañas e hipocondrios. Estoy regularmente risueño, y me ayudan a llevar la salud y la alegría dos mil ducados de renta, que cobro en cinco posesiones felizmente seguras, que las quiero repetir porque resuenen las continuaciones de mi agradecimiento y veneración. La primera está situada en la sacristía de Macotera,[280] cuya dádiva debí a la piedad de la excelentísima señora duquesa de Alba, mi señora; la segunda, en un beneficio simple en la Puente del Congosto,[281] cuya presentación me concedió el excelentísimo señor duque de Huéscar, su hijo y mi señor; la tercera, en otra sacristía, que me coló en Estepona el eminentísimo señor cardenal de Molina; y las dos que faltan, en dos administraciones de los estados que tienen en esta tierra el excelentísimo señor conde de Miranda y duque de Peñaranda, y señor marqués de Coquilla, conde de Gramedo; y de añadidura, mi cátedra y otros cortezones y migajas que me acarrean mis calendarios y mis prosas. Vivo en un casarón autorizado del conde de Peñalva: portal sucio con sus

---

279 *desguazarse*: Cf. *supra*, nota 232.
280 *Macotera*: en la provincia de Salamanca, a 11 kilómetros de Peñaranda de Bracamonte.
281 *Puente del Congosto*: pueblo del partido de Béjar, a orillas del Tormes.

regüeldos de caballeriza, patio con toldo, antecámara, gabinete, canapé, coche, mono, negro, papagayo, y otros arreos y apatuscos de caballero principiante, divertido y mentecato. Hame concedido la bizarra pobreza y la extremada piedad de los Reverendos Padres Definidores Capuchinos de las dos Castillas una celda en el convento de Salamanca, donde me meto a temporadas a divertirme y a guardarme de los ociosos, de los porfiados, los zalameros, los petardistas, y otros moscones que andan con un zumbido descomunal plagando de aturdimientos, enojos y majaderías las ciudades y sus ocupados habitadores. Tengo también, por la piedad de dichos reverendos padres, abierto y aparejado, en una de las capillas de su iglesia, el hoyo que ha de recoger mis zangarrones, y, en poder de Dios, mil y trescientas misas que se han rezado en los conventos de los religiosos descalzos, que van subscriptos en las listas del primer tomo y este último, para que sus misericordia me debilite los espantosos horrores que me producen de instante en instante los recuerdos de la muerte, y me conceda el perdón de las horribles e innumerables ofensas que he cometido contra su divina Majestad. En este estado quedo, y basta de pesadumbres y de verdades. [282]

Tengan fin venturoso mis papeles, repitiendo gracias a las comunidades y personas que han honrado mi humildad y han concurrido a este bien apreciable del público, pues entre todos hemos abierto en España una puerta por donde los aplicados a los libros y los autores de ellos entren, sin tanta pérdida de sus intereses y del tiempo, a recoger la ciencia, la doctrina, el gusto y el premio de sus tareas y trabajos. Sea Dios bendito, y sea alabado el rey piadoso que tantas gracias y piedades concede a su reino y a sus vasallos. Pongo, finalmente, la última conclusión a este trozo y a todos mis asuntos con la segunda lista de los subscriptos,

---

[282] Compárese el balance que precede con el prólogo del almanaque de 1752 (*Ventajas de la repostería*, S X, pp. 108-109).

que, por su piedad o por su diversión, han recogido estas obras, las que espero tengan tan venturoso fin como el buen principio que las dieron los que honraron con sus nombres y liberalidades las primeras hojas del primer tomo. Uniré esta segunda lista con la primera cuando vuelva a imprimir estos libros malos o buenos, que espero en Dios sea breve, como la muerte cercana no me ataje los propósitos.

✠

SEXTO TROZO
DE LA VIDA,
Y AVENTURAS
DE EL DOCTOR
D. DIEGO DE TORRES
VILLARROEL,

DEL GREMIO, Y CLAUSTRO DE LA UNIVERSIDAD
de Salamanca, y su Cathedratico de Mathematicas
Jubilado por su Magestad.

DEDICADO
AL REI N. SEÑOR
DON CARLOS
TERCERO.
ESCRITO
POR EL MISMO DON DIEGO DE TORRES.

CON LICENCIA. En Salamanca, por Antonio Villargordo.

AL REY NUESTRO SEÑOR DON CARLOS TERCERO

SEÑOR: El polvo de mi caduca y atribulada edad, que ya por instantes se desvanece en este sexto y último trozo de mi vejez aterida y venturosa; la confusión de las adversidades que han perseguido a mis años, y que forzosamente habrán de fenecer con las últimas respiraciones de mi aliento; la pertinaz fatiga de mis afortunadas tareas, que serán las únicas memorias que después de mis cenizas queden de mí por algunos momentos en el mundo; mi vida, Señor, obras y trabajos, en el estado que tienen a la sazón feliz que hace V. M. la gloriosa entrada en sus dominios poderosos: [283] todo lo ofrezco y sacrifico a sus pies como tributo de un humilde vasallo, que le reconoce y jura por su rey, su Dios en la tierra y el absoluto señor de sus acciones.

Rodeado de abundantes gozos, rindo a los pies de V. M. mi vida, para que logre mi debido y venerable rendimiento la ventura que jamás supo imaginar mi vanagloria, porque los accidentes inevitables de su duración y la piadosa gracia de V. M. me aseguran el gran bien de morir su vasallo, y en este fin dichoso tengo fundadas todas las honras y los contentos de

---

[283] La proclamación pública de Don Carlos en Madrid tuvo lugar el 11 de septiembre de 1759, y el 17 de octubre, desembarca el rey en Barcelona. Pudo ser redactada esta dedicatoria a fines de octubre o principios de noviembre.

mis ansias felices. Con mi vida también doy a V. M. mis trabajos para que en su presencia truequen el horror de males y desdichas en regocijados bienes y halagüeñas fortunas.

Pongo finalmente a los pies de V. M. mis obras actuales y anteriores (que también son trabajos) con la firme confianza de que serán piadosamente recogidas. Las anteriores, porque las conduce mi veneración recomendadas de la clemencia del rey, nuestro señor, el señor don Fernando, que vive ya en el cielo, pues con su real permiso las imprimió el público con el nuevo hallazgo en España de la suscripción, dignándose también la reina, nuestra señora, madre de V. M., y el serenísimo señor infante, el señor don Luis Antonio, permitir que sus reales nombres se colocasen en la primera hoja de mis libros, procediendo a su imitación la mayor parte de la grandeza de este reino, los ministros más exaltados de él, las comunidades más autorizadas y los particulares más distinguidos en la crianza y en la erudición. Las actuales, porque el mundo publica la gran benevolencia con que V. M. honra las fatigas puras y los entretenimientos inocentes de sus vasallos, aun cuando salen inútiles y estériles sus producciones y tareas; y aunque las mías (por más que atormente al entendimiento) siempre saldrán flojas y desabridas, me prometo que la dignación de V. M. se compadezca de mis ignorancias y premie con sus permisiones el tesón y la terquedad de mis trabajos importunos.

V. M. se digne de admitir este voto y tributo de mi sujeción y vasallaje, y viva muchos siglos, para tener arrebatado en admiraciones al mundo y a la España llena de las felicidades, las victorias, las opulencias y los aplausos que la promete y asegura el espíritu, el valor, la vigilancia y la soberanía de V. M. Así sea; así lo pido, y debemos pedir a Dios cuantos gozamos tan honrosa y apetecible servidumbre. Señor: A L. R. P. de V. M. El más rendido, obediente y sujeto vasallo, *El Doctor Don Diego de Torres Villarroel.*

DON DIEGO DE TORRES

ACUÉRDOME que dejé los trozos y los demás ajuares de mi vitalidad enteros y verdaderos, corrientes y molientes, en los cincuenta y tres del pico; y desde aquel minuto en que los dejé sosegando en las ociosidades de su complexión, ni he querido meterme en averiguar por dónde han andado mis zangarrones y mis lomos, ni he vuelto a decir a persona alguna de este mundo *esta vida es mía*. Ahora se me ha antojado dar una vuelta a mi corpanchón, y reconocer las goteras, los portillos y las roturas que pudo abrir en cuasi dos lustros al azadón de los días en el cascajo viejo de mi humanidad; y después de haberle repasado con curiosa impertinencia, hallé (gracias a Dios) que me he ido escurriendo poco a poco hasta más allá de los sesenta, sin haber recibido del humor extravagante del tiempo más burlas, tropelías y empujones que haberme tirado a la cabeza y a las barbas algunos puñetes de ceniza, haberme retorcido un si es no es más la figura y haberme puesto un par de libras de plomo en los zancajos; pero aún brinco y paseo sin especial molestia, y si me fuese decente el bailar, creo que bailaría erguido, firme, sin traspieses, esparavanes [284] ni desvanecimientos.

---

[284] *esparaván*: más conocido del veterinario que del médico, este tumor suele producir cojera incurable. Más lejos (p. 253), la palabra cobra el sentido más lato de 'traba': *sin trompicones ni esparavanes en la lengua.*

En fin, todavía estoy chorreando fuerza y salud por todas mis coyunturas, y destilando vida y más vida, con gusto y con cachaza, sin meterme a inquirir cuándo acabaré de deslizarme hacia mi mortandad. Mi espíritu se está también erre que erre en sus risueños desenfados, sin pensar en asunto que le turbe sus alegres manías, porque continuamente huye de las discreciones recalcadas, de las severidades importunas y de los ingenios presumidos, obscuros y charlatanes, de las fábulas lastimosas, de los espectáculos crueles, de las historias terribles, de los tribunales de los letrados, de las asambleas de los médicos y sus anatomías, de los guardas de puertas y millones, y, finalmente, de todos los embustes tristes y pasmarotas [285] funestas de las brujas, duendes, males contagiosos, hechizos y otras fantasmas que tienen en horrible temor a las gentes del mundo, no teniendo ellas más cuerpo ni más ser que el que les da la vulgar aprehensión de las credulidades pueriles, las inocentes fantasías, las astucias negras y los apoyos de los discursos hipócritamente corrompidos. Es cierto que alguna vez me pasó por la cabeza el deseo de morirme, no como desesperado, sino como curioso, poltrón y amigo de mis conveniencias, porque llegué a persuadirme que me estaría muy bien soltar esta maula del mundo, puesto esto de vida y más vida a todas horas, es una muerte; y mientras ella dura, ni llega un cristiano a la felicidad que nos canta la iglesia del *requiescamus in pace,* ni se ve libre de embustes, dolores, picardías, bobadas, locuras y desconciertos; mas al fin, arrojé este deseo como tentación sugerida por el humor cetrino y me he quedado como me estoy, y así me estaré hasta que Dios quiera. Vamos viviendo

---

285   *pasmarota*: "Ficción de la enfermedad del pasmo, u otra semejante, que suelen hacer los pobres para conmover a piedad. Se toma también por admiración o extrañeza, sin motivo ni razón para ella, o de cosa que no lo merece" (*Aut.*). Diego utiliza este vocablo como sinónimo de 'engaño, fingimiento', asociado aquí con *embustes,* y más abajo con *embelecos* (p. 292). Por otra parte, tituló así un género particular de poesías festivas desparramadas en los *Juguetes de Thalía* y en los almanaques.

a trompón, caiga el que cayere, y cúmplase en todo su santísima voluntad.

En el quinto trozo de mi vida, quedé lidiando con las dos aventuras de la jubilación en mi cátedra y la reimpresión de mis papeles, reducidos a los catorce tomos que corren (gracias a Dios) con ventura afortunada. Atravesáronse en estos dos negocios contradicciones bien particulares, pero muy comunes a todos los que han puesto su rancho y tienen asentada su tienda en los reales de una comunidad, en donde nadie descansa, ninguno profesa y todos estudian en los medios de dejarla, aporreándose con la solicitud de salir o trepar a mayores empleos. Dije antes que toda la Universidad procuró desvanecer los conatos con que yo supliqué al rey y a su Real Consejo me concediese la gracia de la jubilación; y dije que había confiado a cuatro doctores, los más serios y fecundos de su claustro, el informe que había de desbaratar la veneración de mis súplicas. Así se hizo, pero el valor de sus apoyos, razones y retóricas se conocerá por el real decreto, que va aquí copiado fielmente y no imprimí antes por no tener a mano su original. Es el que se sigue, y el que me quita todos los motivos de que vuelva a hablar o escribir en este asunto. Dice así:

REAL DECRETO DE LA JUBILACIÓN DE D. DIEGO DE TORRES EN LA CÁTEDRA DE MATEMÁTICAS.—Don Fernando, por la gracia de Dios Rey de Castilla, de León, de Aragón, de las dos Sicilias, de Jerusalén, de Navarra, de Granada, de Toledo, de Valencia, de Galicia, de Mallorca, de Sevilla, de Cerdeña, de Córdoba, de Córcega, de Murcia, de Jaén, Señor de Vizcaya y de Molina, etc. A Vos el Rector y Claustro de la Universidad de la ciudad de Salamanca, salud y gracia: Sabed que en el día trece de julio del año pasado de mil setecientos y cincuenta, por parte del doctor don Diego de Torres y Villarroel, Catedrático de Matemáticas y del gremio y claustro de esa Universidad, se nos representó que habiendo merecido en el año setecientos veinte y seis el apreciable honor de ser elegido para dicha cátedra y desde entonces servídola hasta de presente, aún no

había logrado la jubilación que le correspondía conforme
a Estatutos de esa Universidad (que en este caso la con-
cedían a los veinte años), con el motivo de no haber asistido algunas temporadas que eran vacantes notorias, para
cuyo reemplazo y compensación había servido dicha cátedra
cuatro años más, verificándose no sólo los veinte años que
prevenían los Estatutos, sino es que sobraban muchos días
y aun meses; concurriendo además las notorias tareas y
trabajos con que dicho don Diego de Torres había procurado divertir la ociosidad por las estudiosas obras dadas
a luz e impresas, que llegaban a veinte y cinco tomos en
cuarto, que actualmente poseían diferentes personas de distinguido carácter; siendo constante que así estas producciones como el estudio precedente para su inteligencia, tanto
en las Facultades de Filosofía y Matemática, como de otras
que gustó con alguna inteligencia, las había adquirido con
sumo afán y trabajo, por no permitirle la escasez de medios
de sus padres los precisos gastos correspondientes a semejantes estudios; añadiéndose a esto la precisión de tener
una dilatada familia de madre viuda y hermanas, con otros
parientes desvalidos sin asilo alguno; motivos todos que
persuadían la justa compensación insinuada, siendo el principal que, computado el tiempo en que asistió a dicha cátedra en los veinte y cuatro que la poseía, se hallaba veri-
ficada con exceso de tiempo la precisa de los veinte años
prevenidos por Estatutos; por todo lo cual se nos suplicó
fuésemos servido concederle la jubilación en dicha cátedra
con todos los honores, gajes y emolumentos que los demás
catedráticos de esa Universidad la habían servido y gozaban, librando a este fin el despacho conveniente; y visto
por los del nuestro Consejo, por decreto que proveyeron
en el nominado día trece de julio y año de setecientos y
cincuenta, mandaron que esa Universidad informase sobre
el contenido de la instancia y pretensión del referido doctor
don Diego de Torres Villarroel, como también qué era lo
que se practicaba en semejantes casos con los catedráticos
de las religiones de benitos, franciscos, mercenarios y otras,
con sueldos o sin ellos, y lo demás que se ofreciere y
hubiere ocurrido en el asunto, para en su inteligencia proveer; a cuyo fin, y para que así se ejecutase, se dio y libró
Real Provisión nuestra en quince del mismo mes y año, la
cual se hizo saber a la Universidad estando junta en su
claustro; y en su virtud, con fecha de veinte y dos de

agosto del proprio año, se practicó dicho informe, y remitió al nuestro Consejo, como estaba prevenido; y en este intermedio, y posterior a lo referido por el mencionado doctor don Diego de Torres, se volvió a insistir en su anterior instancia, acompañándola con certificaciones, de que hizo presentación, añadiendo que, debiendo haber jubilado a los veinte años de residencia, no pudo lograr este descanso, porque esa Universidad dudaba en pasarle los años de setecientos treinta y dos, treinta y tres y treinta y cuatro, que, en virtud de orden de la Majestad del señor Rey D. Felipe Quinto, estuvo en Portugal, quien, usando de su Real clemencia, se sirvió restituirle al reino, a la patria y a todos los honores de su cátedra y claustro; en cuya atención pidió se le concediese el indulto de dichos tres años y el de otras faltas que había tenido por sus enfermedades e infortunios, todas las cuales tenía cubiertas y cumplidas con los excesos de asistencia en los años que llevaba servidos desde los veinte, como había demostrado a esa Universidad con certificaciones de sus bedeles. Y vuelto a ver todo por los del nuestro Consejo con lo que en su inteligencia se dijo por el nuestro Fiscal, y consultado con N. R. P en tres de abril pasado de este año, se acordó expedir esta nuestra carta = Por la cual, en atención a los motivos expresados por el referido doctor don Diego de Torres Villarroel, catedrático de Matemáticas de esa Universidad, le concedemos la jubilación por él pretendida en la citada cátedra, que obtenía en ella, con los honores y emolumentos que por esta razón debe haber y gozar; y en su conformidad os mandamos que, siendo requeridos con esta nuestra carta, hayáis y tengáis al nominado don Diego de Torres por tal catedrático de Matemáticas jubilado, y le guardéis y hagáis guardar las preeminencias que como tal debe haber y se practica en semejantes casos. Que así es nuestra voluntad; y lo cumpliréis pena de la nuestra merced y de treinta mil maravedís para la nuestra Cámara, bajo la cual mandamos a cualquier escribano os lo notifique y dé testimonio. Dada en Madrid a veinte y dos de mayo de mil setecientos cincuenta y uno. El Obispo de Sigüenza.— Don Juan Curiel.—Don Manuel de Montoya y Zárate. — Don Francisco Cepeda.—Don Blas Jover Alcaraz.—Yo don Ramón de Barajas y Cámara, Escribano de Cámara del Rey nuestro Señor. La hice escribir por su mandado, con acuerdo de los de su Consejo, etc.

Esta real cédula sosegó todas las turbaciones que habían producido las diligencias mías y los estorbos de la Universidad, y, ya libre y gustoso, proseguí la reimpresión de mis afortunados disparates que tenía empezada. Finalmente eché a la luz pública los seis primeros tomos, sin más desgracia ni más sentimiento que el ver que la Universidad, ni por sí ni recopilada en sus comisarios de librería, me había mandado subscribir su nombre en la heroica lista de los sujetos que, o por cariño o por piedad o por huelga entretenida, deseaban tener juntas mis desparramadas producciones. En la primera lista del primer tomo puse en la plana de las librerías subscriptas una nota [286] en que manifestaba este desvío, queriendo de este modo obligar a su prudencia a que revelase la causa que tenía para esconderme un agasajo que estaba más obligada a publicar, o por madre, o por seguir la imitación de las demás universidades de España y de la altísima autoridad de tantas personas, a quienes estoy agradecido y confesando sus benignos favores. Ni por esta diligencia ni por otros medios pude descubrir en la comunidad ni particularidad de mis condoctores la razón de ceño tan intratable e importuno.

Yo estoy bien persuadido a que a la severidad y circunspección de mi claustro le sería muy duro y vergonzoso ver a su venerable nombre grabado en la testera de unas obras ridículas, pueriles, inútiles y rebutidas de burlas, ociosidades y delirios desmesurados, y hechas al fin por un mozo libre, desenfadado y desnudo de aquella seria, misteriosa y encogida crianza

---

[286] He aquí el texto de esta nota: "Es muy posible que el lector que repase esta lista eche de menos en ella la librería de la universidad de Salamanca, que es la única que falta de las universidades y comunidades mayores del reino. Yo no me atrevo a sospechar ni a desear saber la causa de tan extraño desvío. El curioso que lo quiera saber, se lo puede preguntar a la universidad, recopilada en los comisarios de su librería, o a sus particulares doctores. Y me alegraré mucho que sus expresiones dejen tan enteramente culpadas mis obras, mi ingenio o mi conducta, que nunca se sospeche que esta gran madre trata con desprecio o poco amor a sus hijos" (S I, *Lista de suscriptores*, Letra L).

con que dirige a sus escolares; pero este vergonzoso temor sólo debió durar hasta mejor informe; mas habiendo visto después en la primera lista del primer tomo el nombre del rey (Dios le guarde), de la reina y del señor infante, perdonándome a mí y a mis obras todos nuestros defectos, y habiendo visto la mayor parte de la grandeza de España de señoras y señores, duques, condes, marqueses, embajadores, capitanes generales, todos los colegios mayores y universidades del reino y otras personas de insigne carácter, comunidades religiosas, y las más austeras, y finalmente, las que están de molde en el primero y séptimo libro de mis trabajos, no sólo honrando mi obra, sino concurriendo también al alivio y provecho del público, autorizando esta nueva idea de impresiones que hasta la mía ninguna había parecido en España, digo que, habiendo visto este honrado catálogo, debía la Universidad haber depuesto y aburrido sus rubores y los resentimientos que podía tener de mis libertades y delirios, imitando a la piedad del rey y a la clemente bizarría de tantas ilustres, autorizadas, sabias y discretas comunidades y personas; finalmente, esperaba a que su amor y su sabiduría quitasen al mundo el motivo de haber afirmado que en este desaire tan estudiado e importuno, más se declaran los esfuerzos de una envidia irritada, que los halagos y disimulos de una madre regularmente cariñosa.

Yo estoy seguro que no la he dado la más leve causa para haberme puesto en este y otros muchos y repetidos ceños; y vivo venturosamente soberbio de saber que ni la Universidad, ni su rector y cancelario, ni otros superiores a quienes vivo humillado y obediente, han tenido que avisarme ni que reprehender en público ni en secreto, ni en su tribunal ni fuera de él, ni como hermanos ni como jueces, el más leve defecto en las obligaciones de estudiante, de clérigo y de ciudadano; y aseguro que persona alguna, superior, igual o inferior, debe estar quejosa de mi trato o mi correspondencia, porque a ninguna puse maliciosamente en el más ruin sentimiento, ni he dejado de venerar a las unas, servir y aliviar a las otras en cuanto ha sido posible a mis fuerzas; y pongo por testigos a todos los tribunales, a todos los jueces y a mi misma Universidad, a mis desafectos y a todos los corregidores y alcaldes de España y fuera de ella. Y en fin, el sujeto de los dichos que pueda o quiera hacer algún cargo contra mis procedimientos, hable o escriba, que aún vivo, y le daré las satisfacciones, disculpas y retractaciones que le aseguren de mi buena intención. Lo más singular de este desvío es que, habiéndome nombrado la Universidad por uno de sus comisarios de librería, y concedido facultad y dinero (sin pedir yo lo uno ni lo otro, y menos la comisión) para comprar y reponer en sus estantes libros de matemáticas, filosofía, historia, poesía, vocabularios y buenas letras, ni ella ni alguno de mis compañeros, juntos ni separados, hicieron jamás la más leve memoria de mis libros para que se colocasen en la lista o en los andenes, y más cuando debían estar ciertos (por otros ejemplares menos ejecutivos) que no le costaría a la Universidad ni a la junta un real de vellón el mandarlo ni el tenerlas. La Universidad debe vivir agradecida a la claridad de mis verdades, y estar gloriosa de tener un hijo que procura rebatir las ideas y los argumentos que, a la vista de este y otros repetidos ceños, pueda formar contra su reputación y buen modo la malicia astuta del siglo presente o la del mundo venidero, porque la presunción regularmente se arrima a la parte más débil; yo lo soy respecto de mi comunidad, y aun comparado con el más flaco de sus individuos; pero sepa que tuve espíritu, inocencia y razón para resistir las asechanzas que pudieron malquistar una opinión, que me ha costado muchas vigilias, sucesivos sustos, cuidadosos y terribles afanes mantenerla en el feliz estado en que hasta ahora (bendito sea Dios) se sostiene.

VACANTE Y PROVISIÓN DE LA CÁTEDRA
DE MATEMÁTICAS

Cuando estaba para espirar la reimpresión de los últimos tomos de mis obras, supliqué a la Universidad que declarase por vacante mi cátedra, respecto que había debido al rey la piedad de mi jubilación. Así fue declarada por su obediencia, y mandó que, con arreglo a nuestras leyes y estatutos, se pusiesen edictos en todas las universidades de España, llamando a los opositores que quisiesen concurrir, dando el término de siete meses que previenen los estatutos para celebrar los ejercicios de la oposición, que se reducen a una hora de lección con puntos de veinte y cuatro horas, deducidos por tres piques [287] en el *Almagesto* de Claudio Ptolomeo, media hora de argumentos, y un examen público de preguntas sueltas, en el claustro, por la *Esfera* de Juan de Sacrobosco, [288] sin limitación de tiempo. Acudieron a esta oposición tres escolares discipulos míos: el uno era el bachiller don Juan de Dios, médico titular en uno de los pueblos grandes de Andalucía, buen astrónomo especulativo y singular filósofo por la idea de los experimentos; el otro era un portugués de sutil, profundo y honrado ingenio, puntualísimo en la geometría, astronomía y filosofía, llamado don Juan de Silva; y el otro, el doctor don Isidoro Ortiz de Villarroel, mi pariente. Descubiertos estos opositores y cumplido el término de los siete meses, salí yo a visitar los doctores, consiliarios [289] y

---

[287] *piques*: "Con una navaja que tendrá prevenida el secretario, dará tres picaduras o cortes consecutivos, terciando el libro, el primero en medio y los otros dos a los lados, y conforme se fuere picando, irá el secretario poniendo los registros en las partes en que se picare" (*Ceremonial*, fol. 83 v).

[288] *Juan de Sacrobosco* (¿1190-1250?): matemático autor de la *Sphaera* (Ferrara, 1472), tratado reeditado numerosas veces.

[289] *consiliarios*: estudiantes que representaban en el Claustro Pleno diferentes *naciones*, o regiones. Sobre la división geográfica de las diversas *naciones*, cf. Luis Sala Balust, *Reales reformas de los antiguos colegios de Salamanca anteriores a las del reinado de Carlos III (1623-1770)*, Valladolid, 1956, p. 19.

demás personas que componen la junta, que entre nosotros se llama *claustro pleno*; y la oración con que
saludé a cada uno fue la siguiente, palabra más o menos: "La piedad del rey me ha jubilado en la cátedra
de Matemáticas; los edictos y términos que previenen
nuestras leyes en estas vacantes están cumplidos; el
tiempo de los ejercicios y la provisión se va llegando;
los opositores hasta hoy declarados son tres, y entre
ellos mi sobrino Isidoro Ortiz de Villarroel: todos tres
son buenos y por cualquiera de ellos que Vm. vote,
asegura su conciencia, y la Universidad un catedrático
que la dará honor y lucimiento. Mi visita no es a
pedir a Vm. el voto para que sea catedrático mi sobrino, es sólo por cumplir con las leyes políticas y las
inmemoriales cortesanías de la academia. Yo a Vm. ni
a otro vocal alguno le he de obligar con empeños, con
cartas de favor ni con súplicas para que mude sus
propósitos o su juicio, porque estos medios siempre los
he mirado como perniciosos en las pretensiones; Vm.
vote en ésta bajo de la seguridad de que siempre elige
bien. Lo que yo deseo es que hagamos una elección
imparcial y quieta, porque si advierto los rumores que
alguna vez he oído en estos asuntos, retiraré a mi sobrino de la oposición, y le buscaré la honra y utilidad
en otro destino menos desasosegado. A Vm. le parecerá
soberbia o locura este desusado estilo de pretender,
pero créame Vm. que no tiene malicia alguna de esa
casta esta especie de libertinaje y osadía. Ruegue Vm.
a Dios que ponga en cada comunidad una docena de
locos como yo y en el reino mil quinientos (que no es
mucho pedir), que pretendan sin cartas, sin ruegos, sin
falsas reverencias, sin dádivas, y hablando bien de sus
contrincantes y pretendientes, y verá Vm. al mundo
más bien acomplexionado de gobernadores y súbditos,
y a los que dan y a los que piden, a los unos menos
vanagloriosos, menos intolerables y menos desapacibles,
y a los otros menos molidos, menos aduladores y menos importunos, y a todos más humildes y más sose-
gados de conciencia. Vm. haga lo que quisiere, y

quédese con Dios". Estas palabras dije separadamente a todos en la visita cortesana, empezando por el doctor más viejo, hasta el consiliario más joven; estas mismas substancialmente volví a repetir en el día que se juntaron, en el claustro pleno, a votar esta cátedra; y estas mismas encargué a mi sobrino que repitiese en sus visitas, y que dejase el afán de los empeños y las cartas a las diligencias de sus coopositores.

En el tiempo medio de las visitas le acometió una calentura, que los médicos llamaron ustiva, al bachiller don Juan de Dios, la que le quitó la vida en el mesón que llaman del Rincón; y quiero decir que lo visité y ofrecí botica y dinero, y que acompañé a su entierro, no habiendo visto en él a ninguno de los que le habían llamado y prometido su favor en este asunto. El portugués logró en su país otro empleo más agradable a su genio, y quedó sólo de pretendiente mi sobrino. Señaló la Universidad día para la lección: la hizo este muchacho con despejo, sin trompicones ni esparavanes [290] en la lengua, y salimos él y yo de aquel miedo y susto impertinente que han querido tomarse los que leen y los que oyen en la publicidad de aquestas aulas. Llegó también el día del examen y la provisión, y en la misma hora en que estaban juntos en su claustro los doctores y vocales para determinar estos asuntos, apareció en manos del rector un memorial de un mozo vano y atrevido (cuyo nombre quiero callar de lástima), que después de los generales rendimientos contenía las siguientes mentiras: Que hallándose instruido en la filosofía, geometría, gnomónica, estática, astronomía, astrología y otras partes de la matemática, y no habiendo tenido noticia alguna de la vacante de esta cátedra que se iba a proveer (por cuya razón no había recibido el grado de bachiller para proporcionarse a la lección), suplicaba a la Universidad le concediese tiempo para marchar a Murcia a recoger de los padres dominicos de aquella ciudad las cédulas y certificaciones de haber

---

[290] *esparavanes*: Cf. *supra*, nota 284.

cursado y aprendido la filosofía para recibir este grado,
y, entre tanto, que se suspendiese el examen y provisión; que era gracia que pedía, etc. El asalto y el embuste de este mancebo encontró un padrino en el
claustro que afirmaba que, aunque se había cumplido
exactamente el tiempo de los edictos, su petición era
oportuna, y que se debía justamente prorrogar el tiempo, y esperar la Universidad a que recibiese el grado
de bachiller. Yo me puse en pie, y dije al claustro las
siguientes palabras: "Señor. El estudiante que ha in-
troducido esa petición intenta burlarse de V. S. y poner
en alboroto temerario a su quietud, porque su memorial
está lleno de mentiras mal intencionadas y fácilmente
descubiertas. Dice que no ha sabido esta vacante, y
es falso, porque él mismo fue a la secretaría de V. S.
dos meses ha, y preguntó al presente notario don Diego
García de Paredes si era preciso graduarse de bachiller
para leer de oposición; y le respondió que era indispensable, y al mismo tiempo le instruyó en el estilo
y costumbre que V. S. tiene de dar estos grados a los
opositores de las cátedras raras. El pretexto de ir a
Murcia es otro embuste, porque V. S. sabe, y él no
lo ignora, cuán inútiles son los cursos, las cédulas y
el examen, y aun la ciencia de la filosofía para recibir
este grado, pues V. S. lo dispensa todo, y ha dispensado
siempre a todos los opositores de las cátedras de música, retórica, matemática, humanidad, cirujía y otras; y
para que V. S. toque luego con sus oídos la más arrogante de las mentiras del memorial, que es la instrucción en las ciencias que dice, ruego a V. S. que le
dispense el ejercicio de la lección y el argumento (que
mi sobrino, y yo en su nombre, cedemos el derecho
que nos dan los estatutos de hacerle leer y argüir) y
permita que entre aquí a padecer un benigno examen
en cualquiera de las ciencias que cita, y hallará que es
un mozo ignorante, inquieto y mal aconsejado". Conoció la Universidad la malicia y la arrogancia necia del
estudiante en lo intempestivo y mentiroso de su memo-

rial. Calló el padrino, y él se desapareció sin que ninguno le viese el pelo postizo de su ciencia.

Dispúsose a votar la Universidad, y yo volví a hablar de esta manera: "Señor: cuando yo entré a ser catedrático de V. S., no fui examinado, porque no tenía entonces esta escuela sujeto alguno que estuviese instruido, porque entre los más de sus profesores pasaban nuestras tablas y figuras por una especie de brujería y cabalismo; hoy tiene V. S. muchos doctores curiosos e inteligentes que podrán examinar a este opositor.[291] A mí (si lo tío no se opone a lo examinador) me toca de justicia, y debo prevenir a V. S. que esta oposición no se ha de concluir sin la última circunstancia del examen de preguntas sueltas por Juan de Sacrobosco; y si V. S. (alegando el ejemplar mío u otro alguno) quiere omitir o dispensar este ejercicio, recurriré al Real Consejo, para lo cual desde ahora pido testimonio al presente notario don Diego García de Paredes. La discreción de V. S. sabe cuanto informa de la habilidad y sabiduría de los sujetos el examen de preguntas particulares, pues las lecciones, todos sabemos cómo se hacen y se dicen". Después de varios dictámenes sobre el modo y el sujeto que había de examinar, resolvió el claustro que examinase yo, y que preguntasen[292] también lo que quisiesen y fuesen servidos los demás doctores y vocales. Entró finalmente el muchacho; y preguntándole sobre los tratados que previenen los estatutos, me detenía en sus respuestas, esperando las repreguntas de alguno de los demás doctores a quienes el claustro había concedido la misma facultad, pero ninguno habló palabra. Después de tres cuartos de hora de examen me mandó la Universidad que lo suspendiese, porque bastaba lo que había oído para quedar informada, a que yo repliqué, diciendo: "Señor: todavía no he examinado en materia alguna de la práctica, y es preciso que V. S. vea cómo se explica en ella, y

291 Cf. *supra*, nota 138.
292 *preguntasen* en M | ed. prínc.: *preguntase*

el uso y manejo de los instrumentos que están sobre esa mesa, que es un estuche matemático y el *Astronómico Cesáreo* de Pedro Apiano, [293] y que haga el cálculo de algún eclipse, que es una de las piezas más impertinentes y difíciles en la astronomía". Proseguí examinando en los dichos instrumentos; y habiendo mandado segunda vez que lo dejase, me despedí. El doctor don Josef Sanz de la Carrera, tío también más cercano del opositor, estaba también presente, y habiéndole llamado, le dije: "Vamos afuera, señor don Josef, que los dos somos partes apasionadas, y dejemos que voten con toda libertad estos señores". Salimos del claustro, y la Universidad en un solo grito, que por acá decimos *per aclamationem,* le dio la cátedra a mi sobrino Isidoro Ortiz de Villarroel. [294] De los vocales que asistieron y votaron en esta provisión habrán muerto, y habrán salido a servir al rey, en las chancillerías y en otros empleos, diez o doce hasta hoy; los demás, que viven aquí, son testigos de la desengañada y natural civilidad de mis visitas, y de la verdad y desinterés de mis relaciones y mis ansias.

Por este tiempo, mes más o menos, mandó el Real Consejo a la Universidad de Salamanca que expresase su dictamen "sobre si sería conveniente que se usase de un mismo estadal, vara, peso y fanega en todo el reino para medir las tierras y las demás especies útiles en el comercio civil, y si un libro que remitía su alteza de Mateo Villajos, alarife de Madrid, de agrimensura, estaba arreglado a las leyes matemáticas". Juntóse el claustro, [295] y los primeros votos magistralmente aseguraban que el catedrático de Matemáticas debía solo trabajar y exponer el dictamen que pedía el Real Con-

---

[293] *Pedro Apiano*: Petrus Apianus (Peter Bienewitz, o Benewitz, 1495-1552), geógrafo y astrónomo. En su *Astronomicum Caesareum* (Ingolstadt, 1540), publicó las primeras observaciones importantes sobre los cometas.

[294] Cf. *Claustro Pleno* de 26 de junio de 1752 (AUS 219, fol. 61 v).

[295] Cf. *Claustro Pleno* de 25 de agosto de 1752 (AUS 219, fol. 83 r).

sejo. Yo me levanté, y pidiendo permiso para hablar, dije: "Señor: el dictamen que pide el Real Consejo contiene dos puntos: el uno político, que pertenece a los letrados, canonistas, teólogos y historiadores; y otro matemático (que también deben entender los legistas, porque he oído decir que tienen en sus pandectas un título *de agrimensoribus*); pero por lo que a éste toca, y al examen del libro de Mateo Villajos, el catedrático de Matemáticas responderá a vuelta del correo. V. S. determine pensar en el primero, y descuide del segundo, que éste queda al cargo de mi obligación". Después de largas conferencias se concluyó el claustro, resolviendo en nombrar dos doctores de cada facultad, y a mí entre ellos, para que éstos trabajasen el dictamen, y concluido, que volviese al claustro a tomar su aprobación. Al día siguiente se juntaron los nombrados para distribuir entre sí los puntos de que había de constar el dictamen; y repartidos, dije yo: "Señor: yo ofrecí responder a la vuelta del correo, así lo cumplo, y si V. S. quieren tener dos minutos de paciencia, oirán mis sentimientos en este corto papel; y si a V. S. les pareciere que sus sencilleces son dignas de ser incorporadas entre sus discreciones, para mí será la honra y la alegría, y si lo desechasen por inútil y rudo, me quedo con el consuelo de haber cumplido lo que ofrecí y mi obligación, aunque con la pena de no haber acertado a servir a V. S.". Permitieron que leyese mi dictamen los señores de la junta, y examinado por su discreción, mandaron que se pusiese por cabeza del que había de hacer la Universidad. Pasados algunos días, volvieron a juntarse para reconocer los trabajos de cada doctor, pero sólo aparecieron algunas noticias en apuntaciones, en las que se excedió a sí mismo el reverendísimo padre Salvador Osorio, de la compañía de Jesús, catedrático de prima de teología, uno de los teólogos nombrados en la junta. Deshízose brevemente ésta, resolviendo que el reverendísimo Osorio y yo nos juntásemos y concluyésemos el dictamen, porque el Real Consejo no notase nuestra omisión. Yo entregué mi papel al reverendísimo, y no se desdeñó de juntar mis borrones con la claridad de su exquisita erudición, hermoso estilo y excelente doctrina, con la que formó un papel lleno de seguridades y elegancias, y la Universidad, satisfecha de todo, lo remitió al Real Consejo, bajo del título de *Dictamen de la Universidad de Salamanca*. Mi papel es el que se sigue, y se me antoja ponerlo aquí, no como suceso ni pieza particular, sino porque no se me ha ofrecido ocasión oportuna para encajarlo en la imprenta.

A LA UNIVERSIDAD RESUMIDA EN MIS COMPAÑEROS LOS SEÑORES COMISARIOS DE LA JUNTA QUE HA DE RESPONDER AL REAL CONSEJO SOBRE ESTADALES, PESOS Y MEDIDAS, ETC. [296]— Aquellas breves hojas y capítulos que estoy obligado a entender del libro y arte de medir tierras, que escribió don Mateo Villajos, alarife de Madrid, los he leído con la meditación que debo aplicar a los preceptos de V. S.; y pues juntamente me manda que declare mis sentimientos en orden a los puntos matemáticos que contiene dicho libro, voy a explicarme con la claridad que pueda, para que, corregidas mis expresiones e incorporadas a los demás pareceres que sobre asuntos más graves pide a V. S. el Consejo, vea su Real Alteza que V. S. y yo demostramos con prontitudes felices las abundancias de nuestra obediencia, aplicación y lealtad.

El libro de Villajos es un cuadernillo que sería útil al reino a no haber otros volúmenes que explicasen la práctica y la especulativa de sus importantes tratados, pero hay otros muchos en donde se encuentran los mismos preceptos, y, para los mismos fines y otros asuntos, explicados con igual claridad y ligereza. Él es cierto que es al propósito y a la conveniencia de los hombres que desean aplicarse y instruirse en la recta medida de las superficies de los terrazos, [297] porque, además de contener unas reglas breves

[296] Este informe fue leído en el *Claustro Pleno* de 15 de diciembre de 1752 (AUS 220, fol. 7 v).

[297] *terrazo*: 'terreno, suelo'. Torres parece ser el único que utiliza esta palabra en este sentido. Las dos acepciones corrientes actualmente son 'jarro' y 'terreno representado en un paisaje' (*Ac.*). Quizá sea debido el cambio semántico aquí señalado a la influencia de *terrazgo*: 'pedazo de tierra por sembrar' (*Aut.*). Cf. otros ejemplos de esta particularidad del vocabulario torresiano en *Barca*, p. 416, nota 224.

y claras para poner a la agrimensura en la venturosa felicidad de demostrable, acredita con la razón y la experiencia la desgraciada sujeción que tienen a los errores y los daños los que se introducen a la práctica de esta facultad sin los auxilios de la especulativa, sin la cual (regularmente) miden los suelos y las superficies los más de los que profesan este oficio. De este sentir afirmaré que son todos los artistas y profesores de lo más liberal y más mecánico, pues todos los oficiales en sus respectivos ejercicios conocen y ven por la experiencia las desgracias, inutilidades, yerros y perjuicios de la práctica, cuando caminan por ella solos y ciegos, sin la luz y la guía de las especulaciones; con que en esta parte tiene razón Villajos y aborrece con justicia a estos siniestros, burdos y perjudiciales medidores.

Por acá, se forman ordinariamente los agrimensores de aquellos aldeanos y rústicos broncos que cargan con las estacas y las sogas para medir las campiñas y heredades; y éstos, sin más crianza ni más instrucciones que estregarse con aquellos trastos, la asistencia del maestro (que tuvo otra tal educación), ver cuatro veces el modo de extender las cuerdas y anivelar el cartabón, profesan de maestros y salen marcando campañas, distribuyendo heredades y repartiendo haciendas, como si fuesen absolutos dueños del globo de la tierra. [298] Los perjuicios que producen al público y al particular estas rudas demarcaciones son muchos y muy visibles, porque, como ignoran el modo de la recta mensura, y el de reducir las superficies irregulares a regulares y las imperfectas a perfectas, desperdician y dan a quien no le pertenece muchas figuras de importancia, reduciendo sus pedazos al poco más o menos, siguiéndose de esta demarcación a bulto notables errores, que paran en pleitos y otros daños y desgracias irreparables y enfadosas.

---

[298] El informe tal como lo presenta el autor difiere notablemente, en cuanto al estilo, del que se conserva en el AUS. Como muestra de estas ligeras discrepancias, debidas seguramente a la pluma más elegante de Salvador Osorio, copio la versión oficial de esta frase: "Por acá se forman ordinariamente los agrimensores de unos aldeanos incultos, que manejan las estacas y las sogas para medir las campiñas y heredades sin más instrucción que haber usado de aquellos instrumentos con la asistencia de un maestro que tuvo otra tal educación..." (*Consulta del Consejo de Castilla a la univ. de Sal. sobre la uniformidad de pesos y medidas en los territorios del reino, con referencia al libro que escribió Mateo Sánchez Villajos: "Estadal de medir tierras en España"*, AUS 2868-45).

Hombres de esta crianza y rusticidad deben de ser los que ha tratado y conocido por allá Mateo Villajos, porque se lamenta mucho de los disparates que ha experimentado en sus medidas, por lo que desde su libro ruega rendidamente al Real Consejo que no permita que sea agrimensor hombre alguno que no se haya sujetado al examen de los inteligentes y maestros de esta práctica y especulativa, y todos debemos suplicar a su Real Alteza que condescienda a su súplica, porque son muchos los bienes que logrará el público con esta providencia y la reforma de los ignorantes que están profesando un oficio tan honrado y de tanta fe, que en todos los tribunales pasan por seguras, ciertas y arregladas las declaraciones de sus medidas.

Quéjase también de la desatención o la ignorancia que manifestaron en sus medidas aquellos famosos alarifes de Madrid, sus antecesores, como fueron don Teodoro Ardemans, don Pedro Rivera, don Fausto Manso y don Ventura Palomares. Yo no sé si funda bien su queja contra sus medidas en los suelos de los edificios que declara en su cuaderno, porque yo no los he medido (y aunque los hubiera medido, no me quedaría con la satisfacción de haber acertado); pero lo que yo aseguro es que, si ellos vivieran, le darían las pruebas de la fidelidad de sus mensuras; porque no ignora Villajos que la geometría tiene muchos modos de medir superficies, y que no se deben capitular de mal medidas porque no proceden con el método y modo que él usa, y en sujetándose a la demostración, todos son buenos y usuales, y es impertinencia ponerles tacha, o decretarlos de defectuosos, sin otra causa que no ser modos u operaciones de su cariño. Yo conocí y traté a Fausto, Rivera y Palomares, y fueron unos alarifes bien ejercitados y con las especulaciones bien arraigadas; y suspendo mi juicio en el asunto de dar por mal medidos los suelos de las casas que cita Villajos en su libro.

En el capítulo IV, párrafos 21 y 22, procura instruir al agrimensor, y hacerle entender la necesidad con que vive de percibir la unión de la geometría y la aritmética; y los preceptos que le impone para conocer, tratar y comerciar felizmente en su oficio con dicha unión, es cierto que son muy seguros y demostrativos e indispensables a los que se destinan a medidores de las tierras. No hay matemático que no diga lo mismo en este asunto, porque las cuatro especies de paralelas y perpendiculares ninguna se mide sin la comunicación y trato de la aritmética, y los modos y medios de comunicarse son los que él enseña y los mismos que ponen desde Euclides hasta hoy todos los matemáticos, que de unos a otros van trasladando fielmente estos elementos. Ninguno niega que el cuadrado perfecto de líneas iguales y ángulos rectos será bien medido, si los pies de una de sus líneas se multiplican por sí mismos. Todos convienen en que el modo de medir un paralelogramo rectángulo es multiplicar la una paralela con su perpendicular, y saldrán en el producto los pies cuadrados de su suelo. Todos dicen que el modo de medir el triángulo es multiplicar la mitad de los pies de su basis con los pies de la perpendicular, y que lo que sale son los pies cuadrados de su superficie; o multiplicar los pies de la basis por los pies de la perpendicular, y restada la mitad del producto, son los pies cuadrados que se buscan.

Finalmente, los modos de medir las figuras regulares e irregulares que pone en su libro, son seguros y son los mismos (trasladados fielmente) que asientan todos los geómetras prácticos y especulativos en sus cuadernos; y no hay duda que el agrimensor, antes de meterse en la faena de las sogas y las estacas, debe tener bien sabidos y practicados estos elementos y saber formar, plantear y medir en el papel todas las figuras regulares e irregulares para entrar en el terrazo con más conocimiento y menos susto a los errores, y, aunque dice Villajos que esto solo no sirve, yo soy de sentir que éste es el principal estudio, porque el hacerse al manejo y al conocimiento de los vicios y virtudes del cartabón, las cuerdas y las cañas, son operaciones que se adquieren perfectamente en ocho días; porque no es muy extraño ni muy difícil el uso de estos instrumentos, y lo es mucho menos al que ha trabajado con su regla y compás las figuras pequeñas regulares e irregulares en el estrecho campo de su cuartilla de papel o su pizarra.

La mayor parte de los errores que se cometen en las mensuras de los suelos, dice también Villajos que se enmendarán reduciendo la variedad de los estadales a un solo estadal, y que éste tenga por cada lado cuatro varas o doce pies de iguales lados, que formen ángulos rectos; y es cierto que el agrimensor caminará con más certeza de este modo en sus medidas, pues, aunque quiera medir un corto, reducido y precioso suelo por pies, cuartas, palmos o dedos, no puede errar haciendo estadales, teniendo por quebrado o parte de otro estadal lo que le sobrare de ellos; y sabiendo (como es fácil y enseñan los autores matemáticos) reducir el estadal a varas cuadradas superficiales, éstas a pies cuadrados superficiales, éstos a cuartas cuadradas superficiales, a dedos, granos y cabellos, sacará la medida de todo el suelo con toda certeza y prolijidad, sin más fatiga que la de la multiplicación. Logrará también el agrimensor, con el solo y común estadal a todo el reino, la conveniencia de no tener que alargar ni encoger sus cuerdas, y tomando para artículo el número 12, le dará menos quebrados, porque es el más divisible, y, por consiguiente, formará con más prontitud, certeza y facilidad sus medidas.

Si este único estadal con que se han de medir todas las propiedades, haciendas, huertas, campos, jardines, casas y edificios del reino, puede ser útil o perjudicial a los pueblos o sus vecinos, y, por consiguiente, si la determinación de una sola vara y panilla [299] para distribuir las especies de los géneros sólidos y líquidos usuales a la vida común y al buen gobierno de la política, puede producir daños o provechos, ni yo lo entiendo ni lo puedo pronosticar con la probable conjetura con que procede en las causas naturales mi profesión. V. S., que tiene sujetos de más feliz transcendencia, participará con ellos su dictamen al Real Consejo, y su Alteza Real determinará lo que fuere servido, para que yo obedezca y admire sus preceptos.

INSTITUCIÓN DE LAS DOS PLAZAS DE LOS DOS POBRES
ENFERMEROS QUE SIRVEN EN LOS ALBERGUES Y EN
LA ENFERMERÍA DEL HOSPITAL DE NUESTRA SEÑORA
DEL AMPARO, EXTRAMUROS DE SALAMANCA

Por la misericordia de Dios todavía dura fuera de los muros de Salamanca un casarón viejo y pobre, que es la sola acogida y el remedio de todos los pobres heridos de la lepra, la sarna, las bubas y otros achaques contagiosos, y el único amparo y hospedaje de los peregrinos, pasajeros, vagos y otros infelices, a quienes la fortuna y la desdicha tiene en el mundo sin la triste

---

[299] *panilla*: "medida que se usa sólo en el aceite, y es la cuarta parte de una libra" (*Aut.*).

cobertera de una choza. Está sostenida esta vieja casa (que tiene yá cumplidos seiscientos años) de la providencia de Dios y de las limosnas de doce caballeros y de otros tantos sacerdotes, que con sus caudales alimentan y curan estas castas de enfermos, que son tan desvalidos, infelices y asquerosos, que por particular estatuto y providencia de los demás hospitales y enfermerías del pueblo son rechazados de su piedad, para que las hediondas malicias de sus dolencias no añadan más perniciosas infecciones a los calenturientos y a los postrados de otros achaques menos pegajosos que se curan en sus salas. Llámase esta junta de los doce caballeros y sacerdotes la *Diputación del hospital de Nuestra Señora del Amparo*; y porque en esta ocasión importa exponer al público el carácter de los señores que son al presente actuales diputados, suplico que me lo permitan; y supuesta su licencia, empezando por la banda de los seglares, es la siguiente: la excelentísima señora doña María de Castro, marquesa de Castelar; la señora doña María Manuela de Motezuma, marquesa de Almarza; el señor don Juan de Orense, marqués de la Liseda; el señor don Tomás del Castillo, conde de Francos; el señor don Tomás de Aguilera, conde de Casasola; el señor don Vicente Vázquez Coronado, marqués de Coquilla; el señor don Joaquín Maldonado, conde de Villagonzalo; el señor don Blas de Lezo, Conductor de Embajadores; el señor don Francisco Nieto, hijo de los señores condes de Monterrón; el señor don Ramón de Benavente, regidor perpetuo de esta ciudad; el señor don Claudio de Benavente, su hermano, capitán; el señor don Manuel de Solís.

La banda de los eclesiásticos es la siguiente: el señor don Josef de la Serna, deán y canónigo de la santa Iglesia; el señor don Antonio Gilberto, canónigo y arcediano de Salamanca; el señor don Lorenzo Araya, canónigo y arcediano de Ledesma; el señor don Ignacio Pardo, canónigo y arcediano de Monleón; el señor don Josef de Escalona, canónigo tesorero de esta santa

iglesia, inquisidor en Toledo; el señor don Manuel
Salvanes, canónigo de la santa iglesia, inquisidor en
Santiago; el señor don Antonio de Baños, canónigo de
la santa iglesia; el señor don Francisco Montero, canónigo de la santa iglesia; el señor don Manuel de
Benavente, canónigo de la santa iglesia; el señor don
Juan Martín, prebendado de la santa iglesia; el señor
don Joaquín Taboada, prebendado de esta santa iglesia;
el doctor don Diego de Torres Villarroel.

Publicóse en todo el reino un piadoso bando, por
orden del rey, en el año de 1749, para que fuesen recogidos en los nuevos hospicios todos los pordioseros y
mendigos, y que no se permitiese pedir limosna por calles ni puertas a ningún hombre ni mujer, por cuanto
a todos los necesitados se les daría la comida y el vestido y todo lo necesario para pasar acomodadamente
la vida en aquellas reales y piadosas recolecciones. Publicóse también en Salamanca; y advirtiendo mi diputación que esta clemente providencia nos pondría en
la angustia de desamparar a nuestros pobres peregrinos
y leprosos, y cerrar las puertas de los albergues y las
enfermerías, por cuanto este hospital de Nuestra Señora del Amparo siempre estuvo servido y guardado
por los pobres mendigos que se recogían en sus albergues y se sustentaban de la limosna común, pensó mi
diputación (obedeciendo ante toda caridad y respeto la
orden del rey) en los medios de conservar esta hospe-
dería, de todos modos piadosa, y decretó que sería
oportuno nombrar dos comisarios que expusiesen a la
real junta del nuevo hospicio de san Josef la miseria
de esta casa, y la necesidad de que se mantuviesen en
ella dos o tres hombres a lo menos para que la guar-
dasen y sirviesen en las enfermerías y los albergues,
suplicando que destinase dos o tres pobres del nuevo
hospicio para acudir a estas necesidades, o que permitiese que éstos pidiesen y se mantuviesen de la limosna común que siempre los había mantenido. Para este
fin fue nombrado por la diputación el señor don Blas
de Lezo Solís, Conductor de Embajadores, y a mí para

que lo acompañase y sirviese. Puse, pues, en la real
junta del hospicio el memorial que contenía esta súplica y va copiado en la hoja inmediata; pero no halló
nuestro ruego ni aceptación ni esperanza alguna en los
señores que la componen. Apelamos llenos de tristeza
y melancolía devota a los pies del rey, y en su clemen-
tísima piedad encontró mi diputación la alegría de ser
bien admitido su recurso y su celo, y todos los pobres
llagados e infelices, sus venturas y los alivios de sus
fatigas, necesidades y desgracias. Los pasos, medios y
solicitudes de nuestra instancia reverente van expresados con las copias de memoriales y cartas en las hojas
que siguen.

MEMORIAL AL REY NUESTRO SEÑOR, INCLUSO EN EL QUE SE
DIO PRIMERO A LA REAL JUNTA DEL HOSPICIO.—Señor: La
diputación del hospital de Nuestra Señora del Amparo, extramuros de Salamanca, unidad devota de doce sacerdotes
y doce caballeros gloriosamente entretenidos en mantener y
curar a los enfermos contagiosos y en recoger a los peregrinos y vagos, llega, venerablemente rendida, a los pies de
V. M. a exponer las ansias de su compasión y de su angustia; y confiada en que ha de encontrar en la piadosa
rectitud de V. M. todo el consuelo a las penas, aflicciones
y alaridos de sus desamparados y dolientes, suplica a V. M.
mande poner en el examen de su agrado las puras verdades
de estas inocentes expresiones, para que en su vista decrete
lo que fuere servido; y deseando la diputación acreditar
la dichosa porfía de su lástima, cuidado y servidumbre, llena
de veneraciones, congojas y esperanzas, dice:
Que el hospital de Nuestra Señora del Amparo es una
breve, pobre y antigua casa, cuyo interior terreno está repartido en cuatro separaciones de proporcionada magnitud.
Las dos primeras sirven para mantener y curar a los leprosos y a los llagados de las úlceras abominables y a los
heridos de la sarna y de otros contagios pestilentes; y las
segundas, nombradas los albergues, están dispuestas para
recoger y aposentar a los pasajeros, vagos, mendigos y a
otros desamparados infelices, a quienes las insolencias de
su fortuna o las crueldades de la desgracia no les ha dejado
un rincón en que vivir, aun en aquel lugar donde la naturaleza los envió a nacer. Para el logro de estos santos y

loables fines, se conservan siempre en un salón bajo de las primeras separaciones, bien remendadas y limpias, ocho camas, donde se curan los hombres llagados, y, en el alto correspondiente, otras ocho para curar las mujeres apestadas, con seis cunas más de reserva para la sarna sola, existiendo al mismo tiempo en los albergues veinte y cuatro tarimas de tablones empinados y desnudos, donde se recogen y duermen los pobres de ambos sexos, bien encerrados y distantes. Este es, señor, todo el plan y el perfil de esta recolección piadosa, y sin otras extensiones que las de una iglesia tan vecina, que, desde sus camas, oyen la misa los enfermos, y una estrecha sala, donde se junta la diputación a conferenciar en los alivios de sus pordioseros y llagados.

La utilidad y necesidad de estas santas paredes está demostrada con la innegable y verdadera declaración del público, pues éste sabe que en esta ciudad, ni en sus contornos, se conoce ni se ha conocido, desde el tiempo inmemorial hasta hoy, otro refugio, hospicio, hospital ni casa antigua ni moderna, particular ni común, donde se curen, abriguen y alimenten estas dos castas de desdichados y de doloridos implacables; y la diputación, que está experimentando cada día el vicio y la miseria de este vasto pueblo, se atreve a afirmar que, si en la presente constitución se cerrase el hospital del Amparo de Salamanca, se encontrarían muertos los leprosos y los heridos en sus calles, y los pasajeros y vagos quedarían expuestos a las procelosas injurias de los tiempos, no con menor peligro de sus miserables vidas que el que tendrían destituidos de la curación y el alimento los achacosos y llagados.

No tiene este utilísimo hospital otra renta (regulados los frutos por quinquenios) que seis mil reales, los que (al parecer) milagrosamente se multiplican, según se reconoce en su permanencia, comodidades y repuestos, porque los tres mil (poco más o menos) bastan para pagar los salarios del padre capellán, el mayordomo, cirujano, la botica, la madre, el llamador y sepulturero; y los maravedises restantes alcanzan para reparar las quiebras de sus pequeños edificios, para las compras de lienzo, cobertores, sábanas, mantas y otros adherentes para sostener y surtir sus camas, y en los muebles y menudencias inexcusables para la limpieza y el servicio de las salas, albergues, enfermerías y cocina.

El alimento de los enfermos y enfermas, empezando desde la sal hasta el garbanzo, desde el carnero a la gallina y desde el bizcocho hasta los melindres extravagantes que sabe recetar el médico para desasirse de los enfermos y sosegar sus antojos y apetitos, todo lo costean de sus caudales los veinte y cuatro diputados, los que guardan entre sí una unión y un celo tan singularmente caritativo, que desean excederse los unos a los otros en reponer de gustos y conformidades a sus enfermos y a sus pobres.

Con este socorro y la caridad de los ministros (que son tan limosneros con sus facultades y fatigas, como los diputados con su aplicación y con sus rentas), y con las limosnas de los débiles esfuerzos de los pobres que ocupan los albergues, viven y han vivido en nuestros tiempos alimentados, servidos y curados cuantos dolientes y leprosos remite la providencia de Dios a los umbrales de esta casa, sin que haya podido la miseria, la tiranía, las mudanzas ni revoluciones que se padecen en el mundo, negar el paso de la curación y el alimento a ningún desvalido de esta especie desventurada y aburrida.

Además de los vagos y transeúntes, siempre se han mantenido en los albergues seis, y ocho, y diez pordioseros seguros, hijos, regularmente, del país, que no reciben del hospital ni de la diputación más abrigo ni más bocado que el del simple cubierto y la tarima, y, no obstante su miseria y el ningún valor ni premio de su trabajo, sirven, y son de tanta utilidad e importancia, que, sin su permanencia, ni pueden estar asistidos ni acompañados los enfermos, ni defendida la iglesia, ni resguardado el hospital, ni limpios ni seguros los albergues, porque de las puertas adentro de la casa, ni vive ni duerme persona alguna asalariada más que una mujer sola, a quien llaman la madre, y las fuerzas de ésta ni pueden sufrir los trabajos robustos ni deben introducirse a las fatigas desusadas y poco decentes a su sexo. Además que hará mucho esta infeliz, si en las horas del día, y algunas de la noche, cumple con los oficios que tiene fiados la diputación a su conformidad poco ambiciosa, siendo los diarios y los indispensables acudir por la comida de los enfermos a las casas de los diputados, guisarla, servirla, acompañar al médico y cirujano a la visita, recibir sus órdenes y recetas, soliviar, remediar, limpiar y sostener a los dolientes, cuidar del aseo de la iglesia, alumbrar su lámpara y las de las enfermerías, y acudir a otros ejercicios ocultos, y celar de día la puerta, y, finalmente, ser, en un tomo, portero, platicante, cocinero, enfermero,

amo, criado, sacristán y agonizante. A todos estos cargos
satisface, señor, esta sola mujer, porque el hospital no
puede, ni jamás ha podido, extender sus rentas hasta la
fundación de otro miserable salario para darle compañera
a esta madre. Ni menos puede la diputación obligar a ministro alguno a que viva y duerma dentro del hospital,
porque no tiene habitación alguna decente y porque ninguno
se sujetaría a las incomodidades continuadas, no añadiendo
a las recompensas de su compasión algún temporal interés
o tal cual esperanza a la elevación de sus fortunas.

Aunque estos pobres de los albergues, así los pasajeros
como los seguros, viven todos del común beneficio de la
limosna, no por eso tienen aquella ociosa y franca libertad
de los mendigos y clamistas [300] porque todos rinden sujeción
y obediencia a los dos pobres más antiguos de aquellos seis
u ocho permanentes, a quienes ellos llaman rector y vicerrector, y, dentro de su albergue, tienen sus establecimientos y sus penas dirigidas a su quietud y a la comodidad de
los enfermos. El método regular de su vida es que, antes
de que llegue la noche, han de estar todos recogidos en sus
albergues, y el rector cobra de todos los que han recogido
alguna limosna un ochavo, y de este ruin producto o patente, que ellos llaman, pone luz y lumbre a aquella desdichada comunidad. Asisten este rector y vicerrector a recoger
los nuevos peregrinos (que en las noches del invierno se
suelen juntar treinta y cuarenta), a separar los hombres de
las mujeres, remitiéndolos a sus determinadas tarimas, cuidar de que no alboroten, mediar en las pendencias y los
golpes que se suelen repartir entre una gente libre, jura-
dora y agarrada algunas veces de la embriaguez, llamar a
la justicia cuando no los aplaca el modo o la fuerza de
los demás, acudir a rezar el rosario, y, finalmente, salir
a la media noche, antes o después, a llamar al confesor, al
médico, al cirujano, a la botica y a otros oficios que re-
pentinamente y a cada paso se ofrecen para la asistencia
de las enfermerías. Por la mañana, antes de salir a la solicitud de las limosnas y después de haber oído misa, acuden
unos a barrer la broza que es preciso amontonen treinta
o cuarenta personas indecentes; otros, a sacar agua y limpiar otros sitios, y el rector, a entregar a la madre las llaves
de los albergues y a recibir la orden de los oficios y dili-

---

[300] *clamista*: "el que clama y da voces, por lo regular pondera-
tivas, exagerando alguna cosa. Es voz festiva y vulgar" (*Aut.*).

gencias que se deben hacer en el día a favor de la casa y los enfermos.

Ésta es, señor, la miseria y el gobierno de esta pobre recolección, y el que, reducido a menos palabras, puso el doctor don Diego de Torres, comisionado por la diputación, en un memorial que dio a la real junta del nuevo hospicio el día 8 de marzo de este año, y por cuanto en él se contienen los mismos ruegos venerables, que se deben repetir en la reverente súplica de esta representación, dígnese V. M. de permitir que en ella se traslade una fiel copia de su original con el decreto de la real junta, para que V. M. quede informado de todo con puntual rectitud, y para que conste siempre la pureza de los pasos y la humildad de las diligencias con que la diputación se ha conducido en este asunto.

COPIA DEL MEMORIAL QUE EL DÍA 8 DE MARZO DIO A LA REAL JUNTA DEL HOSPICIO EL DOCTOR DON DIEGO DE TORRES VILLARROEL, COMISIONADO POR LA DIPUTACIÓN DEL HOSPITAL DE NUESTRA SEÑORA DEL AMPARO, EXTRAMUROS DE LA CIUDAD DE SALAMANCA.—Señor. El doctor don Diego de Torres Villarroel, comisionado por la diputación del hospital de Nuestra Señora del Amparo, extramuros de esta ciudad, ante V. S., con la veneración, humildad y reverencia que debe, dice:

Que dicho hospital, cuyo patronato tiene el cabildo de esta santa iglesia catedral, está fundado y destinado para recoger y curar, en todas las estaciones del año, a los miserables enfermos cogidos de la sarna, lepra, las llagas gálicas y otras enfermedades contagiosas, y para dar posada y simple cubierto a los vagos, peregrinos y otros desamparados permanentes en esta ciudad y su tierra.

Dice también que dicho hospital no tiene más renta que seis mil reales, los que se distribuyen en los salarios del capellán, el médico, cirujano, lavandera y surtido de la ropa de diez y seis camas existentes; siendo de la obligación piadosa de doce sacerdotes y doce caballeros, a cuyo celo está entregada dicha conservación, dar el alimento que el médico ordenare a todos los enfermos y enfermas, y contribuir con luces y otros gastos precisos a la casa.

Dice también que para el gobierno interior, así de los enfermos como de los peregrinos, no tiene dicho hospital más asistente, pasante ni criado, que una sola mujer, la que actualmente sirve de ir por las provisiones diarias a las casas de los diputados, guisar la comida, servirla, acudir a la cura, hacer las camas, poner luces, limpiar, aliviar y sostener a los pobres enfermos.

Dice también que el recibo y recogimiento de los vagos y peregrinos siempre ha corrido por el cuidado de los dos pordioseros más antiguos de los que se recogen en los albergues, a quienes llaman el rector y vicerrector, y que dichos pordioseros no han tenido jamás salario alguno, y sólo se han mantenido de la limosna común y de las miserables patentes que cobran y han cobrado de los vagos, peregrinos y existentes. El oficio de éstos es barrer la casa, limpiar sus inmundicias comunes, sacar agua del pozo, salir a la botica y a las diligencias oportunas a los enfermos, recoger por la noche y rezar el rosario con los peregrinos, y otros trabajos que puede tener presente la consideración de V. S.

Por todo lo cual, dicho comisionado pone en la consideración de V. S. que, habiendo oído la diputación la nueva providencia de recoger para el real hospicio a todos los pordioseros y mendigos, y deseando conservar los fines de esta piadosa fundación, acordó que, para que no fuesen comprehendidos en el bando común del recogimiento estos dos hombres tan útiles e indispensables al hospital, se vistiesen de nuestras limosnas, poniéndoles al pecho una medalla de plomo con la imagen de Nuestra Señora del Amparo, para distinguirlos y librarlos del encierro piadoso del real hospicio, informando antes al caballero corregidor del estado y pobreza del hospital, y tomando su permiso y suplicando a su piedad, para que los alguaciles y ministros inferiores no molestasen ni aprehendiesen a dichos pordioseros, todo lo que ejecutó dicho comisionado y consiguió de la caridad del caballero corregidor, y ahora nuevamente suplica a V. S., en nombre de su diputación, que permita que estos dos pobres vivan sueltos por la ciudad y que pidan limosna a los diputados, disimulando el que lleguen a otro caritativo, si nuestras limosnas no sufragasen para su alimento, o que reciba el cargo de su misericordia la manutención de estos dos hombres con los medios que sean de su agrado, asegurando a V. S. que, de no permitir la asistencia de estos dos pobres hombres por los medios que sean de su voluntad, se halla la diputación en la angustia y en la precisión de cerrar la casa, así las salas de los en-

fermos como las de los albergues; pues es imposible que
una mujer sola, con un salario tan miserable como el de
cinco cuartos y dos libras de pan al día, pueda asistir a
los oficios, trabajos y penalidades de una casa donde se
encierran tantas castas de gentes libres, impedidas y, regularmente, mal criadas. V. S. decretará lo que sea del agrado
de su prudencia, piedad y discreción, mientras rogamos a
Dios guarde a V. S. en su grandeza. Salamanca, 8 de marzo
de 1755.—Señor: El doctor don Diego de Torres.

El decreto de la real junta a este memorial sólo contiene las siguientes palabras, según consta en el testimonio
dado por Manuel Antonio de Anieto, escribano de S. M.
Real y del real hospicio de san Josef de Salamanca.—"En
la junta que se celebró este día, compuesta del ilustrísimo
señor obispo de esta ciudad, señor alcalde mayor de ella,
señor cancelario de su universidad y reverendísimo padre
rector del real colegio de la compañía de Jesús, se leyó
este memorial, y visto por los referidos señores, determinaron que la diputación del hospital de Nuestra Señora del
Amparo, extramuros de esta ciudad, conserve los mismos
dependientes que ha tenido, sin hacer novedad en el traje
ni pedir limosna, por ser contra el instituto del real hospicio y orden de S. M. con fecha en Madrid a 30 de marzo
del año pasado de 1749, publicada en todo el reino.—
Anieto."

Luego que el doctor don Diego de Torres y la diputación
alcanzaron la extrajudicial noticia de este decreto, fue obedecido con exquisita puntualidad y sumisión, de modo que,
desde este día, ni pidieron más limosna estos dos hombres
ni la piden, porque un devoto diputado (que conoce más
interiormente la necesidad) los está alimentando para que
sirvan a los enfermos y guarden la casa de las asechanzas
nocturnas; pero, como la vida de éste es preciso que falte,
y quede dudoso a lo menos el abrigo, sustento y manutención de estos dos pobres, apela la diputación del decreto
de la real junta a la clemencia de Vuestra Majestad para
que se digne mantener este único socorro y alivio que tienen en este hospital los desvalidos y llagados, sin otro dis-
pendio que permitir que estos dos hombres pidan limosna
como siempre la han pedido, o que el nuevo real hospicio
destine dos raciones de las que da a sus pobres (pues éstos
también lo son), para que vivan y trabajen en la conservación de esta obra piadosísima, o por otro medio o modo

del agrado de V. M.; pues, aunque parece que los deseos de la diputación aspiran sólo al fin de que no se cierren o arruinen las enfermerías de esta casa misericordiosa, ni se desvanezcan sus santos propósitos, su principal ansia es que V. M. sea obedecido y venerado en todo, y en cualquiera precepto de V. M., así la diputación como el cabildo de esta santa iglesia catedral (que, por patrono de esta casa, por condolido de las miserias y desventuras de los pobres y enfermos y por certificado de sus necesidades y desdichas, acompaña nuestro desconsuelo y representación), besarán los pies de V. M., repetirán reverentes sumisiones y salud de Vuestra Majestad y la dilatación de sus dominios y grandezas.

Estaba a esta sazón en Madrid el señor don Blas de Lezo; y conociendo yo que su genio misericordioso y la gran caridad y compasión con que comercia con los enfermos y los pobres sería el único arbitrio para aliviar con más prontitud a nuestros desdichados, le escribí una carta suplicándole en ella que diese el primer paso para hallar los consuelos de nuestras ansias, poniendo a los pies del rey el memorial antecedente y en manos del señor marqués del Campo del Villar [301] la reverente carta que se sigue.

COPIA DE CARTA QUE ACOMPAÑÓ AL MEMORIAL ANTECEDENTE ESCRITA POR DON DIEGO DE TORRES AL ILUSTRÍSIMO SEÑOR MARQUÉS DEL CAMPO DEL VILLAR.—Ilustrísimo señor: El trato que he tenido veinte y seis años ha con los leprosos, los llagados y los peregrinos que se curan y recogen en el hospital de Nuestra Señora del Amparo de esta ciudad, me ha puesto en los propósitos de no perdonar fatiga que pueda conducir a sus alivios. Esta frecuencia, y la obligación de obedecer las leyes y comisiones de mi diputación, me animan a poner a los pies de V. S. I. las ansias de nuestra compasión acreditada.

Don Blas de Lezo y Solís, compañero nombrado por la diputación, informará a V. S. I. mejor que mi carta de las angustias que padece nuestro celo, y el ilustrísimo cabildo

[301] Alfonso Muñiz, Marqués del Campo de Villar, fue ministro de Gracia y Justicia con Fernando VI.

de esta santa iglesia acreditará con sus súplicas nuestras declamaciones venerables.

Lo cierto es, señor, que la ruina de este hospital tan útil, tan único y tan indispensable en este pueblo, está a la vista, y su reparación consiste en que la piedad de V. S. I. permita que se mantengan dos hombres que lo guarden y defiendan la iglesia y las enfermerías de las asechanzas nocturnas, y para que asistan a los enfermos y recojan los peregrinos, vagos y otros infelices, que no tienen más amparo en esta tierra que el simple cubierto de esta casa.

Estos dos hombres siempre se han mantenido en ella (como los demás peregrinos que abrigaba) del beneficio de la limosna común, y habiéndose ésta privado por la real junta del nuevo hospicio, se halla mi diputación en la congoja de cerrar las salas de los enfermos y los albergues de los peregrinos, porque el hospital ni la diputación tienen otro asistente alguno que alivie y asista a los unos y recoja a los otros; y, anhelando la diputación proseguir sus limosnas con los enfermos, desea poner a los pies del rey (Dios le guarde), por mano de V. S. I., el memorial que me atrevo a incluir. En él sólo suplica por la manutención de estos dos hombres, ya sea por los medios de la limosna común, ya entresacando de la olla de los pobres del hospicio dos raciones para estos dos útiles miserables, o ya por el medio que fuere del agrado de V. S. I., a quien aseguro, por mi diputación y por mi respeto, que por cualquiera deliberación daremos a V. S. I. muchas gracias.

Nuestro Señor guarde a V. S. I. muchos años como nos importa y le ruego, etc.—Ilustrísimo señor: A los pies de V. S. I.—El doctor don Diego de Torres Villarroel.

La piadosa resolución que fue servido el rey (Dios le guarde) de conceder a nuestro memorial y súplicas reverentes se contiene en la carta del ilustrísimo señor marqués del Campo del Villar, escrita a mí, la que presenté en la real junta del hospicio con su segundo memorial; y por cuanto todo está testimoniado con el decreto de la real junta, quiero aquí copiar al pie de la letra los testimonios del escribano Manuel Antonio de Anieto, que son los que siguen:

Manuel Antonio de Anieto, escribano de S. M. Real y del número de esta ciudad de Salamanca y de las dependencias del real hospicio de San Josef, pobres mendigos de ambos sexos de esta ciudad y su obispado, certifico y doy fe que en la junta ordinaria que se celebró por los señores que la componen en 17 del corriente mes y año, se leyó la carta y memorial que, junto con el decreto que se proveyó, es el siguiente:

CARTA RESPUESTA DEL ILUSTRÍSIMO SEÑOR MARQUÉS DEL CAMPO DEL VILLAR A DON DIEGO DE TORRES.—Señor mío: En vista de la instancia del hospital de Nuestra Señora del Amparo, extramuros de esa ciudad, y informes que ha tomado, se ha servido el rey mandar que, recogiéndose en el real hospicio de esa ciudad los dos pobres, que llaman rector y vicerrector, por estar impedidos, se contribuya por el referido hospicio con dos raciones diarias a otros dos pobres que la diputación de ese hospital nombre para su custodia y servicio, con la circunstancia de que acudan por ellas al citado hospicio y no pidan otra limosna. Dios guarde a Vm. muchos años, como deseo. Buen Retiro, ocho de noviembre de mil setecientos y cincuenta y cinco.— B. L. M. de Vm. su mayor servidor.—El marqués del Campo del Villar.—Señor don Diego de Torres.

MEMORIAL DE TORRES PRESENTANDO LA CARTA DEL SEÑOR MARQUÉS DEL CAMPO DEL VILLAR A LA REAL JUNTA DEL HOSPICIO.—Señor: El doctor don Diego de Torres Villarroel, comisionado por la diputación de Nuestra Señora del Amparo, hospital de leprosos y peregrinos, extramuros de esta ciudad, con la mayor veneración y respeto presenta a V. S. una carta del ilustrísimo señor marqués del Campo del Villar, escrita desde el Buen Retiro, su fecha ocho de noviembre de este de 1755, en la que el rey (Dios le guarde) es servido de mandar que el real hospicio contribuya con dos raciones diarias para dos pobres que nombre la diputación del dicho hospital, para que sirvan en él y lo guarden, con la circunstancia que acudan por las dos raciones al real hospicio y que no pidan otra limosna alguna; por lo cual, suplica a V. S. la diputación que, vista la real orden, señale horas para que dichos pobres que haya de nombrar la diputación, acudan por la comida al real hospicio, y tiempos para que, del mismo modo, puedan recurrir por los demás socorros que completen el nombre de ración, aquellos, digo, que a la real junta le parecieren precisos y oportunos para su abrigo y su sustento, quedando la diputación con el cargo de prevenir y estorbar que dichos pobres pidan otra limosna a persona alguna para que el rey quede obedecido con la veneración y temor que debemos, y V. S. con el consuelo de ver aliviados los pobres, los enfermos y los peregrinos, y la diputación y el dicho Torres con la tarea y la obligación de pedir a Dios guarde a V. S. en sus prosperidades, etc.—Señor: El doctor don Diego de Torres Villarroel.

DECRETO DE LA REAL JUNTA DEL HOSPICIO.—Visto por la junta la referida carta y memorial, y teniendo presente la orden de S. M., que la comunicó el señor marqués del Campo del Villar con fecha de ocho del corriente mes y año, determinó se guarde y cumpla como se contiene; y, en su observancia, mandó que siempre que los dos pobres, llamados rector y vicerrector, que al presente tiene el hospital de Nuestra Señora del Amparo, extramuros de esta ciudad, concurran al hospicio, se admitan en él como dos de sus pobres, y, nombrando la diputación del referido hospital a otros dos pobres para su custodia y servicio, se le contribuya por el hospicio con dos raciones diarias, acudiendo por ellas a la casa de él a la hora de las once, con la circunstancia de no pedir otra limosna; lo que para su inteligencia y cumplimiento se haga saber al administrador de la referida casa, y a la expresada diputación se le dé testimonio de este decreto, si lo pidiere.

Según consta de la referida carta, memorial y decreto, que quedan con los papeles correspondientes a dicho real hospicio de mi cargo, a que me remito, y para que conste donde convenga, en observancia de lo mandado por dicho decreto y de pedimento de la parte de la diputación del hospital de Nuestra Señora del Amparo, extramuros de esta ciudad, doy el presente, que signo y firmo en este papel del sello cuarto de oficio. En Salamanca, a veinte y uno de noviembre de mil setecientos y cincuenta y cinco.—En testimonio de verdad.—Manuel Antonio de Anieto.

Considerando yo que este decreto de la real junta era imposible ser obedecido, porque era imposible encontrar dos hombres tan desventurados que, comiendo miserablemente, quisiesen servir desnudos, trabajando con porfía penosa y desdichada, y contemplando que esta providencia dejaba al hospital en la misma congoja de cerrar sus puertas a los enfermos y a los peregrinos, y, finalmente, asegurado con toda firmeza que la intención del rey y su magnánima piedad no estaba bien entendida en la real junta, porque no podía permitir que estos infelices pobres trabajasen y sirviesen, estrechamente alimentados y del todo desnudos y sin los alivios de la limosna común, me animé a repetir mis venerables ruegos y a exponer mis angustias y las de mi diputación al ilustrísimo señor marqués, en la carta siguiente:

COPIA DE LA CARTA SEGUNDA DE TORRES AL ILUSTRÍSIMO SEÑOR MARQUÉS DEL CAMPO DEL VILLAR.—Ilustrísimo señor: La palabra *ración,* que está recibida en el común de los buenos castellanos para significar, no sólo el diario alimento del hombre, sino también los restantes apoyos para sostener la vida, se ha servido la real junta de aniquilarla y contraerla a que sólo signifique la comida, y ésta es la que únicamente quiere dar a los dos mendigos que la clemencia del rey y la piadosa discreción de V. S. I. tiene destinados para que sirvan de custodia al hospital del Amparo y de asistencia a sus peregrinos y leprosos.

La real junta sabe que con el pan solo no se puede vivir, y sabe que estos dos pobres, por sólo pobres, tienen derecho a toda la ración y gajes del hospicio, y que si estos mismos pobres no estuvieran sirviendo al hospital, los recogería la real junta para darles la comida, el vestido, la cama, la luz y otras comodidades y descansos, y es notable desventura que desmerezcan y pierdan por estar ocupados en un ministerio tan santo y tan piadoso.

La real junta sabe que la real orden queda expuesta a los desconsuelos de no poder ser practicada, porque, entre la multitud de vagos y perdidos que transitan y se recogen en este hospital, no se halla uno que quiera trabajar, servir, y vivir con sola la comida, y más, cuando ha de ser de su obligación ir por ella dos veces al día al real hospicio, estando distantes las dos casas cuasi un cuarto de legua la una de la otra.

La real junta sabe la utilidad y la necesidad de este hospital en toda esta tierra, y, gracias a Dios, V. S. I. está ya informado de la caridad con que en él es servido Dios y el público; y sabe que la diputación, el hospital y los enfermos se quedan con su resolución en las mismas angustias, tristezas y amenazas que padecían antes de recurrir con sus lágrimas a los pies del rey a suplicar su permanencia y sus alivios; y, finalmente, sabe lo poco gastado que quedará el real hospicio con la dádiva de dos vestidos burdos de dos en dos o de tres en tres años, y sabiendo estas y otras circunstancias, y conociendo el magnánimo corazón del rey y la piadosa generosidad de V. S. I.., se ha dignado entender el significado *ración* en el sentido más estrecho y menos practicado.

Por lo que suplico a V. S. I. se sirva declarar qué raciones o emolumentos ha de dar el hospicio a estos dos mendigos, que, por general y especial orden del rey, ni pueden ni deben pedir limosna, o permitir que la diputación vuelva a llorar a los pies del rey su desventura y a proseguir su solicitud, desconsuelo y permanencia del hospital y sus enfermos.

La carta de V. S. I., con el memorial que presenté a la real junta, y el testimonio de su decreto, me atrevo a incluir, para que, si es del agrado de V. S. I., vea en la resolución de la junta la integridad de sus rectitudes y, en nuestras súplicas, la sumisión de nuestras veneraciones.

Nuestro Señor guarde a V. S. I. muchos años, como nos importa y le ruego. Salamanca y noviembre 21 de 1755.— Ilustrísimo señor.—Señor. A los pies de V. S. I., su rendido siervo y capellán.—El doctor don Diego de Torres.—Señor marqués del Campo del Villar, mi señor.

Yo no sé (ni en aquel tiempo supe) qué orden dio el ilustrísimo señor marqués a la real junta del hospicio, después de esta carta; sólo sé que el día 23 de febrero de 1756 en la junta ordinaria del hospicio se decretó, "que a los dos pobres que estaban ya gozando el alimento diario del hospicio, se les diese de tres en tres años dos vestidos con sus medallas". Yo di muchas gracias a Dios, y me pareció oportuno, para huir de interpretaciones y disputas, presentar tercero memorial a la junta. Así lo hice, como consta todo por los testimonios siguientes del escribano del real hospicio.

Manuel Antonio de Anieto, escribano de Su Majestad Real y del número de esta ciudad de Salamanca y de las dependencias del real hospicio de san Josef, pobres mendigos de ambos sexos de ella y de su obispado, certifico y doy fe que en la junta ordinaria que se celebró por los señores que la componen, en veinte y tres de febrero y año de mil setecientos cincuenta y seis, se determinó que a los dos pobres naturales de este obispado que se hubiesen admitido o admitiesen por la diputación del hospital de Nuestra Señora del Amparo, extramuros de esta ciudad, para el cuidado de su albergue y asistencia de los enfermos, se les contribuya (a más del alimento diario, que ya están gozando), cada tres años, por el real hospicio, con dos vestidos y medallas, a ejemplo de los que tienen sus pobres, quedando responsable la diputación de los vestidos, si se marcharen con ellos.

Asimismo certifico y doy fe que en la junta ordinaria celebrada por dichos señores que la componen, el día quince de marzo del citado año de setecientos cincuenta y seis, se leyó el memorial, que, con lo a él decretado, es del tenor siguiente:

MEMORIAL.—Señor: El doctor don Diego de Torres Villarroel, comisario por la diputación del hospital de Nuestra Señora del Amparo, extramuros de esta ciudad, con la veneración y reverencia que debe, ante V. S. dice: Que su diputación queda advertida y enterada en que a los dos pobres que sirven a los enfermos y peregrinos de dicho hospital, que están ya gozando, por la piedad del rey, el alimento diario del real hospicio, se les han de dar dos vestidos con sus medallas, y que estos pobres hayan de ser del obispado, y que la diputación ha de ser responsable de dichos vestidos, si hubiere fuga en ellos; a todo lo cual se obliga y obedecerá puntualmente la diputación, pero suplica rendidamente a V. S. que se digne de señalar día para que la diputación se entregue de dichos vestidos, y declarar, al mismo tiempo, si estos dos pobres del hospital de Nuestra Señora del Amparo han de andar limpios y calzados en la conformidad que andan los pobres del real hospicio, y como se debe presumir de la piadosa magnani-

midad del rey (Dios le guarde), o si solamente de los tres
en tres años se les ha de socorrer con zapatos, camisas y
las demás menudencias, que breve y fácilmente se rompen
y destruyen; lo que desea saber la diputación para gobernar su celo, su rendimiento y obediencia. Nuestro Señor
guarde a V. S. en su grandeza y exaltaciones muchos años.
Salamanca y marzo once de mil setecientos cincuenta y
seis.—Señor. El doctor don Diego Torres Villarroel.

DECRETO.—Los dos pobres que asisten al hospital de
Nuestra Señora del Amparo sean socorridos como los demás del hospicio, en cuanto al alimento, vestido y calzado.

Según que lo referido consta de las dos citadas juntas, y
lo inserto concuerda con el memorial y su decreto, que
queda con los papeles correspondientes a dicho real hospicio de mi cargo, a que me remito, y de pedimento del
doctor don Diego de Torres Villarroel, como diputado
del hospital de Nuestra Señora del Amparo, extramuros de
esta ciudad, lo signo y firmo en este pliego del sello de pobres, en Salamanca, a once de mayo de mil setecientos
cincuenta y siete.—Enmendado: b—vale.—En testimonio †
de verdad. Manuel Antonio de Anieto.

Éstas son las diligencias más gordas y más públicas
que antecedieron a la institución de las dos plazas de
los sirvientes del hospital de Nuestra Señora del Amparo; y he querido desechar de este papel y de mi
memoria los chismes, ideas y hablillas que suelen andar entre los interlocutores de los pleitos y las disputas,
y aburro desde luego las que se pasearon por una pretensión tan piadosa como ésta, y sólo afirmo que las
utilidades y la necesidad de mantener estas santas paredes en Salamanca son sumamente públicas y graves,
pues sin ellas quedan expuestos los bubosos, los heridos
de la lepra, sarna y otros contagios pestilentes a quedarse muertos por las calles, y los peregrinos, vagos,
tunantes, habitadores desvalidos, como las sirvientas y
sirvientes que son despedidos de sus amos, los estudian-
tillos que se mantienen de la limosna y otras castas de
desamparados y trabajosos, en las congojas de haber
de sufrir a la inclemencia las nieves, los hielos, el frío

y el calor, y las demás injurias temporales, porque en esta ciudad ni en sus circunferencias se halla una choza ni una corraliza [302] cubierta donde se escondan sin susto estos miserables, ni una enfermería donde alimentar y curar a unos dolientes y postrados de una condición tan desdichada, que no pueden ser admitidos en los demás hospitales del pueblo, porque todos están desechados por los estatutos y leyes de su hospitalidad.

El nuevo hospicio de pobres tampoco tiene separación ni hueco alguno para curar ni recoger a los unos y a los otros. Con que, entre tanto que la política y el celo cristiano no determinen en dónde han de colocar con algún alivio a tantos y tan exquisitos pobres y qué han de hacer de los que han sobrado, que no caben ya, ni puede mantener el nuevo hospicio, es indispensable que todos los vecinos y comunidades nos esforcemos a cuidar de ellos con nuestras limosnas, agasajos y consuelos. Esto afirmo, y que los testimonios originales citados de los anteriores sucesos paran ya en el archivo del hospital de Nuestra Señora del Amparo, en donde los hallará la solicitud cristiana, si las inconstancias, miserias y furias del tiempo y la novedad quieren en otro día atropellar estas reales y santas determinaciones. [303]

---

[302] *corraliza*: "el área o espacio circunscrito por las cañizas en donde se encierran las ovejas" (*Lamano*).

[303] En su *Oración fúnebre*, el P. Cayetano Faylde evoca "el Hospital del Amparo, lucido teatro de las misericordias de Don Diego de Torres. Éste dirá que sus alhajas más preciosas eran las ropas de Don Diego de Torres; dirá que la cama de Don Diego de Torres lo fue muchas veces de los enfermos; dirá que, cuando entraba algún piadoso a visitarlos en sus cuadras, éstos, en testimonio de su agradecimiento, enseñaban las sábanas y otras ropas que les había enviado nuestro Torres [...]; dirá (lo que no se puede oir sin asombro y gran confusión nuestra) que vio varias veces a nuestro catedrático visitando las camas de los enfermos, consolándolos y limpiándolos, hasta llegar al extremo de chupar la podre de sus heridas, enfermando de este modo con los enfermos, y cargando con sus dolencias y pestilentes humores" (pp. 66-67). Unos años más tarde, en el almanaque para 1764 (*Las vistillas de San Francisco*), el propio Torres relatará un episodio de su actuación en el mismo hospital: "En el día 17 de marzo de 1762, empezamos [...] a servir al rey asistiendo con amor, alimentando con prudencia y curando con tino a los soldados leprosos y sarnosos que nos remitían sus

INSTITUCIÓN DE LA JUNTA DE LOS ABASTOS DE CARNICERÍAS EN SALAMANCA

Estila la insigne Universidad de Salamanca, para encaminar el gobierno de sus intereses y formalidades, tener elegidos y desparramados a diferentes doctores que hacen entre sí unos pequeños cabildos que llaman *juntas*, en las cuales hablan, votan y determinan sobre los negocios que se les encargan, con el mismo valor y autoridades que todo el claustro de los doctores y maestros. De modo que esta gran Universidad escoge a cuatro, seis u ocho vocales de su gremio para que cuiden de las rentas, censos, tercias, y otras importancias hacia los intereses; y éstos se juntan cuando quieren y componen otra universidad chiquita, que conferencia y resuelve sobre estos asuntos; y a esta congregación llaman la *junta de pleitos*. Destina otros seis u ocho para la elección, compra, manejo y limpieza de los libros, y ésta se dice *junta de librería*; y así de los demás negocios pertenecientes a la estabilidad de sus haberes, ciencias y doctrinas. Pues entre las varias juntas que hoy tiene formadas, en que están entendiendo y decretando sus doctores, se conserva una, que se dice *junta de carnicerías*, cuya creación ignoro, y nada importa para mi asunto saber de sus principios ni progresos. Decretóse en esta junta (no sé en qué día) representar al claustro pleno que era preciso y oportuno elegir y enviar a la corte comisarios a la definición de un pleito que porfiaba la ciudad de Salamanca con la Universidad, sobre el asunto de volver ésta a abrir unas carnicerías, que por reales concesiones tuvo patentes para el bien de sus escolares y vecinos muchos tiempos; y con efecto, en el día 15 de junio de 1756 oró

---

jefes. [...] Desde este dicho día hasta el último de mayo de 1763 (que se exterminaron absolutamente los males hediondos y las enfermedades contagiosas), alimenté y curé doce mil seiscientos y noventa y nueve soldados, con tanta ventura que en todo este número no padecí más mermas que las de trece hombres".

en el claustro el más antiguo de la junta, y con expresiones persuasivas expuso el último estado del pleito, pintó las buenas esperanzas que concebía de la sentencia favorable, y ponderó las importancias y beneficios que lograría la escuela y el público pobre con la feliz resolución, para redimirse de las miserias y las hambres que pasaba, siendo la causa el desmesurado precio de las carnes en el año presente y en muchos de los próximos antecedentes. Persuadida la Universidad de la energía con que el doctor de la junta pintó la rectitud de nuestra justicia, la facilidad de un decreto bienaventurado y la redención de nuestras hambres, pasó a votar comisarios que concluyesen en Madrid esta instancia, que tenía ya más de 25 años de edad, y de gastos una suma considerable.

Quiso conocer y confesar en esta ocasión la Universidad que, entre todos sus doctores, no tenía otro tan práctico en Madrid, tan conocido en el reino, ni tan honrado de los grandes señores, ministros y otras clases de personas autorizadas, [304] como a mí, y por esta necesidad, o por ceder algún rato de su ceño, me nombró a mí solo, siendo un maestro en filosofía, rudo, ignorante y retirado de estos deseos, y dejando ofendidos a tantos doctores juristas y canonistas que lo deseaban, y que viven con las obligaciones de entender y practicar esta casta de estudios y negocios. Yo rechacé con fortaleza la comisión y dije que en ningún caso ni tiempo convenía ir yo a Madrid, ni otro algún comisario, porque el Real Consejo tenía un oído tan atento y feliz, que escuchaba a los más desvalidos, por distantes que estuviesen de sus estrados; que acudiesen a su justicia y piedad por medio de sus agentes y abogados, cartas y papeles en derecho; que pensase la Universidad en las pesadumbres y perjuicios que había padecido por sus comisarios, sin acordarse de más ejemplares que los de la presente disputa, pues fueron,

---

[304] ed. prínc.: *y otras clases autorizadas de personas* | adopto la lección de M.

vinieron, tornaron y volvieron diferentes doctores, y entre ellos un teólogo, que se avecindó cinco años en Madrid, gastando contra su voluntad mucho dinero y tiempo; y éste y los demás, después de todas sus diligencias y pasos, no adelantaron otra cosa que gastar mucho, y dejar el pleito dormido en los estantes de una de las secretarías de cámara. Además que los comisarios que remite la Universidad son regularmente unos doctores mozos y pobres, que no llevan consigo más rentas ni más propinas que las miserables de la comisión, y más desautorizan a la Universidad, que la engrandecen. Se esconden en una ruin posada, donde ninguna persona de mediano carácter puede visitarlos sin rubor. Andan fugitivos en vez de diligentes, y viven cobardes y desconfiados. Ni estas razones, ni la repetición de algunas quejas que di al claustro en orden a mis pasados y recibidos desprecios, me libertaron de la comisión, porque el juramento que presté a la Universidad de obedecerla, cuando me metí en su congregación, y otras causas que quiero retener en mi silencio, me obligaron a recoger la comisión y marchar a Madrid a remover este pleito, que mis antecesores dejaron estancado.

En uno de los días de julio de este mismo año de 1756 entré en Madrid, y en mediado de agosto logré que los señores de la primera sala de gobierno oyesen la relación y los alegatos de la instancia que seguía, habiendo precedido antes las diligencias siguientes. Visité por mí solo, y sin coche, a todos los señores del Real Consejo; y sin el enfado de las esquelas ni la pesadez de los memoriales, les supliqué con toda veneración la gracia posible para mi Universidad. Descubrí los autos que estaban escondidos en la secretaría de cámara que regenta don Josef Amaya; los pasé al agente fiscal don Pedro Cumplido, a quien estoy agradeciendo la cortesanía y brevedad con que me despidió. Considerados y marcados por su prudencia, los conduje a la justificación y sabiduría del señor fiscal del Consejo, don Francisco de la Mata, y debí a su piedad un breve despacho, pero quedándose con la lástima de no poder asentir a los deseos de la Universidad. Con este desconsuelo los entregué al relator don Pedro Mesa, el que extractó los hechos con más prontitud que yo debía esperar; finalmente busqué a los dos abogados de universidad y ciudad, para prevenirles que se rodeasen de textos y leyes para las acusaciones y defensas que se habían de hacer y oír en el Consejo en el día de la vista, que estaba ya determinado.

Entramos todos en la primera sala de gobierno, los autos, el relator, los abogados y yo; y después de haber éstos leído y hablado ante los señores que la formaban dos horas y cuarto, supliqué yo a la sala que me oyese sólo un minuto; concedióme esta gracia, hablé, y por ahora quiero callar lo que entonces dije, porque no deseo hacer vanidades de retórico, y porque muchos sentimientos de esta primera oración van repetidos en la segunda, que pongo adelante: sólo diré que aquellos señores me oyeron sin desagrado, y que los circunstantes, que eran muchos (porque se hizo este acto a puerta franca), manifestaron algún deleite, pues hubo entre ellos persona de autoridad que dijo estas palabras: "Gracias a Dios que hemos oído hablar en el Consejo de Castilla a la Universidad de Salamanca, pues entre tantos letrados, canonistas y teólogos que han venido aquí con su voz, no sabíamos qué metal tenía, hasta que hemos oído las roncas entonaciones de un filósofo despreciado en ella." Luego que cumplí el tiempo del minuto que pedí para mi oración, hice una profunda reverencia, y el señor presidente hizo la señal para el despejo. Salimos todos fuera y los señores decretaron "que no pertenecía la sentencia de este pleito a la primera sala de gobierno, sino a la segunda de justicia".

Esta resolución me detuvo ocioso en Madrid hasta últimos de septiembre, porque la importancia de negocios más graves estorbó a los señores de la segunda sala la elección del día en que se habían de repetir las relaciones de este pleito. Yo esperé bien descontento este día, y, a la verdad, muy desconfiado de las grandes esperanzas que oí ponderar en el claustro pleno, de la feliz salida de esta instancia, porque yo no vi cosido a los autos el privilegio que asegura tener la Universidad para abrir carnicerías, ni en los esfuerzos de su abogado noté demostraciones o probanzas de su existencia; y escuché en los alegatos del abogado contrario y en las repreguntas de los señores que, aun concedido el privilegio, era vano el intento de la Universidad, porque el señor don Felipe V, de gloriosa memoria, por especial decreto del año de 1732 mandó quitar, y que no tuviesen valor alguno, todas las regalías y privilegios que gozaban las comunidades y particulares del reino, de tener en sus casas despensas, macelos y carnicerías, dejando sólo a las ciudades estos abastos. Finalmente llegó el día (que fue uno de los primeros de octubre) en que nos volvimos a ver juntos, en el segundo tribunal de justicia, los autos, el relator, los dos abogados y yo; y, habiendo éste leído el mismo cartapacio que leyó en la primera sala de gobierno, y los abogados repetido y aumentado los textos a favor cada uno de su parte, se dieron los señores por instruidos y enterados en los hechos y derechos del asunto. Yo supliqué a los señores una licencia para hablar poco, y su piadosa justicia quiso padecer, además de las tres horas que sufrió a los abogados, los dos o tres minutos que yo gasté en soltar de la boca las reverentes palabras que se siguen.

SEGUNDA ORACIÓN QUE DIJO DON DIEGO DE TORRES AL REAL CONSEJO DE CASTILLA EN LA SEGUNDA SALA DE GOBIERNO.—Señor: Con la veneración cobarde y el espíritu turbado, dije en la primera sala de este sapientísimo gobierno que a estos autos, que han dormido 26 años en los andenes de las escribanías de V. A., no los alborotaba mi universidad con el ansia sola de suplicar por la restauración de nuestro antiguo y practicado privilegio; y dije que los sacaba ante la clara rectitud de este justísimo teatro, aun más que con la honrada ambición de mantener sus exaltaciones, con el dolor y la compasión de ver y estar viendo muchos años ha a los moradores de aquellos claustros y a los cursantes de aquel país en una miseria intolerable y con la desesperación de contemplar sumamente remotos sus alivios.

Dije también que, aunque la universidad está hoy obscura y despojada de sus pompas y lucimientos, es rica, pero, en sus individuos, sumamente pobre, porque, a distinción de los catedráticos de prima y vísperas, [305] que tienen qué comer, y a excepción del catedrático jubilado de astrología, que es rico por sus extravagancias y trabajos, todos los demás doctores, licenciados, bachilleres y escolares viven sumidos en una estrechez muy lastimosa, porque ni las propinas de los unos ni las mesadas de los otros alcanzan para prevenir los precisos apoyos a la vida. Esto dije, y esto vuelvo a decir para recomendar a V. A. sus alivios, o, a lo menos, la moderación de sus fatigas y zozobras.

El claustro de doctores de Salamanca es cierto que me votó esta comisión, pero los que me han conducido a empujones hasta los pies de V. A. son los pobres, es el público, dividido en los dos gremios de la plebe y de la escuela. La universidad, por sí sola, sin duda alguna, hubiera elegido otro hombre más digno de pisar estos estrados, digo, otro doctor más elocuente, más severo y más instruido en la facultades útiles y serias; pero los gritos y las raras aprehensiones de este vulgo la persuadieron que tal vez convendría más poner sus ruegos inocentes y sus súplicas venerables en la boca de un filósofo humilde, sincero, buen hijo de la patria y bien práctico en sus necesidades y miserias, que en la retórica entonada de un maestro pomposo y elegante.

Por el nombramiento de la universidad debo clamar por su privilegio, y porque, al parecer, mi súplica es inseparable de estos autos; por los gritos del público debo clamar por el remedio de sus necesidades; y a estos clamores pensaba yo que debía añadir los suyos la misma ciudad, y que intenta sofocarlos. En otro tiempo sería oportuno, preciso y aun loable que la ciudad rebatiese el valor de nues-

---

[305] *catedráticos de prima y vísperas*: "Se denominaban así los catedráticos en propiedad, según la hora de la cátedra, que entrañaba, además, distinta categoría. De las disciplinas importantes había dos cátedras: una de prima y otra de vísperas. Además había otras cátedras en propiedad, llamadas menores, y, en fin, catedráticos sustitutos" (*Onís*, p. 237 n.). Cf. *supra*, nota 212.

tros privilegios, pero en la presente coyuntura, yo no sé con qué razones, ni con qué corazón, procura resistir nuestros conatos, cuando debía dar muchas gracias a Dios de ver que la había deparado en sus infortunios y en sus perezas una universidad piadosamente tonta, que pelea por sacrificar sus caudales y sus quietudes, por aliviarla a ella misma y sostener a aquellos individuos que le tiene encargado Dios y el rey, y de quienes se nombra padre a boca llena. La ciudad está en el último desfallecimiento, inútil y tullida para sublevar a sus moradores; tanto, señor, que se atollan el discurso y la arismética [306] al querer apurar qué adarmes o qué minutos de alimento les pueden tocar a cuatro mil vecinos, sin viudas, frailes ni canónigos, que tiene Salamanca, de dos vacas únicas que se pesan en sus carnicerías de veinte y cuatro a veinte y cuatro horas.

La universidad está pronta gustosamente para aliviar a todos, dándoles en sus antiguas carnicerías (si es del agrado de V. A que se vuelvan a abrir) las libras de la vaca y el carnero a un precio menor considerablemente que el que hoy pagan, y al rey nuestro señor todos sus tributos, sin tocarle a los regidores en sus regalías ni aprovechamientos. La soberanía de V. A. tiene poder para todo, puede remediarlo todo y hacernos felices a todos: suplico a V. A. que así lo haga, y que lo haga por Dios, por los pobres y por mí, pues temo justamente que, si vuelvo a Salamanca sin algún indicio de la piedad de V. A., me apedreará el vulgo, persuadido a que mis omisiones, y no sus desgracias, son el motivo que produce las continuaciones de sus hambres. Y si esto no es posible, yo juro besar por justas las deliberaciones de V. A., aunque sean contrarias a nuestros deseos; y el público, que recurra al cielo por sus socorros, la ciudad, que tenga paciencia, y los de mi claustro, que busquen en Dios y en su filosofía sus conformidades y consuelos.

Algunas señas de su benignidad me concedieron los señores que se dignaron de escucharme; y hecha por el señor presidente la ordinaria señal del despejo, mandaron cerrar las puertas que estuvieron francas todo el tiempo que duraron las relaciones, los alegatos y mis

---

[306] *arismética*: ortografía frecuente hasta el siglo XVIII, que es, según *Aut.*, "error del vulgo" (*s. v. arithmética*).

súplicas. Guardaron los señores la sentencia final para otro día, y en éste solamente dieron la decisión que se quiere aplicar a aquella sola palabra *visto,* tan misteriosa y repetida en los tribunales. Yo me volví a mi ociosidad, en la que estuve esperando la hora en que había de decidirse nuestra antigua cuestión, sin haber hecho en quince días más diligencias que las repeticiones de mis visitas suplicatorias por la gracia posible, si la justicia del Real Consejo hallase alguna en este asunto. Finalmente, en el día 14 de octubre de este mismo año de 1756 se juntaron los mismos señores que oyeron nuestro pleito, y, justamente piadosos y atendiendo a remediar las miserias de los escolares y los alivios de los pobres vecinos, que debían ser los fines principales, determinaron apartar su consideración enteramente de nuestras porfías, y dejar a una y otra parte en sus dudas y cuestiones, y me concedió un decreto decorosísimo a mi Universidad, importante al público y venturoso a los pobres, cuya copia original es la que se sigue.

COPIA DEL REAL DECRETO DADO POR EL REAL CONSEJO EN ASUNTO DE ABASTOS DE CARNICERÍAS, DADO EN EL DÍA 14 DE OCTUBRE DE 1756.—Por ahora, y sin perjuicio del derecho de las partes, se forme para el abasto de carnicerías una junta compuesta del corregidor, dos regidores que nombre la ciudad y dos graduados que dipute la universidad, para que corra a su cuidado el de este abasto; y para que, desde luego, se tomen las providencias para su mejor gobierno, se forme, sin dilación, la referida junta; y tratando en ella de los mejores medios, de la mayor economía, minoración de gastos y salarios y extinción de propinas y demás abusos, propongan al Consejo cuanto les parezca conveniente a que corran los precios de las carnes, con respecto al precio natural e inexcusables costas; y no conviniéndose los vocales de la junta y las providencias que acordaren cada uno que formasen distinto concepto, informe separadamente al Consejo de su parecer, exponiéndole los motivos en que lo funde. Madrid, 14 de octubre de 1756.

Remití este decreto a Salamanca a los señores de la universidad pequeña, que componen la junta llamada de carnicerías; y habiéndolo recibido el día 19 de dicho mes, el día 20 inmediato juntaron el claustro pleno, en donde se leyó y aceptó, y todos dieron muchas gracias a Dios y luego a mí por el celo, la brevedad y la aplicación que dediqué para el logro de una resolución tan favorable y decorosa; y llenos de gozo y alegría me quitaron la comisión detrás de las gracias, y nombraron para comisarios que siguiesen la ejecución del real decreto, y para que acompañasen a los dos regidores y al caballero corregidor, al reverendísimo Vidal y al doctor don Felipe Santos. El pueblo dijo que había sido precipitado e importuno este nombramiento; lo primero, porque la ciudad tenía obligados que abasteciesen al pueblo, y que su obligación duraba hasta el día de san Juan, y era preciso que estuviesen ociosos ocho meses estos comisarios; lo segundo, porque debían haber esperado (teniendo tanto tiempo para elegir) a que yo viniese e informase, como mejor instruido, de las circunstancias, casos y advertencias que toqué en Madrid, y podían ocurrir en un asunto tan nuevo y no esperado, y lo tercero, decía que ya que nombraron comisarios tan precipitadamente y sin necesidad, debieron nombrarme a mí, porque si la Universidad me conoció por bueno y por inteligente para remitirme a la resolución de un negocio que no supieron concluir en 25 años los muchos doctores teólogos y juristas que había enviado, debió tenerme por más bueno y más inteligente, por estar ya más aleccionado e instruido que los que estaban ignorantes en los hechos y las diligencias, sin el menor conocimiento de la idea de los señores que decretaron. Y finalmente, decía que no era razón ni justicia que fuese paga y premio de un tan honroso beneficio que yo conseguí para la Universidad y el público, un desaire tan repentino, tan impensado y tan desmerecido. Esto y más que esto habló el pueblo, y esto hablaban con él muchos doctores

Yo callé, sufrí y reí, y, gracias a Dios, voy llevando por delante mi silencio, mi risa y mi tolerancia.

Después que pasaron ocho días por este nombramiento, llegué yo a Salamanca desde Madrid; y habiendo preguntado al secretario don Diego García de Paredes si debía juntar al claustro para darle la cuenta de mi comisión, respondió que no era estilo, que la junta me llamaría y que a los señores que la componían se daba la cuenta y razón. Fui llamado a ella, y el reverendísimo Vidal, que la presidía por decano, me dijo estas únicas palabras: "Señor don Diego, es estilo que los señores que van a Madrid con comisión, a la vuelta de ella den su cuenta, y lo que dicen que han gastado eso se les abona." Y yo le respondí con esta verdad y estas pocas palabras: "Padre reverendísimo, no he gastado un maravedí a la Universidad, y ésta es toda la cuenta que traigo que dar, pues aunque el señor doctor Morales, que seguía conmigo (con permisión de la junta) la correspondencia, [307] me instruyó y me escribía que gastase y regalase, yo nunca encontré ocasión ni necesidad de valerme de estas profusiones, y aseguro que, después de tantos años de práctico en Madrid, yo no conozco todavía quiénes son los sujetos que toman y se conquistan con los regalos y los bolsillos; pues los inferiores en fortuna y sospechosos en la codicia, ahora y siempre me han honrado de balde con el buen modo, la prontitud, la cortesanía y la condescendencia en mis ruegos. Si estas civilidades las ha solicitado en Madrid algún pretendiente o litigante con dones mecánicos, no lo sé; lo que yo juro es que yo las he adquirido con la moneda de los agradecimientos humildes, y que me la han tomado con gusto y sin deseo de otra satisfacción." Oída y tomada mi cuenta, dijo otra vez el reverendísimo Vidal: "Pues ahora tenemos aquí que tratar solos." Yo me despedí, sin haber logrado que dicho reverendísimo, ni su compañero el doctor don Felipe Santos, ni otro alguno de los señores

---

[307] *correspondencia* en M | ed. prínc.: *correspondía*

que componían la junta, me preguntasen una palabra
sobre la inteligencia del decreto, ni de las circunstancias
de mi comisión, ni por curiosidad ni por precisión; y
a la hora que escribo ésta, ni la Universidad ni persona de ella se ha informado de mí, ni me ha visto
ni vuelto visita; y las instrucciones verbales que yo
merecí en Madrid, conducentes al bien del público y
al establecimiento seguro de esta nueva junta de abastos de carnicerías, se las he comunicado (para no de-
jarlas perdidas) al caballero corregidor don Manuel de
Vega, sujeto amantísimo del bien de la ciudad y del
buen gobierno, al que acude desinteresado, incansable
y lleno de amor y bondad al rey, al público y a los
pobres, las que han experimentado fieles en los recur-
sos que se le han ofrecido al Real Consejo sobre este
asunto. Éstos son los pasos y las diligencias que prece-
dieron a la institución de la junta de abastos de carnicerías de esta ciudad; si alguna persona de ella y de
mi gremio quiere decir que he procedido descaminado,
defectuoso o ponderativo en esta relación, hable o escriba, que aún vivo, y probaré con sus mismas quejas
y acusaciones la inocente ingenuidad de mis verdades, y serán sus cargos y sus demandas los testigos de
mi razón y mi paciencia.

ÚLTIMO ESTADO DE LA VIDA DE DON DIEGO DE TORRES
Y TRABAJOS Y MEDIOS CON QUE LA ENTRETIENE

Tiene a cuestas mi corpanchón, a estas horas, por la
parte de adentro todos los bebistrajos y pócimas que
tienen los médicos reatadas a sus recetas para acreditar sus disparates, ignorancias y cavilaciones, y por la
parte de afuera todos los pinchonazos, jabetadas [308] y
estrujones con que sus ministriles los cirujanos ayudan
a sostener y adelantar en las credulidades inocentes, las

---

[308] *jabetada*: "navajada, cortadura con navaja o cuchillo" (*La-mano*).

pasmarotas [309] y embelecos de sus récipes y libros. Estos
últimos me han roto la humanidad por los zancajos
con sus lancetones ciento y trece veces; me la han
aguijoneado con sus sanguijuelas, gatillos, descarnado-
res y verdugos infinitas; y, finalmente, me la han rebu-
tido de tantas ventosas, ungüentos y sobaduras, que no
quiero expresarlas porque su número no haga sospechosas mis verdades; a pesar de todas estas perrerías,
de las pesadumbres que han querido meterme en el
ánimo los mal contentos de mi tranquilidad, y contra
toda la furia continuada de los pesares repentinos, de
las dolencias naturales, de las desgracias violentas, los
sustos, los contagios y las demás desventuras que andan en el contorno de nuestra vida, estoy bueno, sin
achaque habitual, sin pesadez penosa, con los interiores de mi cabeza firmes, sin otro achaque ni manía en
la sesera, que los regulares despropósitos y delirios que
padece la más sana y robusta de los hombres; es verdad que por la parte de afuera la tengo ya un poco
berrenda [310] y con sus arremetimientos de calva, y éstas
son todas las novedades que hasta el día de hoy me
ha traído la vejez. Como y bebo con gusto y con templanza, y me añaden el gozo, el apetito y el recreo
siete mujeres pobres y otros parientes desvalidos que
comen a mi mesa lo que Dios me envía; y gracias a
su santísima providencia, nos mantiene con tanta abundancia, que nos sobra para sostener a otros precisos
allegados, que, por la distancia de su vivienda o por
su carácter, no pueden acompañarnos diariamente a
ella. Vivo, sin pagar alquileres, la casa más grande y
más magnífica de esta ciudad, que es el palacio todo
de Monterrey, propio del excelentísimo señor duque de
Alba, mi señor, en el que vivimos anchamente acomo-
dadas veinte y dos personas, con la felicidad de ver a

---

309   *pasmarota*: Cf. *supra*, nota 285.
310   *berrenda*: palabra que Torres gusta de emplear —aquí con
el sentido de 'entrecana'—, de resonancia familiar para un salmantino (Cf. *Lamano*, s. v. *berrenda* o *berrendo*: "manta de lana churra,
listada de varios colores").

toda hora y por todos lados unas vecindades recoletas, santas y ejemplares, que nos edifican y alegran con envidiable recreo y utilidad de nuestros corazones. Estas son las venerables señoras agustinas recoletas, las de santa Ursula, las de la Madre de Dios, el convento grande de san Francisco y la parroquia de santa María de los Caballeros, sin haber en toda la circunferencia otro vecino popular ni de otra casta ruidosa y vocinglera, que nos turbe el gusto, la libertad ni la quietud.

Hoy vivo honradamente ocupado y con venerable inclinación entretenido en la administración de diez y seis lugares: los seis del estado de Acevedo, propio del excelentísimo señor conde de Miranda, duque de Peñaranda, mi señor, cuya mayordomía hemos servido más de treinta años mi padre, madre, hermana y yo a satisfacción de la piadosa rectitud de S. E., como lo aseguran las continuadas honras con que públicamente nos ha esclavizado a todos su afabilísimo y generoso mantenimiento. Son los seis lugares La Rad, Carnero, Rodillo, el Tejado, Calzada y Peranaya. Los restantes son las siete villas del estado de Monterrey, y los tres agregados de San Domingo, Garcigalindo y Castañeda, todas propias del excelentísimo señor duque de Alba, mi señor. Los cuidados de las recaudaciones, cobranzas, ventas de efectos, obras, reparos de casas y molinos, arrendamientos, correspondencias, correos y otras precisas atenciones me llevan mucho tiempo y algún trabajo; pero gracias a Dios lo gano todo poderosamente con la vanidad y alegría de saber que estos excelentísimos señores se dan por bien servidos y que conocen la buena ley de mi fidelidad, respeto y prontitud, y con la satisfacción y el descanso de tener entendido que la integridad de sus contadores y secretarios dice e informa que sirvo a sus excelencias con celo, inclinación, sin pereza y sin hurtar ni mentir.

Administro la testamentaría de la duquesa de Alba, mi señora, que goza de Dios, con lágrimas, con fidelidad y con agradecimiento a las piedades que la debí el tiempo que gocé la honra de vivir a sus pies. Gasto algunas horas en el cumplimiento de las tareas de mi oficio, pues, aunque he jubilado en él, no me he desasido de la obligación de acudir a los actos, exámenes, claustros, funciones de capilla y comisiones; y actualmente (después de haber cumplido a satisfacción de la Universidad con muchas) estoy años ha sirviendo dos. La primera es la junta de librería, la que me tiene destinado para comprar y elegir los libros famosos de la filosofía, matemática y sus instrumentos, [311] historia, buenas letras y otros; y me tiene encargado que escriba la historia de esta antigua y reedificada biblioteca, que padece la misma ignorancia y silencio que la de la institución de la Universidad, después de quinientos años de fundada; y la otra es la defensa de los estudiantes pobres y desvalidos, que por su desgracia o por sus travesuras dan en las manos de la justicia.

En los pocos pedazos de tiempo interrumpido que me dejan libre estas precisiones, y las indispensables y primeras de mi estado, con las que deben acompañarse las devociones de servir a los hospitales de enfermos, cofradías y mayordomías de iglesia, orden tercera, y otras importantes a un católico, y después de los ratos en que debo satisfacer (como todo hombre honrado) con las cartas suplicatorias y de empeño a los menesterosos, y con los pasos y diligencias a favor de la libertad de los presos, los perseguidos y desdichados (oficios que me ayudarían mucho a la salvación, si desatándome de mi vana docilidad, supiese aplicarlos a Dios solamente), digo que, satisfechas estas cargas y cuidados, destino los pocos minutos de tiempo que me quedan en pensar y en escribir estas especies de extravagancias y libertades que me han dado en el mundo honra, nombre y provecho. Escribo ahora los sucesos de los años futuros, y espero que estos trabajos y otras producciones (si tienen las póstumas la misma ventura que las vivas) han de servir para llevar con algún alivio su pobreza mis herederos. Y finalmente, valgan o no

---

[311] Así es como compró el libro y los globos de Robert de Vaugondy (Cf. la introducción, p. 19).

valgan, a lo menos ahora me redimen de la ociosidad, y voy tirando con gusto por la vida. Hasta hoy tengo escritos y puntualmente acabados, sin faltarles más mano que la de la imprenta, los pronósticos hasta el año de 1770, y concluidos también los cómputos eclesiásticos y cálculos astronómicos con las lunaciones y eclipses hasta el año de 1800, y voy escribiendo hasta que la muerte o las dolencias me manden parar. Los títulos de los pronósticos son los que se siguen.

El pronóstico para este año de 1758, intitulado *Los peones de la obra de palacio,* con los sucesos políticos en refranes castellanos, distintos de los que están impresos en los antecedentes pronósticos.

El del año de 1759, intitulado *Los manchegos de la cárcel de la villa,* en refranes castellanos distintos.

El del año de 1760, intitulado *Los traperos de la calle de Toledo,* en refranes castellanos distintos.

El del año de 1761, intitulado *Las carboneras de la calle de la Paloma,* en refranes castellanos distintos.

El del año de 1762, intitulado *El campillo de Manuela,* en refranes castellanos distintos.

El del año 1763, intitulado *El soto Luzón,* en enigmas o acertijos los sucesos políticos.

El del año de 1764, intitulado *Las Vistillas de San Francisco,* en enigmas o acertijos distintos.

El del año de 1765, intitulado *Las ferias de Madrid,* en enigmas y acertijos distintos.

El del año de 1766, intitulado *El corral del Príncipe,* con los sucesos políticos expresados en títulos, lances y versos de entremeses y mogigangas.

El del año de 1767, intitulado *El corral de la Cruz,* con los sucesos políticos expresados en los títulos, lances y versos de los sainetes y los bailes.

El del año de 1768, intitulado *Los Caños del Peral,* con los sucesos políticos en títulos de comedias glosados.

El del año de 1769, intitulado *Los albergues del Amparo,* con los sucesos políticos en títulos de comedias glosados.

El del año de 1770 contiene tres pronósticos de los años siguientes bajo de una idea, y los [312] sucesos políticos van expresados en varios lances de las novelas, entrando en ellas la historia de *Don Quijote de la Mancha*, y lances y títulos de comedias glosados. Y desde este año seguiré (si mi salud dura) esta idea por trienios, hasta donde pueda alcanzar. [313]

Estos y otros papelillos, con una copia de mi testamento (que no quiero que se imprima hasta que yo muera), está todo en poder de mi hermana y retirado en su cofre; porque si se le antoja a la muerte echarse de golpe y zumbido sobre mi humanidad, no quiero que se confundan o desvanezcan estos cartapacios con la revoltina y bataola de otros papelones que ruedan con alboroto por mi aposento. Si estas obras manuscritas tienen la ventura que las demás de esta casta que han salido de mi bufete, pueden valer algo más de sesenta mil reales. De las que me quedan de molde y encuadernadas, no puedo decir el valor seguro, porque los libreros no han dado la última razón de los enseres que existen en sus tiendas; pero, a buen ojo, juntando lo que puede haber quedado en España con lo que han producido unos que marcharon a las Indias (si no se tragan en el camino las ballenas los pesos

---

312   *los* falta en ed. prínc. y M.

313   De los almanaques anunciados por Torres, he podido localizar los siguientes, a veces titulados de manera distinta:

1758 — *Los peones de la obra del real palacio*, Salamanca, A. Villargordo.
1759 — *Los manchegos de la cárcel de villa*, con un suplemento, Madrid, J. Ibarra.
1760 — *Los traperos de Madrid*, Madrid, J. Ibarra.
1761 — *Los carboneros de la calle de la Paloma*, Madrid, J. Ibarra.
1762 — *El campillo de Manuela*, Madrid, A. Ortega.
1763 — *El soto de Luzón*, Madrid, A. Ortega.
1764 — *Las Vistillas de San Francisco*, Madrid, A. Ortega.
1765 — *Las ferias de Madrid*, Barcelona, E. Piferrer.
1766 — *El santero de Majalahonda y el sopista perdulario*, Barcelona, E. Piferrer.
1767 — *La tía y la sobrina*, Madrid, A. Ramírez.

He visto además dos pronósticos "por trienios": uno, sin título, para 1759-60-61, dedicado en 1758 a la ciudad de México (Madrid, J. Ibarra); y otro, *Los copleros de viejo*, para 1760-61-62, dedicado en 1759 a la ciudad de Lima (Madrid, J. Ibarra).

gordos) podrán valer mil y doscientos doblones. El estrado de mi hermana y parientas, mi cuarto, la cocina, el sibil [314] y la carbonera de nuestra casa, todo está aseado, lleno y prevenido. No dejan de verse en los aparadores y escaparates algunas alhajillas de oro, plata, cobre y latón superfluas, pero útiles para remediar los atrasos y las contingencias frecuentes. En las arcas se contienen algunos rollos de lienzo hilado a conciencia, y algunas camisas, sábanas y colchas de todas edades y tamaños; y, finalmente, se dejan ver en nuestros salones bastantes muebles en asientos, mesas y camas limpias y sobradas para nuestros usos y agasajar nuestros huéspedes con comodidad y con decencia. Los salarios de mi cátedra, sacristías y administraciones me dan algo más de dos mil ducados al año, los que alimentan y arropan a toda la familia con tanto tino que, ajustada la cuenta el día de san Silvestre, quedamos pie con bolo, y empiezan al otro día de la Circuncisión nuevos ducados con nuevas comidas y vestidos, sin el miedo de caer en trampas, deudas ni otras castas de empeños y petardos producidos de los desórdenes voluntarios.

A tantos cuantos he dicho estoy de vida, salud, ocupaciones y medios, el que hubiere menester algo de estas mercadurías acuda breve, porque no puede tardar mucho el desbarate de esta feria, que le serviré de balde y a contento, sin otra recompensa, paga ni gratitud que la de encomendarme a Dios para que me envíe una muerte, no como la ha merecido mi vida, sino como la promete su misericordia a los pecadores tan obstinados como yo, que llegan arrepentidos a las puertas de su piedad justa, santa y poderosa. Amén.

Extraña casualidad (¿o premonición?): don Diego no prolonga su lista más allá del año de 1770, que será el de su muerte...

314 *sibil*: "cóncavo, o hueco pequeño, cerrado con su puerta, que se hace en las cuevas para tener el verano el agua, vino y otras cosas al fresco, que en las casas de vecindad suele tener uno cada cuarto" (*Aut.*).

ÍNDICE DE NOMBRES Y PALABRAS

(Los números remiten a las notas aclaratorias del texto de la *Vida*.)

ÍNDICE DE LÁMINAS

ESTE LIBRO
SE TERMINÓ DE IMPRIMIR
EL DÍA 3 DE SEPTIEMBRE DE 1990

ÚLTIMOS TÍTULOS PUBLICADOS